U0031851

中世紀歐洲

THE MARTIAL ARTS MEDIEVAL EUROPE

武術
大全

長田龍太◎著　王書銘◎譯

首部講述中世紀、文藝復興時期
歐洲武術圖解書

中世紀歐洲的戰鬥教本．長劍術．摔角術．西洋劍術．格鬥術全圖解！

前言

　　儘管現今已不乏有各種介紹中世歐洲武器防具的解說書籍，關於這些武器與防具該如何使用，卻仍舊是幾乎全無著墨；即便介紹也僅止於順帶解說的附屬性質，甚至內容也非常地抽象。此等現象在歐美也是同樣，長期以來，世人總是對中世歐洲的武術懷抱著一種誤解，以為中世歐洲的武術只不過是憑著股蠻力使勁揮動武器而已，以為中世歐洲的武術遠不及日本武術或中國武術。

　　可是我們觀察歐洲的武器防具與戰術等，就會發現當時的人們擁有非常獨創性的發想。如此的人物，有可能在武術這種直接關乎自身生死的技術上如此地無能、毫無任何想像力嗎？答案是否定的。當時的歐洲武術，其實是種透過各種理論建構組成的極高度技術系統；無論理論抑或完成度，都絲毫不遜色於日本或中國等地的武術。

　　本書之目的便是要透過圖片說明藉以一掃此番誤解，是日本首部講述中世紀・文藝復興時期歐洲武術的圖解書籍（想必是吧）。

本書的內容

　　接下來我們就要以中世紀‧文藝復興時期歐洲武術之理論與實際技巧進行圖解說明。本書乃以現今仍有記錄的四個流派為主軸、介紹多達21個種類的各式武器戰術，另外還有介紹到身穿鎧甲的戰鬥方法、馬背上的戰鬥方法，甚至於異種武器之間的戰鬥方法。

　　與此同時，本書在介紹武器的時候，乃是以比照、甚至超越武器防具事典等專門書籍之水準品質為目標，尤其許多現今仍然實際存在的武器更是附有實際測試數據，可謂是本書的另一個特點。

本書所介紹的時間軸

　　本書介紹的是中世紀‧文藝復興時期的武術，然則專攻西洋史的讀者除外，恐怕大部分人對「中世紀」此語的定義都不甚瞭解。

　　一般認為所謂「中世紀」始於西元476年，也就是末代西羅馬皇帝羅慕路斯‧奧古斯圖盧斯（註）退位那年，其終了則視國家而異，但大體是以西元1500年前後為限，為期約1000年。至於世稱「文藝復興」的時期，指的則是從中世紀末期直到接下來「近世」初期為止的這段期間。

　　本書內容是從仍屬中世紀末期的1400年前後介紹到1650年前後，為期約莫200年時間，並且以其間的1450年代為重點特別進行說明介紹。當我們聽到「中世紀」此語便每每浮現腦海的想像情景，便也是來自於這個時代。

註：羅慕路斯‧奧古斯圖盧斯（Romulus Augustulus）：西羅馬帝國末代皇帝，軍事將領奧雷斯底（Orestes）之子。西元475年奧雷斯底把西羅馬皇帝尤里烏斯趕出義大利，立尚在幼年的兒子為帝，實際則是由他統治義大利。但是他的部下譁變，擁戴日耳曼武士奧多亞塞（Odoacer）。476年奧多亞塞擒獲並處死奧雷斯底，但赦免了羅慕路斯，發往義大利南部的坎帕尼亞行省。

目次

附錄

專欄

第1部　概論

第 1 章
中世至近世戰鬥
模式之變遷

只要有所謂的戰鬥，自然就有所謂保護自身並取得勝利的技術應運而生，其必然性可謂是古今中外皆然。可惜的是，從前的歐洲武術均已散佚得無影無蹤，現如今我們只能夠從當時的繪畫、文學、少數流傳後世的戰鬥技術等線索去拼湊類推其樣貌。此處且容筆者運用類推、假設等手法，就中世至近世期間歐洲戰鬥形態之變遷逐一進行簡單的解說。

① 維京人的時代

西羅馬帝國崩潰以後，歐洲使用的是從日耳曼系統、塞爾特系統發展而來的武器，由此我們可以猜想羅馬式的戰鬥方式愈趨衰退，反倒是這些種族的戰法愈發流行。

我們推測，維京人的戰鬥方式著重速度與腳步，有別於羅馬時代那種躲在巨大盾牌後面、不怎麼移動的戰鬥方式；維京人盾牌的用途也並非正面格擋，似乎是用來卸勁撥開敵人攻擊，抑或藉其限制敵人的行動。或許正是因為這個緣故，維京人時代的盾牌重量頗輕，採用的乃是重視速度的構造。除此之外，這個時代的護手做得極小，甚至讓人懷疑用劍接住敵人劍擊以後，護手根本就擋不住敵人順勢削將過來的劍刃。是故，我們可以判斷當時的劍純粹是作攻擊用途，遭遇敵人攻擊時若不是閃身迴避，否則就必須使用盾牌防禦。

待維京人時代進入尾聲之際，前述護手也已經變長，已經形成了今日我等普遍概念當中所謂「劍」所擁有的形狀。護手之所以變長，那是因為

戰鬥技術牽生某種革新，劍不再純粹只作攻擊用途，開始在防禦方面也發揮起到某種效用。另外，盾牌也從圓形演變成為水滴型（即所謂鳶型盾（註）），而持盾也在同時從原本以握柄持盾的方式逐漸演變成為藉繫帶將盾牌綁在手腕上的類型。重裝備騎兵恰恰就是在這個時候開始成為戰爭中的主力，因此我們可以說劍與盾的上述演變想必跟如此的現象有著相當大的關聯。

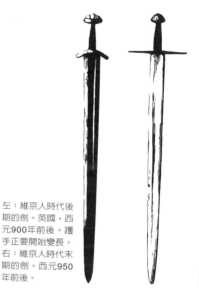

左：維京人時代後期的劍。英國，西元900年前後。護手正要開始變長。
右：維京人時代末期的劍。西元950年前後。

② 中世紀中期

　　即便今日，世人對所謂中世紀仍然普遍抱持著那是個停滯的時代、當時人們亦頗為低能的根深蒂固偏見。世人對中世紀的戰鬥技術同樣也存在著這種偏見，往往容易認為當時的戰鬥只不過是體型龐大的巨人毫無章法地胡亂揮舞巨大的劍而已，但其實這個時期的戰鬥技術已經建立起相當程度的理論系統了。

　　甚至西元1180年前後便制定了一條法律，因為治安方面的理由而禁止在倫敦市內設置「劍與小型圓盾教習學校」，這便是記載到最初期劍術教室的其中一則記錄。既然有所謂的教室（抑或道場），那麼理所當然的就有教授

全世界最古老的武術指南書《I.33》。德國。現收藏於倫敦塔。

註：鳶型盾（Kite Shield）：亦稱風箏盾。英國維多利亞女王時代的考古學家因盾牌形狀酷似早期歐洲的風箏，遂以此命名之。

《戰勝傲慢的謙
讓》。12世紀的
細密畫（註）。在
筆者所知描繪戰鬥
技法的所有細密畫
當中，這是描繪得
最正確、最富躍動
感的其中一幅。

技術（應是專業的）教室，因此我們自然可以推斷他們已經整理出一套可助
人有效率學習修得技術的教程或理論。這種學校乃是針對平民所開設，至於
騎士階級或是更高階級者，則都是師事其他騎士從事修行、學習戰鬥的方
法。至於他們出師以後，這些人則是透過巡迴賽、戰爭等機會，繼續透過同
儕之間交換情報的形式學習新的戰鬥技術。

　　從當時的繪畫我們可以發現這個時候的戰鬥方法有個特色，那就是人物
往往會將持劍的右手高高舉起。關於這點可以有
幾種解釋，比如說這樣可以避免妨礙盾牌的運
用，比如說舉劍過頂有助於將劍身重量加諸於斬
擊或者由上而下的刺擊，又比如說這樣的姿勢能
夠在遭到周圍壓迫的時候避免右腕被限制住、以
致無法運用。進一步來說，舉劍過頂又可以分成
劍尖向後和劍尖向前兩種；後者劍尖向前的便相
當於德國式的『憤怒』式，前者則是相當於『公
牛』式。

　　這個時代的劍，劍刃絕大多數走的都是平行
線條，一般來說劍頭比後世的劍稍微重點、揮擊
起來速度較慢。劍的形狀相當適於斬擊，可以猜

「聖卡西爾達之
劍」。柄頭與護手
刻有銘文，握柄是
取紅色獸皮纏繞繩
索、以鉚釘固定
製成。1250年～
1300年前後。

註：細密畫（miniature painting）：小型、便於攜火、精描細繪的肖像畫，畫在羊皮紙、
　　撲克牌、銅版或象牙板上。名稱出自「鉛丹」一詞，為中世紀手抄本裝飾畫家所習
　　用。在16、17世紀，細密肖像畫通稱匠畫。細密畫盛行於16世紀初期至19世紀中期。

想這個時代與維京人時代同樣都是以揮劍砍擊作為基本作戰方式；但這並不代表這個時代的劍不適刺擊，刺擊同樣能對輕裝目標發揮出相當的威力。

 ## ③ 武裝革命

　　武裝在進入14世紀以後產生了極大的變化。13世紀以前，鎧甲防具主要是採取裝有護墊的衣服搭配鎖子甲（鎖帷子）的形式（有些還會在外面再追加以油烹煮硬化過的皮甲），14世紀以後卻是以金屬板製成的鎧甲最為普及一般。早期還有種名叫板甲衣（Coat of plates）的鎧甲，是用鉚釘將鐵板固定在質地強韌的布料內側所製成。盡管構造極其簡單，其防禦力卻是遠勝於從前的鎧甲，甚至使得當時的武器和武術都連帶產生了一次相當大的變化。

　　簡單來說，因為光靠鎧甲便得到相當程度的防禦能力，造成了：

　　1・盾牌失勢，最後甚至幾乎無人再使用盾牌。
　　2・為擊破鎧甲而開發雙手持用的武器，其他像釘頭錘等打擊武器的使用也變得愈發廣泛。

　　時至14世紀末期，騎士從頭到腳、周身上下全部都用金屬板覆蓋了起來，光憑當時的劍揮擊根本連個擦傷都砍不出來，所以確立新的戰鬥方法、開發新的武器便成為了此刻的當務之急。

　　在後世武術中占有重要地位的長柄大斧（Pole axe）、長劍（Long sword）等武器，便是誕生於這個時代；成立於14世紀中葉的德國式武術將長劍定位為所有戰鬥技術之基礎，另一方面長柄大斧也成為了騎士在戰場上的必需品。至於劍本身的形狀也產生了變化，劍刃部分演變成接近三角形的形狀，犧牲部分的斬擊效能藉以提升突刺的威力；另外從劍刃的橫切面來看，此時期的劍取消了原本的血溝設計、降低柔軟性，刺擊時劍身比較不容易彎曲變形。

　　戰鬥技術方面，這個時期開發出了諸如半劍與殺擊等以劍擊破鎧甲的技法。所謂半劍，就是種約於1350年開發出來的右手持柄、左手握刃的戰鬥方法，目的在於準確地將劍刺進鎧甲的縫隙

「蒙札之劍」或稱「埃斯托雷・維斯孔蒂之劍」。義大利，1413年1月以前的產物。劍鞘鞘緣使用的是銀製裝具，劍柄則是以鍍金銅線纏繞製成，柄頭雕有米蘭市與維斯孔蒂家的紋章。

當中；所謂殺擊則是雙手握住劍刃毆擊，又或者是把護手當作鉤子使用鉤住敵人武器、甚至將敵人絆倒。

另外值得特別一提的是，武術指南書終於在這個時代問世了，方才使我們得以透過當時的語言，一窺當時武術技法、武術理論之實際究竟如何。

這個時代非但有約翰尼斯‧理查特納爾開創德國式武術，菲奧雷‧迪‧李貝里則是留下了一部非常著名的武術指南書。

必須注意的是，這個時期的武術指南書很有可能是為決鬥、防身、運動等目的而著作，而非（尤其愈到後期愈發受到重視的）戰場上的技術。照理說技術本身應該並沒有太過極端的差異，但實際上武術指南書的戰鬥法與戰場上的戰鬥法究竟是否相同，倘若不同則又有多大差異，都已經不得而知了。

④ 文藝復興與西洋劍

文藝復興帶來的影響並不僅止於藝術與建築，就連武術也同樣因為文藝復興的精神而有了新的開展。那麼，究竟文藝復興對武術帶來了什麼樣的影響呢？那就是引進導入所謂的「科學」。這個科學其實並不是指我等今日所熟知的理科科學，當時所謂的「科學」乃是指從客觀角度進行觀察、根據觀察所得情報歸結導引出一個理性結論的方法。這個「科學」的反義詞便是「藝術」，也就是根據主觀得來的情報導引出一個感性結論的手法。

15世紀義大利的武術家菲利波‧瓦爾迪（Filippo Vardey）主張武術並非「藝術」而是「科學」，尤其幾何學更是與武道的關係最深。換句話說，利用幾何學的原理就敵我的位置關係、距離、武器長度、軌道等諸多要素，求出既能保護自身同時又能傷害對方的最適當解答，便可謂是構成文藝復興時期武術之骨幹原理。雖然說從前便已經有它的存在，但這種思想卻是直到此時方才被清楚地提出來，正可謂是唯有文藝復興如此時代方得如此的產物。想到這點，那麼

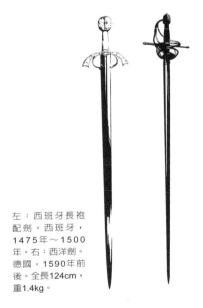

左：西班牙長袍配劍。西班牙，1475年～1500年。右：西洋劍。德國，1590年前後。全長124cm，重1.4kg。

義大利式波隆那派武術創始者菲利波‧迪‧巴托洛米奧‧達爾第（Filippo di Bartolomeo Dardi）同時也是任職於波隆那大學的數學家乙事，也就不足爲奇了。這個原理後來又因爲卡米洛‧阿格里帕（Camillo Agrippa）而得到進一步的發展，日後被譽爲歐洲最強武術的西班牙劍術便是受其影響方才得以問世的。

　　這個時代的代表性武器，恐怕非西洋劍莫屬。一般認爲西洋劍原是發展自西班牙的武器，這種劍並未考慮戰爭用途，也就是所謂「平時的劍」。

　　隨著文藝復興文化擴展散播的同時，西洋劍也成爲最新潮尖端的流行事物、急速普及至歐洲全境，可是西洋劍術這種平時用劍專用技術的出現，卻也象徵著戰場武術與平時武術兩者之間的漸行漸遠、愈發乖離。當西洋劍及其使用技術在歐洲搏得了爆炸性人氣的同時，其他的固有武術卻是逐漸受到冷落荒廢、終於消滅。

　　這個時期的戰爭因爲火器的發達而使得交戰距離拉開變長，結果就造成了近身戰鬥的機會愈來愈少的現象。戰場上重視的技術也有了變化，維持部隊隊形之重要性已經超過了個人的單兵戰鬥技術。此等變化對武術，尤其對劍術更是影響極巨，武術作爲戰場技術的性格愈發薄弱，反而是平時決鬥用技術的色彩變得愈發地鮮明強烈。

⑤ 武術的消滅

　　鎗炮的重要性愈增，武術的重要性就愈低。尋常生活中亦如是，像從前那樣隨身帶劍四處走的機會減少，劍已經成爲了時尚流行的一部分，被當作裝飾品看待。就連一度聲勢鼎盛的西洋劍也遭到新出現的禮劍取代，連同技法一齊消失了。禮劍是西洋劍經過輕量化、小型化所形成的劍，它不像又長又大的西洋劍那麼礙事，有利於展開高速而準確的攻防，而且最重要的是，它比西洋劍更加優雅、更加符合當時的審美觀。

　　除此以外，禮劍術與固有武術的諸多差異當中，「還擊」（Riposte）技術的導入可謂是個極具象徵性的變革。所謂還擊，就是種先用劍將敵方攻擊卸開、隨後緊接著展開攻擊的技術，從前一直都沒有被視爲是具有實

禮劍術。1765年。

用價值的技術（其實「還擊」（Riposte）此語乃專指防禦以後所發動的攻擊，此處為求簡略化，故以此為名）。還擊是由防禦與攻擊兩個動作所組成，然則（西洋劍或長劍等）傳統固有武器的速度太慢，無法有效地使出還擊；倘若不是禮劍這種高速武器，那麼還擊這種技術便永遠無法成為擁有實用價值的技術。後來禮劍與禮劍術也隨著鎗炮的愈漸發達而退出了決鬥用技術的舞臺，甚至於體育化，最終才演變形成了現代的劍擊運動。

⑥ 傳統武術為何失傳？

以上我們大略瀏覽過歐洲戰鬥技術的演變推移，相信各位已經瞭解到整個時代不斷有各種形形色色的武術誕生，然後又消失無蹤。歷來散佚的技術當時不可能僅止於現今文獻裡有記錄的，還有無數武術未曾留下記錄便即失傳散佚，這點其實並不難以想像。那麼，為什麼武術的傳統在日本或中國鮮少有中斷、得以延續，為什麼這些武術會在歐洲消滅失傳呢？以下試舉出幾個可能的原因：

1・歐洲是戰爭連綿的地區，戰爭相關技術也毫無停滯地不斷得到發展與改良。在這樣的狀況底下，保存已經落伍的技術不但沒有意義，而且人們恐怕也沒有這種閒暇。日本和中國經過動亂時期以後通常會有段較長的相對和平時代，使得軍事技停滯不前，武術也方得以保有其作為實用技術之價值，繼續傳承下去。假如日本的戰國時代沒有結束、一直繼續下去的話，日本武術恐怕也會有個迥異於今日的風貌。

2・許多武器在作為武器的同時也是時尚流行的一部分，於是當武器因時尚潮流的變遷而不再受到使用的時候，其使用法也會同時因此荒廢。中世紀的劍之所以遭到西洋劍取代、西洋劍之所以遭到禮劍取代，主要理由其實都是時尚因素多過於實用性因素。就好比我們在現代的日本提倡「為提高實用性與安全性，上班族與粉領族都脫掉西裝套裝、改穿作業服與安全帽」結果沒有人同意，要當時的人們「攜帶比西洋劍更加實用的劈刺劍」，同樣也沒有一個人表示同意。

第 2 章
什麼是武術指南書？

「Fechtbücher」在德語裡面是「戰鬥的書」的意思，通常是指著作於中世紀至近世期間，以戰鬥技術之解說、參照為主要目的的書籍。現存最古老的武術指南書，便是收藏於倫敦塔內的《I.33》，這部成書於14世紀初德國的武術指南書亦稱《塔之手稿》（Tower Fechtbuch）、《瓦普吉斯手稿》（Walpurgis Fechtbuch），內容描述的是單手劍與小型圓盾的使用方法（比這部作品更古老的，還有西元2世紀記載希臘式摔角的武術書籍，以及西元前2000年繪於埃及古墓中的壁畫）。

有這樣的書籍出現，那就代表當時與武術有關的環境狀況產生了某種變化。除識字率的提升、技術的細分化與增加以外，包括貴族在內的富裕階級也比較有機會能夠聘請雇用武術教師從事教習，與武術指南書的問世都有相當大的關聯。

必須注意的是，初期的武術指南書並非我等現今概念中所謂的「如何～」的書。最初期的武術指南成書當時，活版印刷還沒有發明，那時候書還是種非常昂貴的奢侈品，不像現代的作者可以透過出版獲得利益（作者反而還要自掏腰包製作書籍），在那樣的年代，他們為何不惜投注龐大的資金與時間來著作書籍呢？

各種類型的武術指南書

1・參照、複習用

　　初期武術指南書以此類型最為普遍。基本上都是受雇於「資助者」的劍士，以武術指南書作為某種禮物贈與「資助者」。除此之外，還有用來複習已經相當程度複雜化的技術而所著作的作品；此類武術指南書非但可以拿出來向來客炫耀「我請到了大名鼎鼎的劍士來教我」，時不時還可以拿出來回憶學過的技術。

2・防止技術的消失與扭曲

　　無論西洋或者是東方，所謂的始祖或開祖通常都不會將自身的理論編寫成書留存下來。他們所須要的已經全部都在自己的腦袋裡了，根本就沒有必要寫什麼書，可是當他們死後，弟子們就會面臨到一個重要的課題，那就是如何將開創始祖的思想正確地記錄下來。像聖經、論語甚至諸多佛經佛典，正是為解決「如何正確地將開創始祖的思想流傳後世」這個課題所著的作品，這點武術也是同樣的。

　　不少武術指南書便是為了在這樣的環境中盡可能正確地傳達師父的武術、以辨真偽而著作的。

3・教本

　　隨著時代的進步與活版印刷的發明，書籍頓時變得比從前廉價許多，終至普及。就在這個時候，開始有相當於我等概念中所謂「教本」的手冊出現，後世的武術指南書便是以此類型最為普遍。

4・素描簿

　　這要算是種相當特殊的案例，是將畫家為練習描繪人體各種姿勢、或者為練習武術指南書中的插畫而繪製的草稿、素描等集結成冊而得來的武術指南書。這個類型的武術指南書有個特色，就是它們將各人物的體態‧相對位置等都描繪得極為精準正確。

武術指南書的內容

　　首先必須言明的是，書本無法將所有技術全數收錄進去。即便現代也是同樣，光造一本書就要將所有技術記錄下來，一來不可能，二來也不合乎實用。今日以德國式武術最受到廣泛的練習與研究，就是因為它留下來的文獻資料最多、可供人從各種不同的角度進行檢證所使然。其次，誠如先前筆者所說明到的，大部分的武術指南書其實並非我等概念中所謂「如何～」的書；武術指南書基本上是為已經具備某種程度技術者所寫的，所以有非常多的作品都將讀者認定為已經習得知悉而將基礎技術略過不表。

　　接下來這點恰恰與日本武術不謀而合，歐洲武術同樣也相當重視如何盡可能地將技術隱而不宣、掌握於自身手上，有些武術指南書甚至還建議說擇徒當選口風緊的人。從這個角度來看的話，那麼書這種可能會受到不特定多數人閱讀的東西可謂是最不適於維持隱匿性的媒體。即便如此，出於某些原因還是必將自己的技術記錄下來的時候，一般都是採用暗號化的方法，也就是故意將文章寫得艱澀難懂，沒有預備知識的人讀起來摸不著頭腦，諳於此道者卻看得懂，這種方法在日本也頗為常見。此法的唯一缺點就是一旦失傳，那麼書中記載的技術就不可能救得回來了。譬如15世紀前後英國所著作的兩部武術指南書（咸信記載內容與雙手劍有關），如今便都已經無法解讀了。

　　就算看得懂文章，可還是有解釋的問題。無插畫的全文字武術指南書讀來混亂那是固然，就算書中附有插畫，同樣也會發生將抽象的插畫作不同解釋就會得到不同結論的問題。當然了，從前中世紀與近世並不比今日懂得使用箭頭等表達技巧，也沒有利用分解動作進行表達的發想。是以，閱讀武術指南書時往往必須留意「這張圖是經過何種動作才會變成這樣的？」「這張畫的是出招前的狀態、出招中的模樣還是招式已經完畢的時候呢？」甚至於「是哪個人先發招的呢？」等諸多情節。

　　再來還有錯字、記載錯誤、插畫錯誤也都是問題。在從前手抄本的時代，抄寫家和插畫家左右顛倒、把手腳方向等細節搞錯可謂是司空見慣的事情。由於當時的讀者擁有基礎知識，這些細節的錯誤並不至於妨礙他們的閱讀；可是對於沒有預備知識的現代人來說，這些「枝微末節」的錯誤很容易就會造成嚴重的誤解。

　　從前中世紀書籍仍然屬於稀有物品而且識字率極低，一般傳承知識都要靠著強記硬背；因此在那個時代，將文章編成詩歌韻文，以歌唱的方式背誦

可謂是最普遍的傳承方法，這點放眼古今中外皆然，而武術也是同樣地。

以下謹收錄幾則原文並其韻文用例：

1 · 菲奧雷 · 迪 · 李貝里的韻文

> Io son posta de dona soprano e altera
> Per far deffesa in zaschaduna mainera
> E chi contra de mi uole constrastare
> Piu longa spada de mi conuen trouare
>
> （譯）
> 我乃至高無上、榮耀萬千的貴婦架式
> 我的攻擊擊破一切攻擊
> 我的防禦將汝斬成碎片
> 汝所當爲別無其他，持比我更長的長劍作戰而已

2 · 理查特納爾的韻文

> Vier legar allain
> davon halt untt fleiich die gmain
> och β pflug alber
> vom tag sy dir nitt vnmer
>
> （譯）
> 架式有四
> 而其中平民可厭
> 唯公牛、鋤、愚者
> 從上而下，除此之外豈有他法

第 3 章
歐洲武術的
基本理念

　　其實武術當中的技巧招式並不僅僅是複數動作的集合體如此簡單而已，它還隱涵著來自於當時文化背景、歷史背景的基本理念，只不過大部分的武術指南書要不是根本並未說明基本理念，要不然就是寫得非常簡潔。

　　關於這個基本理念，就屬英國人喬治‧西爾弗（George Silver）分別於16世紀與17世紀記載的《防禦的悖論》（Paradox of Defense）與《防禦的悖論簡介》（Brief Instruction Upon My Paradox of Defense）解說最爲詳細（盡管兩者間偶有矛盾）。

　　這本書是在當時以西洋劍爲主體的義大利武術在漸漸全歐洲流行起來的大環境當中，從理論面解說提倡英國傳統武術是何等的優越，但這本書卻有助我們理解整個歐洲武術的基本理念。這是爲何呢？雖然英國從以前到現在向來都擁有某種「我行我素」的國民性，但他們其實跟其他的歐洲國家都有著相同的文化底蘊。

西爾弗的「四個根本原理」

　　接下來就讓我們具體來看看其內容。西爾弗在他的著作當中列舉出27個原則，並將其中的四個原則定義爲「四個根本原則」，這四個根本原則就是「判斷」、「距離」、「時間」與「位置」。西爾弗主張這四個原則會相互影響，正確地理解這四個原則便是通往勝利的道路。套用西爾弗的說法，那就是要「透過懂得『判斷』、保持『距離』，『距離』將會決定『時間』。知道『時間』，就能安全地掌握敵人的『位置』」；一方面藉由掌握

「位置」、「時間」安全地完成自己的行動，另一方面則是要妨礙敵人達到其目的。

1 · 判斷（Judgement）

所謂「判斷」就是指掌握狀況、從中推演出所應該採取的最妥善行動，是建立在「對戰鬥的技術‧戰術‧戰略之深厚知識」、「對各種武器優劣之理解」與「下判斷所須的足夠時間」這三個因素之上。

2 · 距離（Distance）

所謂「距離」是個涵蓋單純的敵我距離，以及敵我雙方所各自設定的間距之概念。此處所謂的「間距」就是指自身（或對方）所持武器所能企及的最大距離，視各人身高、武器長度等因素而異。

當然，距離靠得太近勢必就會犧牲到對應敵人行動的反應時間，距離拉得太遠又會讓敵人得到較多的反應時間。西爾弗說最理想的「距離」，就是敵人必須踏出一步才能攻擊到自己的距離，簡單來說就是「對方的間距＋對方一個步伐的距離」。

3 · 時間（Time）

此處所謂「時間」是指採取某個行動所須要的時間，這是理解歐洲武術一個非常重要的概念。且容筆者留待次項進行更加詳細的說明。

4 · 位置（Place, True Place）

所謂「位置」就是指「不用動到手腕以外的部位便能使攻擊命中的地點」，其語意幾乎與「間距」同義。根據西爾弗的定義，移動自身使對方進入落入我方設計的「位置」就叫作「贏取位置」，而對方主動進入我方設計的「位置」則是稱作「得到位置」。

根據歐洲武術的理論，無論擁有何等的經驗、何等的才能，一旦進入了對方的「位置」那就決計無法從對方的攻擊全身而退，為什麼呢？因為這個時候對方攻擊的「時間」屬於「手的時間」，速度快到人類的反射神經根本就來不及反應，是理論上最快速的攻擊。即便來得及反應，防禦所需「時間」最快也頂多只能跟對方同樣是「手的時間」而已，對方先行發動的攻擊肯定會在我方完成防禦之前便已經成招（換句話說也就是來不及防禦）（這個「手的時間」同樣也容筆者後項再述）。

從這裡便不難歸結出，西爾弗所謂最理想的戰略便是使自己置身於對方

的「距離」之外，一方面確保有充分時間可以視對手的行動進行反應，同時將對方置於自己的「位置」上。

 ## 何謂「時間」？

正式展開說明以前，首先有件事必須言明在先，那就是中世紀、文藝復興時期的時間概念有別於現今的時間概念；如果自牛頓出現以來我等最熟悉的現代時間概念稱為「絕對時間」，那麼當時的時間概念便可謂是因為亞里斯多德而得到確立的「相對時間」。所謂的「相對時間」簡單來講其實就是「時間即動作」的意思，這個「時間」的長短均視乎其與複數動作之間的相對關係而定。根據西爾弗的設定，武術中經常會使用到的具體的「時間」共有四種：

1・「手的時間」（Time of Hand：手腕・手臂進行一個動作的所需時間）

2・「身體的時間」（Time of Body：胴體進行一個動作的所需時間）

3・「腳的時間」（Time of Foot：踏出一步所需時間）

4・「步履時間」（Time of Feet：踏出多步所需時間）

以上四個「時間」當中第一者速度最快，愈往下則速度愈慢，不過現實世界中的動作是由身體多個部位相互協調運動而所構成的，這點在武道當中亦是同樣。西爾弗又以這四個「時間」為基礎進行排列組合，提出「真時間（True Time）」與「假時間（False Time）」兩種概念。

所謂「真時間」就是將戰鬥當中最有效果和效率的一連串動作整合成的各個套路，是由前述四個「時間」組合而成。由快而慢依序如下：

1・「手的時間」

2・「手與身體的時間」

3・「手・體・腳的時間」

4・「手・體・步的時間」

以上四者分別代表「僅運用手部進行攻擊防禦」、「運動身體同時進行攻擊防禦」、「前踏一步同時轉動身軀進行攻擊防禦」、「踏出數步同時運動身體進行攻擊」的動作。各套路的所需時間，就跟構成這些套路的諸多分項動作當中最長的「時間」一樣長。

舉例來說如果有位劍士踏步揮劍，此時他的動作就屬於第3類的「手・體・腳的時間」，而構成這個「時間」的「手的時間」、「身體的時間」、「腳的時間」當中最慢的時間就是「腳的時間」，他踏出一步所需要的時間

便是他的攻擊時間。面對他的揮擊，他的對手就必須選擇「時間「更短的套路進行防禦，具體來說就是第1項與第2項，若非只運用手部，否則就是催動身體與手部運動以抵禦對方的攻擊。如果選擇其他行動，就會落得「來不及」的結果。

「假時間」恰恰與「眞時間」相反，是絕對不可以在戰鬥中採取的動作套路，是最緩慢、效率最差、最沒有效果的動作套路。跟「眞時間」不同的是，「假時間」套路中的各個動作並非同時發生，而是分開來各別進行：

1・「腳的時間」只是踏出一步而已，其他什麼都不做。

2・「腳與身體的時間」先踏出一步，然後再運動身體。

3・「腳・體・手的時間」先踏出一步、運動身體，然後才做手部動作。

4・「步・體・手的時間」前進多步，然後才運動身體、做手部動作。

從前述內容我們可以得知，西爾弗認爲戰鬥的基本原則就是己方行動的「時間」必須比對手更短；盡可能拖延對手「時間」使其變長，另一方面則是要盡量地縮短自己的「時間」。

 ## 追擊

讀過前段描述「眞時間」的章節以後，或許有人會認爲既然「手的時間」最短，那麼只要採取不主動出擊、只是等待敵人攻來的方針，屆時敵人的行動速度就會是較遲緩的「腳的時間」，這樣就安全了。但如果這是個無法打破的鐵則，像德國式武術等尊奉先發制人主義的武術就會遭到淘汰了。那麼，德國式武術又是如何運作的呢？

德國武術研究家奈特表示，其訣竅就在於「追擊」。簡單來說，就是「在向前踏步的同時或是前一個瞬間就開始揮劍，使攻擊在前踏腳著地的同時或前一個瞬間就命中對方」。

這裡必須注意的是，「揮劍」這個動作原本屬於速度最快的「手的時間」，可是因爲要配合「腳的時間」進行攻擊，勢必將削減揮劍的速度。盡管揮劍速度變慢將連帶削弱揮擊威力，奈特卻說「揮擊速度不如安全來得重要」，而且就算揮劍速度眞的變慢了，可是我方的劍在向前踏步的同時便已經開始動作，對手就不得不先應付處理這個劍招。奈特還主張說到，這個原理亦遍見於空手道等武術甚至各種體育活動當中。

必須特別補充說明的是，奈特是引用15世紀瑞恩格克（Ringeck）的文章作爲自己理論的根據，如果眞要分的話，瑞恩格克的文章其實比較偏重於對腳步的闡述。話雖如此，要像奈特作如此解釋卻也並無不可。

第 4 章
什麼是架式？

　　所有武術都有所謂的架式，歐洲武術亦復如此。可是，究竟什麼叫作架式呢？鮮少有人能為此語提出清楚明確的定義。

　　所謂的架式，絕非身體任意擺放的任何姿勢都可以稱為架式；每個架式其實都已經經過設定，設定為採取一連串行動時最適當、最有效率而且最迅速的姿勢。

　　關於架式，歐洲武術有個很重要的概念：任何的行動（無論攻擊或防禦）都可以定義為從某個架式切換到另一個架式的轉移過程。舉個簡單的例子來說吧，德國式武術的Oberhaw（由上方朝向下方斬擊）就是起手自『屋頂』式，收歸於『愚者』式或『突刺』式。

　　其次，天下絕無能夠保證自身絲毫無損的架式。而且使用架式還有個缺點，那就是敵人能夠某種程度地預測我方的行動（雖說反之亦然）。針對這等兩難的困境，歐洲武術提出了兩種解決的方案。

　　第一種解決方案的思考是，採取某種架式以後就應該避免靜止不動，而要盡早採取行動。另一種解決方案所受到的評價則因人而異較為兩極化，那就是不斷地變換架式。過去如梅耶與阿古利巴等劍士固然推崇，不過大部分現代研究者卻反對這樣的想法，因為他們認為從某個架式轉移至下個架式的過程是最為脆弱、最無防備的一段時間，倘若此刻受到攻擊根本就騰不出手腳應對。無論古代劍士抑或現代的研究家，雙方都是根據自身長期經驗而歸結出各自的答案，因此我們恐怕也無法就此斷言究竟誰是誰非。

第 5 章

什麼是攻擊線？

攻擊線此語代表「為傷害對方，武器（攻擊）所要通過的軌跡」的意思，是構成歐洲武術根幹基礎的最重要概念之一。盡管程度上或有差別，但無論德國式、義大利式、英國式抑或西班牙式，起源自歐洲的所有武術無不將攻擊線視為重要的基本概念。

1・基本攻擊線

此即一般所謂的「攻擊線」，指的是對峙時以敵我雙方為端點所連接成的直線。這條線是雙方間的最短距離，同時也極可能是發動攻擊時武器運動的途徑。

2・武器攻擊線

此為筆者自創用語，乃指武器實際運動的軌跡。這條線經常與基本攻擊線相同，不過也有不同的時候。

由於所有攻擊都將沿著這條攻擊線進行，因此防守方所應該採取的戰略簡單來說就是「關閉或封鎖攻擊線」。另一方面，攻擊方則是應該以「排除對方妨礙，找出能夠抵達攻擊線的空隙」為大前提。如果從這個角度來觀察歐洲武術的技術和思想，自然就可以得到以下幾個原則：

攻擊

1・攻擊運動以沿著武器與目標連成的一直線，也就是沿著所謂的最短距離移動最為理想。沿著最短距離、以最短時間攻擊，最能使對方應接不

暇。

　　2‧利用假動作誘使對方防禦出現漏洞（持笨重武器作戰則較難使出假動作，因為武器的速度慢，無法做出有效的假動作）。

　　3‧利用步法和攻擊角度等技巧將自身置於對方的攻擊線之外，藉以封鎖對方的反擊。

　　4‧倘若攻擊遭對方接住，則應該立刻將攻擊線再度指向對方、繼續攻擊，迫使對方窮於防守、無暇反擊。

　　5‧攻擊時順勢將對方的劍帶往身側，將對方的攻擊線卸開來。另外在攻擊對方的時候，順勢將自己的武器帶到能夠封住對方攻擊線的位置。

防禦

　　1‧盡可能將武器置於對方攻擊線上或者攻擊線附近，減少防禦對方攻擊時移動自身武器的所需時間（這正是前述「時間」項目當中西爾弗的主張）。

　　2‧防禦時務使對方的攻擊線偏離我方身體，令對方無法隨即發動後續攻擊。

　　3‧防禦時不斷將我方武器攻擊線指向對方，一則隨時伺機反擊，一則迫使對方回劍防禦。

　　4‧故意露出破綻，誘使對方攻擊線指向防禦的破綻。

攻擊線的實例

　　下圖摘自某幅義大利式西洋劍術的圖畫。B運劍突刺而來，A一方面

朝左前方上步，另一方面將手的位置從「第三」切換至「第二」（請參照P.573）避開B的攻擊，同時朝B的顏面刺去。A一連串的動作便相當於攻擊原則5「攻擊時順勢卸開對方攻擊線，並將自身武器置於封鎖對方攻擊線的位置」與防禦原則2「使對方攻擊線偏離我方身體」。

下圖畫的是B發動攻擊的瞬間。兩者位於同一條直線上，A與B的攻擊線都筆直地指向對方。

攻擊線

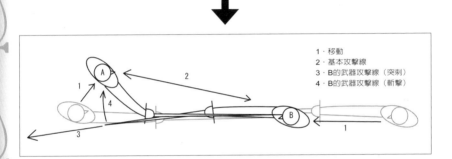

1‧移動
2‧基本攻擊線
3‧B的武器攻擊線（突刺）
4‧B的武器攻擊線（斬擊）

接下來是A發動反擊的瞬間。A向左方移動躲到B攻擊線之外，同時將B的劍帶往身側，使B的攻擊確定落空，然後再朝B的面部刺擊。

再請看看A的攻擊線。圖中編號為3號的突刺武器攻擊線，就是B在現在的狀態下使出突刺的攻擊軌跡。由於A的身體位在B突刺攻擊線以外，B像這樣是無法刺中A的。

那如果B打橫砍來又會如何呢？倘若如此，則B的劍就可以循著圖中編號4的斬擊武器攻擊線移動進而命中A，不過相信從圖裡面便不難發現，A的劍已經堵住這條攻擊線了，就算B果真從這路砍來，中間有A的劍阻礙，B的攻擊同樣也難以傷到A。

如果B要攻擊A的話，勢必要迴腕繼續向前送劍，否則就必須先抽劍然後再攻擊，但無論如何都會讓A有充分的時間再度發動攻擊或運起防禦。

第 6 章
防禦

　　歐洲武術對防禦的基本概念就是，盡可能避免採取只顧保護自身的防禦，而要以能夠立刻轉守爲攻的姿態進行防禦；如果等到防禦完成以後才開始準備反擊的話，一來對方將有充分的時間反應，更別提準備期間極可能會遭受到後續的攻擊。是故，歐洲武術的防禦基本原則就是要盡可能縮短發動反擊的時間，而當時歐洲認爲「時間＝動作」，從而歸結出了「縮短時間＝減少動作」的結論。

 ## 防禦類型

　　歐洲武術的最佳防禦法便是所謂的攻防一體，這種防禦法通稱爲「Counter Attack」，義大利式武術則稱爲「Contra Tempo」。16世紀德國式武術劍士梅耶曾經介紹此防禦法說到「眞正的劍士是不防禦的。敵人砍來就砍將回去，敵人前進我也前進，敵人刺來就刺將回去」。另外，15世紀的瑞恩格克同樣也留下「對方砍來就砍回去，刺來就刺回去」的敘述。這個最佳防禦法又分成兩個類型：

1・攻防一體技
　　德國式武術非常看重這個類型的防禦法，其最佳實例便是堪稱爲德國式武術代名詞的五個「奧義」（長劍技6、15、22、25）。

義大利式西洋劍術、尤其阿古利巴的戰鬥風格受此技法影響特別顯著，這種方法是在對方攻擊的時候往橫向或者斜前方上步，在閃避對方攻擊的同時發動攻擊。

歐洲武術所認為次佳的防禦方法則是「迴避」，也就是移動到對方攻擊不到的位置，不過閃過對方的攻擊以後，必須要在對方尚未回歸攻守姿勢以前發動攻擊。德國式武術的「尋隙攻擊」便是建立在這個理論之上。想要達成這個目標，就必須掌握正確的「距離」，跟敵人保持所需要最小限度的距離。

第三理想的方法則是「卸勁」。所謂「卸勁」就是指把對方的攻擊給卸開，又或者是誘導對方攻擊的方向、使其不致命中自身。正如同先前所說的，這個時候的重點就是不能光顧著將對方的攻擊卸開，而是必須做好隨時可以立刻反擊的準備。後來從這個「卸勁」又發展出了劍與劍相互纏鬥僵持的「交纏」。

第四個方法就是把對方的武器「格擋下來」。許多武術都主張應當亟力避免使用這個方法，為什麼呢？第一，格擋必須使盡全力來承受對方的施力，因此比其他方法更容易疲勞。第二，使用此法時我方武器靜止不動、只是等待對方的攻擊殺到，反而使得對方有時間可以尋找我方破綻、滲透防禦。

最差的防禦方法就是「為防禦而防禦」，這就是指一味只顧著防禦對方的攻擊、卻完全不考慮反擊的方法。

 ## 「卸勁」的方法

「卸勁」的最基本原則，就是要以我之「強」受對方之「弱」。何謂「強」與「弱」？以劍為例，將刃部從中分成兩個部分，靠劍尖這邊就是「弱」的部分，而靠近護手這邊就是所謂「強」的部分。這種說法乃是根據自槓桿原理：當我們手握棒狀物的時候，以接近手握處施加的力道將會大於以遠離手握處所施加的力道。

這也就是說，我們可以將「強」與「弱」的部位分別運用於防禦與攻擊：靠近握劍處所謂「強」的部分能夠產生較強施力但速度較慢，可用於防禦；相反地，遠離握劍處所謂「弱」的部分雖然施力較小可是速度快，適於攻擊。

後來，這種關於劍身強弱的區分變得愈發細膩，義大利式武術便將劍身

分成Forte（「強」的部分）、Terzo（「中間」部分）和Foible（「弱」的部分）三個部分。所謂「中間」部分便是攻擊防禦兩用的部位。

　　西班牙式武術區分更細，甚至將刃部分成12個部位，給各部位賦予不同功能，區分得如此細，恐怕已經脫離實用性的範疇了。當時西洋劍的刃部長度約在1m左右，若分成12個部位則每段長度約僅8cm而已。究竟人類是否擁有足夠的反射神經與判斷速度能夠在高速進行的戰鬥中區分使用這12個區塊，仍然相當值得存疑。

V與A

　　史蒂芬‧費克（Stephen Fick）在他的著作《初學者長劍指南》（The Beginner's Guide to the Long Sword）裡面提到，卸勁有「V」和「A」兩種方法。這V和A代表的是防禦攻擊時運劍的方法。

　　「V」是橫向大幅揮動劍尖以格檔對方攻擊的防禦方法，費克表示這是人類本能所會採取的動作，不過這個方法有個缺點，那就是當對方的劍往我方手部滑過來往往能夠傷到我方的身體，而且如此防禦則劍尖將大幅偏向左右兩方，以致無法立刻反擊。因此，費克遂歸結出應當亟力避免使用這種運劍方法的結論。

　　「A」式防禦則是催動劍柄部分而非劍尖，以卸勁而非格檔的方式進行

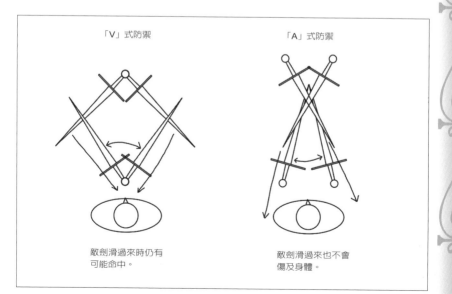

「V」式防禦　　　　　　　　「A」式防禦

敵劍滑過來時仍有可能命中。

敵劍滑過來也不會傷及身體。

防禦。如此一來，就算敵劍滑過來也不致傷及自身，而且劍尖直指對手，隨時都可以發動攻擊。

該用劍刃還是劍身平板處來格擋接招？

　　最後且讓我們針對現今研究者間意見最為分歧的問題來進行說明，這個問題就是受到劍擊時，我們應該用自己的劍刃去接對方的劍刃，還是應該用劍身去接呢？遺憾的是，過去的劍士並未為我們留下一個明確的答案，也許這個問題對他們來說根本就是常識，所以沒有必要特地將它記載下來吧。

　　從前的文獻當中固然不乏有類似「以劍刃接下對方來劍」的記載，卻又讓人感覺「作者特地這麼寫，肯定代表這個方法並不普通，所以平時其實都是以劍身接劍」，最後又變得模稜兩可、兩者皆通。且列舉雙方說法之主張如下：

「劍刃接劍」派之主張

　　1．劍很薄，以劍身接劍恐怕會把劍折斷。

　　2．劍其實擁有相當足夠的強度，即便以劍刃接招也不致捲花缺角。

　　3．就算劍刃真的缺角，也是缺在攻擊時不會用到的劍身，「強」的部分，不會造成問題。

　　4．從前劍士特地留下「以劍身接下對方來劍」的記載，可以推測以劍身接招實為特例。

　　5．以劍刃接劍則手腕受力較輕，能夠接下較強的揮擊力量。

　　6．從當時的記錄裡面可以找到戰後劍刃捲花、殘破不堪的描述。

「劍身接劍」派之主張

　　1．劍的強度其實相當足夠，只要鑄劍品質不要太差，用劍身接劍其實也無妨。

　　2．刃部其實是整柄劍當中最薄的部位，以刃擋招會把劍刃砍出缺口。

　　3．一旦砍出缺口，劍本身的性能就會降低，甚至還有折斷的危險。

　　4．確有「以劍身接下對方來劍」的記載。

　　5．單手劍有種迴腕接下攻擊的方法，可以推測當時其實並不甚重視手腕受力的輕重。

　　相信看到上述諸主張便不難發現，雙方基本上是處於某種相持不下且久

久得不到結論的沒營養論爭狀態。真要就雙方主張發表意見的話，則「劍刃接劍」派第六個主張雖說劍刃捲花是以劍刃防禦所致，但真正的原因應該是出於戰況之激烈，因為劍擊頭盔鎧甲等同樣也會使得劍刃缺角。

從結論來說，這恐怕還是屬於「喜好的問題」。只要經過仔細研究就會發現雙方主張都是經過長年經驗所歸結出來的結論，並沒有脫離現實而淪為紙上談兵。

至於筆者個人的感想嘛，當時的劍士或許會盡可能選擇以劍身接劍，可是基本上應該不會那麼神經質到要去拘泥於該以劍刃還是劍身去接劍。至少我們可以推測，如果當時真有相互對立的兩派存在，那麼武術指南書的作者肯定會在書中寫下自己的主張才是。既然諸多武術指南書當中完全找不到類似的記載或主張，要嘛就是所有人對此持有共同的意見，要嘛就是大家認為這種事情根本就不值一顧，大概也沒有第三種情形了。

第 7 章
劍刃的握法

　　歐洲武術的眾多特徵當中，恐怕再無其他會比「握住劍刃」這回事讓現代人感到吃驚了。而且所謂握住劍刃並不僅限於自身武器的刃部，連同對方武器的劍刃也包括在內。

　　當時的插畫等資料每每都描繪到不戴手套、空手接白刃的場景，不過當時似乎也有許多人認為從本能的角度來說是難以置信的事情，從而附上「當時是因為短劍並未開鋒才能伸手去握」之類的「說明」。

　　可是，如果這種技術只消將劍刃磨利就會立刻遭到破解的話，那它又怎麼會在歐洲的絕大部分地區、長達數個世紀的時間內，都被教導說是擁有其攻防效果與價值的技術呢？這才真的令人難以致信。從當時流傳至今的長短刀劍來看，其中許多都擁有跟現在的刀同樣銳利的刀刃；其次，現代有些研究者甚至還曾經實際嘗試示範空手握住真劍，傷害事件等也經常可以聽到「被害者空手捉住加害者的刀刃，把刀搶了過來」的說法。

　　話雖如此，不可能長時間握住對方劍刃仍舊是不爭的事實。再說了，就算握的是自身武器的劍刃，也不能保證百分之百的安全。那究竟為什麼要握住劍刃呢？那肯定是因為「手受傷也比死來得好」，除此之外不作他想。

　　當時的文獻也並未記載到劍刃是怎麼握的。可能這在當時來說屬於常識，沒有必要特地記錄下來吧。現代經過各式各樣的實驗以後證實，要以指腹和掌心挾住劍身、將劍刃固定於手中不致滑動，是最安全確實的握刃方法。

第 8 章
攻擊的基本

　　防禦介紹過以後，緊接著讓我們來看看攻擊。此處且容筆者引用德國式劍術的「鐸萊云達」^{（註）}就攻擊方法進行說明：

　　1・斬擊（Hau）：以劍刃部分砍殺，是最自然的攻擊方法。
　　2・突刺（Stiche）：向前送劍、以劍尖刺向對方。
　　3・削切（Schnitt）：以劍刃貼著並按住對方的身體，或抽或送藉以撕裂敵人。

　　簡單點來說，所謂削切這種運劍方法其實很像我們使用菜刀或小刀進行切割，除傷害敵人以外，同時還有以劍刃按住對方藉以限制甚至封鎖其行動之效果。

　　美國「Die Schlachtschule」團體的主辦人奈特曾經針對這三種攻擊方法說到，斬擊幾乎能夠在任何狀況下發揮效果，防禦起來也相當地費力。相對地，突刺則有利於迅速進擊而且經常能給予敵人致命的打擊，可是防禦起來卻不須要太費力氣。削切給敵人造成的傷害雖少，卻能在敵我距離較近、無法使用前兩種攻擊方法的時候發揮威力。

　　根據以上特徵，我們可以推測當時一般攻擊的流程應該是「首先以斬擊進攻，然後直接以突刺攻擊，若距離拉近則使用削切」。

註：「鐸萊云達」：原文爲「ドライ ヴュンダー」，查無此語遂直採音譯。

第9章
步法

　　步法堪稱爲所有武術之基礎。在歐洲來說，愈古老的武術通常其步法也就愈發地單純。以下記錄到的是歐洲武術所使用到的部分步法圖例。除非有特別說明，否則以下記載步法名稱均是由筆者自行命名而來。

　　雙腳的位置基本上如下所示。若採圖例左側中世式的站法，則左右腳的角度應在90度以下，至於圖例右則的西洋劍式站法中，左右腳則是恰恰形成90度角。

中世式　　　　　　　　　　　　　　　　西洋劍式

 步法的種類

1・戳刺步（Lunge）　　　　　　　　　　　※白色腳步為前腳的位置。

前腳向前踏出，後腳再接著跟上。戳刺是西洋劍術的攻擊法之一，是在向前大步踏出的同時採取刺擊。不過必須特別注意的是，西洋劍執行戳刺的時候後腳其實並不會隨後跟上前去。

34

2・送步（Pass）

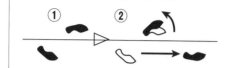

後腳向前踏出、落在前腳前方的步法，是最基本、最常用的步法。因為後腳「通過（Pass）」前腳，遂有此名。

3・靠步（Gathering step）

亦稱「藏步」（Hidden Step）。先是後腳向前腳靠，然後前腳再往前送。這個步法能夠在不被對方發現的情形下做好往前踏步的準備，遂有此名。

4・斜步（Slope step）

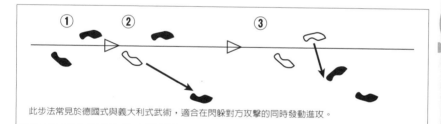

此步法常見於德國式與義大利式武術，適合在閃躲對方攻擊的同時發動進攻。

5・菲奧雷式斜步（Fiore's slope step）

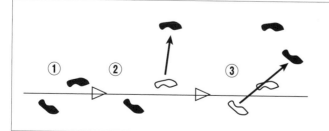

菲奧雷・迪・李貝里（Fiore dei Liberi）的斜步步法。與前者斜步之不同在於，菲奧雷式斜步是前腳先行踏出。

6 · 兩倍三角步（Triangle Step, double）

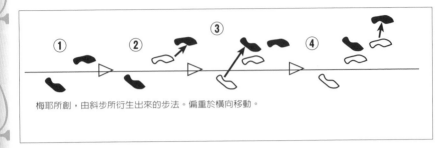

梅耶所創，由斜步所衍生出來的步法。偏重於橫向移動。

7 · 靜止旋轉（Volta Stabile）

菲奧雷的三種轉身法之一，是在不移動站立點的情況下直接轉向相反側。

8 · 半轉（Mezza Volta）

前腳後撤，同時轉身向後。

9 · 全轉（Tutta Volta）

前腳大幅迴旋繞過後腳，轉身向後。

第 10 章
流派介紹

德國式武術（理查特納爾式）

■通稱：「戰鬥法」（Kunst des Fechtens）
■創始者：約翰尼斯・理查特納爾（Johannes Liechtenauer）
■時期：14世紀中～17世紀末（？）

　　德國式武術成立於14世紀中葉，是現今受到研究最多的歐洲傳統武術諸流派之一。理查特納爾其人據考證乃是出身於德國南部法蘭克尼亞（註）地區的低階騎士，他遊歷德國、東歐等地以後綜合習得武術從而創設新流派。這裡必須注意的是，稱其爲「德國式武術」只是因爲唸起來比「理查特納爾式」方便，實則當時的德國還另有許多流派存在；話雖如此，可其他諸流派今已幾無文獻記錄留存，難以掌握其面貌。德國式武術是以在當時仍然屬於新型武器的長劍（Long sword）使用法作爲所有武器技術之基本；德國式武術所有基礎技術皆涵蓋於長劍術之下，也就是說只要修習長劍術，再去學習其他武器的使用方法時也會變得比較簡單。

註：法蘭克尼亞（Franconia）：中世紀早期德意志5個大公國之一，其餘4個爲薩克森、洛塔林基亞（Lotharingia，洛林）、士瓦本（Swabia）和巴伐利亞。現分爲法蘭克尼亞和東法蘭克尼亞，均屬德意志聯邦共和國。

德國式武術將戰鬥形態分類為下列三種：

1・無盔（Bloßfechten）：我方或對方不著鎧甲狀態下的戰鬥。
2・著盔（Harnischfechten）：我方或對方著鎧甲狀態下的戰鬥。
3・騎馬（Roßfechten）：騎馬戰鬥法。

戰鬥形態雖有不同，不過以下舉出的基本概念卻是三者共通的。

主導權

德國式武術之基本理念，或曰其真諦神髓，盡可以「主導權之奪取及維持」一言蔽之。

德國式武術的所有技巧和理論，全部都是為達成「如何奪取主導權、如何維持主導權」之目的而設計的。掌握主導權並阻止對方達成戰鬥上的意圖，迫使對方有守無攻，我方則是從安全範圍向對方發動攻擊，只待其漸漸應接不暇，屆時便是對方的死期。相反地，如果主導權在對方手上的話，此時的最高目標便在於如何盡速奪回主導權。

這個主導權的概念經常被稱為先發制人至上主義，但它其實並非只是一味地進攻，而是要「讓對方隨著我方起舞」。就好比故意露出破綻引誘對方來攻，乍看下好像被對方掌握了先機，不過這可以說是對方針對我方露出破綻此行為所做出來的反應。換句話說，也就是將對方「玩弄於股掌之間」。

德國式武術將這個概念稱為「先」與「後」。所謂「先」亦即「先採取行動」，乃指攻擊性的、掌握主導權的狀態。「後」則是「隨著對方行動反應」，代表防禦性的、主導權遭對方掌握的狀態。

同時（Indes）

Indes此語有「立刻（Immediately）」、「和……同時（While）」、「在……的期間（During）」的意思（且容筆者一併記載英語以免語意傳達不清）。這個字在德國式武術裡面有兩層涵意。

Indes這個字的第一層涵意是主張應當立刻判斷使用何種技巧最適用於奪得（或奪回）主導權，第二層涵意則是應當立刻對方的行動做出反應、進行反擊。

除此之外，「同時」有時也會用來指稱主導權誰屬不明的狀態……雙方幾乎同時發動攻擊甚至是「交纏」（請參照P.54／亦即「護手相軋」）的狀態……不過基本上來說，德國式武術所謂的「同時」指的並非某種狀態，似

乎是個用於指稱判斷、行動的用語。

感知（Führen）

所謂「感知」指的就是當雙方處於交纏狀態下時讀取對方意圖的基本技術。理查特納爾主張，即便處於交纏狀態下也決計不可趨於被動；處於交纏狀態之下，必須隨時積極「感知」意圖並且取得主導權。

這個所謂「感知」的技術，包括根據從對方武器傳過來的壓力判斷對方意圖，以及判斷對方的回饋力道的「剛」與「柔」（請參照下段說明）。德國式武術將這個概念稱作「感知」，甚至還有個活用感知的技巧「細語之窗」。

柔與剛

先前我們講到「感知」對方武器時有所謂對方抵抗力道的強弱，德國式武術將其稱為「剛」與「柔」（因為有所謂「剛與柔」的說法，筆者遂特地使用「剛」此造語）。

首先假設敵我處於劍與劍互砥的交纏狀態之下，若我方稍微使力往前推卻發現對方抵抗力道太強、推不動，又或者反而受到敵人的推擠力道壓制，此即所謂的「剛」。相反地，如果對方沒有抵抗又或者是抵抗力道較弱，那就叫作「柔」。

理查特納爾主張當以「柔」對抗「剛」，以「剛」對抗「柔」。日本有所謂「柔能克剛，剛能破柔」的說法，講的恰恰就是這個道理。

若敵人恃「剛」欲以勁力壓制，就該避免與其正面抵抗、卸掉剛勁再施以反擊，若敵人「柔」則就該一股作氣破壞其防禦。

四個「空檔」（Opening）

所謂「空檔」是個擁有諸多意涵的概念。一般來說，此語指的是對方防禦的破綻，德國式武術則以此語指稱攻擊的目標區域，也就是指由身體軸心與腰線兩條線區隔開來的四個區域。

根據德國式武術的理論，人類決計無法同時防禦顧及這四個區域，勢必會有未及防禦的「破綻」產生。就連近代的劍擊運動，同樣也深受理查特納爾所提出的這個目標區域理論之影響。

從這裡我們可以發現，德國式武術盡管是現今仍可窺知其使用方法的最古老武術之一，可是它已經具備有高度發達的理論與概念。德國式武術於15世紀達到巔峰鼎盛期，但隨著西洋劍的普及以及戰場用武器的不斷推移變化，其主流地位終於遭到義大利式武術取代。

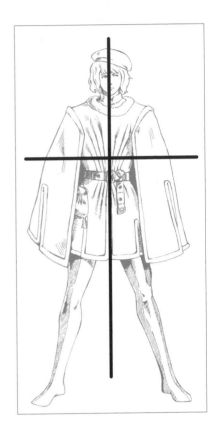

義大利式武術

■通稱：義大利式武術（Italian Style）
■創始者：不明
■時期：不明～19世紀

　　所謂義大利式武術，所指稱的其實是個涵蓋了各式各樣武術流派的集合體。為什麼這樣說呢？義大利式武術是數個仍有資料可循的最古老武術其中之一，同時也是其中最長壽的一個。盡管筆者在這裡將其概括統稱為「義大利式武術」，但義大利式武術卻在不同的時代、不同的場所，有著技術和理念都迥異其趣的流派存在（其間差異性之大，恰可與古流劍術、運動劍擊兩

者相比擬）。是故，以下列出的幾項特徵其實並不能放準於義大利式武術的所有流派。

自從羅馬帝國潰散以來，義大利半島便成了數支獨立勢力間嚴重對立、抗爭不斷的戰場。這樣的狀況之下，各勢力甚至都市當然都想要發展出一套其特有的武術體系。可惜的是，如今僅剩小部分武術得以流傳至今，絕大多數武術都已經遭到歷史洪流吞沒，今人也已經無從得窺其中堂奧。

久遠以前的義大利式武術諸特徵仍得以在今日活靈活現，都要歸功於14世紀後半葉的劍士菲奧雷‧迪‧李貝里、聲勢於16世紀達到鼎盛的波隆那（註1）派諸劍士、16世紀的卡密留‧阿古利巴，以及17世紀初的薩瓦多‧法布里斯等名劍士。

 ## 科學的方法

15世紀的菲利波‧瓦爾迪（Filipo Vardey）主張武術乃是「科學」，而在這門科學當中最重要的非幾何學莫屬。世間不乏許多流派是透過科學，亦即所謂「根據觀察得來的客觀情報求得理論性的結論」的手法就武術進行理論性的探討，而他們有意識地採用這種科學的方法，可謂是必須歸功於義大利式武術的偉大貢獻。

波隆那派武術奉為其創始者的菲利波‧達爾第（Filippo di Bartolomeo Dardi）本身就是波隆那大學的算術‧幾何學教授，至於完成劃時代革命性西洋劍術、對現代劍擊也造成極大影響的阿古利巴，更是以技術家為本職（他自稱曾經與米開朗基羅一同參與將方尖碑（註2）搬到羅馬聖彼得大教堂前的計畫，雖然這個計畫根本就不曾實現）。

不管怎麼說，他們的基本方法都是一貫的。簡單地來說，就是應用幾何學原理確立最具有效率的攻防方法，並以「拍」（Tempo）的概念掌握時間與行動之間的相對關係。

註1：波隆那（Bologna）：亦譯博洛尼亞。拉丁語作Bononia。義大利北部城市，位於佛羅倫斯北方，雷諾河與薩韋納河之間。是義大利最重要的鐵路和公路樞紐，是義大利北、中、南部交通往來最頻繁的門戶。

註2：方尖碑（Obelisk）：成對聳立在古埃及神廟前的錐形石碑，以整塊石料鑿成，通常用亞斯文產紅花崗石，平面為正方或長方形，下大上小，頂作方錐形，覆以金銀合金。碑四面刻有象形文字，說明碑的三種不同目的：宗教性（常用以奉獻太陽神）、紀念性（常用以紀念國王在位若干年）和裝飾性。

什麼是節拍？

「拍」（Tempo）這個字往往會讓人聯想到所謂的「節奏」（Rhythm），其實此處所謂的「拍」是個「時間」的用語，而義大利式的武術有兩個種類的「拍」。

第一種「拍」，是指採取攻擊‧防禦‧反擊的適切時機。說得簡單點，就是「就是現在！」的那個瞬間。

這個「拍」將會與對方的行動發生關連性。例如趁著對方採取某種行動（向前踏步、變換架式、出手攻擊等）之際發動攻擊就可以說是「循拍」攻擊，可以安全地採取攻勢。相反地，若在對方遲遲不動的時候發動攻擊就是所謂「避拍」的攻擊，這種攻擊極可能遭到對方反擊，很是危險。

第二種「拍」指的就是前述的「時間」。如同先前所描述，當時的觀念認為唯有透過與行動之間的關係方能體會、知覺所謂的時間。於是，他們便將採取某個行動所需時間稱為「拍」（或「時間」）。舉例來說，打個噴嚏的「拍」跟閱讀一本書的「拍」，盡管在碼錶上的長度並不相同，卻同樣都是「1拍」。義大利式武術根據「行動＝拍」的原則，就「拍」這個概念有以下分類：

1‧「單拍」（Stesso Tempo）：採取某個行動的所需時間，語意與西爾弗所謂「真時間」（Real time）大致吻合相同。現在則也將其作為「反拍」的別名使用。

2‧「反拍」（Contratempo）：指在對方攻擊的同時反攻回去，像德國式武術的「奧義」等就也要區分到這個類別。

3‧「半拍」（Mezzo Tempo）：指用比「1拍」更小更精簡的動作進行攻擊。

4‧「雙拍」（Dui Tempi）：乃指現代劍擊「還擊」（Riposte）等，由兩個動作構成的行動。完成動作所需時間太長，一般認為這種攻擊容易「落拍」，攻擊效果較不理想。

義大利式武術的鼎盛期落在文藝復興時期，大約在西洋劍問世的前後時期。文藝復興的花朵起初從義大利開始綻放，而隨著文藝復興的向外傳播，義大利的流行時尚、甚至義大利式的武術也在同時間輸出到了歐洲各地。可是後來義大利式武術卻因為發祥於法國周圍地區的短劍劍術抬頭，而在義大利半島以外的地區逐漸遭到人們遺忘。不過義大利半島亦有其特有的短劍劍術發展，最終則是以古典劍擊術的形式流傳到了現代。

英國式武術

■通稱：「防禦術」（Art of Defense、Science of Defense）
■創始者：不明
■期間：不明～18世紀（？）

西元前1世紀，當儒略・凱撒[註]首次向當時稱為不列顛島的英國進攻時，曾經留下文字記載曰：不列顛雖然與大陸同源，卻有著迥異於大陸的文化。這點來到21世紀的現代亦復如此，英國便是以歐洲本土的文化為基礎，並且在這個基礎之上構築其特有的文化。中世紀・文藝復興時代那時也是同樣，英國（準確來說應該是英格蘭）一直是個文化與大陸「同而不同」的特殊國家。

再講到武術方面，如今可解讀的最古老英格蘭武術相關文獻，便屬16世紀末喬治・西爾弗寫的《防禦的悖論》（Paradox of Defense）。在此之前雖不乏有講述雙手劍（或長劍）的武術指南書，可惜的是這些作品都已經無法解讀了。另外還有12世紀頒布禁止教授武術的學校（或道場）的法律，足堪證明英國自古便有武術的存在。

從這條禁止令我們可以推測，當時已經有為數頗多的武術學校，而這些學校則是被當權者視為使治安趨於惡化的因素。另外我們還可以推測，上層階級的武術與下層階級的武術，兩者可能分屬於不同的系統，由於如今已無可供比對上層階級武術與下層階級武術的資料，這個謎恐怕永無解開的一日了。

除此之外，也不可不提所謂英國特有的武器。提到英國特有的武器，恐怕大部分人都會立刻想到長弓這項武器，但其實英國武術界還另有四角棍、威爾斯彎刀等特殊的武器存在；尤其四角棍這項武器更幾乎被視為是英國的「國技」，無論運動抑或武術活動，均受到許多英國國民的喜愛使用。

註：儒略・凱撒（Julius Caesar）：著名的羅馬將軍、獨裁者、政治家。他決定性地、無可逆轉地改變了希臘－羅馬世界的歷史進程。希臘－羅馬社會久已消亡，因此它的許多偉大人物的名字對於一般受過教育的現代人來說沒有多大意義，但是凱撒的名字如同亞歷山大的名字一樣仍在基督教和伊斯蘭教世界的人民中流傳。

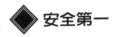

安全第一

再說到英國式武術的特徵，其最大特徵便是以「安全」為主要訴求。相信筆者前面已經提到過，「劍擊」（fencing）此語是以「擊落」、「防護」的動詞（to fence）為其語源，並且有「護身」的涵意。正如其名所示，英國的「劍擊」具有強烈的防禦性格。至於「防禦術」這個名稱，則是中世紀與文藝復興時期實際用來指稱「武術」的用語。

西爾弗主張，唯有在可從對方的反擊下全身而退、確實安全的情況之下，方可發動攻擊。另外，他還否定其他武術幾乎都視為基本中的基本的概念——反擊；根據他的說法，盡管這種手段確實有其效果，然而反擊本身其實就是某種的賭注，若能正確解讀對方的動作、捉對反擊時期的時候固然能夠發揮很大效果，可問題是萬一解讀錯誤，往往會陷入無可挽回的局面。那何時才能發動反擊呢？他認為唯有在一面向後退的時候方可使出反擊；只要向後退，即便對敵人動作解讀有誤，也能將傷害降到最低。話雖如此，倘若只知道一味等待「絕對安全的時機」，就要眼巴巴地看著許多絕佳的機會從眼前溜走，如何兩者兼顧，那就端看劍士的修為高低了。

其次，經常向後退也是英國式武術的重要特徵之一。16世紀末文生提歐・薩比歐羅（Vincentio Saviolo）在英國傳授義大利式西洋劍術的時候曾經說過，英國人老喜歡往後退，應當引以為恥才是。從這段發言我們可以推測，修習英國式武術的劍士後退的頻率要比其他流派劍士來得高出不少。

再說到英國式武術在外觀上的最大特徵，當屬名為「側身獸（Guardant）」（註）的架式。這個架式又分成「真側身獸」與「假側身獸」兩個種類。這「側身獸」架式其實屬於「吊」架式的一種，乃指舉劍過頭、劍尖朝下的姿勢；英國式「側身獸」架式的特徵就是劍尖指向左膝、劍身貼著身體。雖然說「吊」架式也是如此的姿勢，不過英國的「側身獸」卻有防禦效果雖高但不易轉守為攻的缺點，當時人們對這兩種架式的評價有著天差地別的極懸殊差距，也是不爭的事實。

癱瘓能力

西爾弗在他的作品裡面多次執拗地主張應當「朝頭部進行上段斬擊」。

註：側身獸：「Guardant」此語通常是指獸面為正面而獸身為側面的獸形紋章。

雖然說他的這個理論有某種程度是為了批評以突刺為主要攻擊的西洋劍術而來，不過他的主張其實並不僅僅是對義大利式武術的批評反論而已。

有個用語叫作「癱瘓能力」（Stopping Power），此語原是用來呈現鎗枝性能的一種概念，指的是命中以後是否能夠確實剝奪敵人戰鬥能力的指標。舉例來說，美國英國有別於歐洲他國，較偏好大口徑的鎗枝，那是因為他們基於與原住民戰鬥所得來的經驗，對一擊癱瘓敵人的能力極為重視，而非彈藥裝填數量或是命中率。

西爾弗同樣也很重視這個「癱瘓能力」。持西洋劍突刺攻擊的殺傷力固然極高，另一方面卻缺乏立即癱瘓敵人的能力。相反地，持劍斬擊的殺傷力雖低卻能大幅奪取敵人的戰鬥能力。首先剝奪敵人的戰鬥能力、確保自身安全，接著再慢慢將敵人置於死地，最後離開現場。因此我們大可以說，這種安全第一的精神可謂是構成英國式武術骨幹的底蘊思想。

 ## 西爾弗的原則

根據華格納（Paul Wagner）表示，西爾弗的戰鬥原則可以統整如下；其中有幾個原則是英國式武術固有的概念，有些則是歐洲武術的共通概念。

1・確實的防禦比有效的攻擊更加重要。

2・時時威脅敵人使其隨著我方起舞反應，使敵人在我方即便因為發動攻擊等因素而露出破綻時也無法攻擊掌握。

3・隨時記得腰部使勁以發動強力攻擊。

4・專為剝奪敵人戰鬥能力此目的發動攻擊。

5・從敵人無法攻擊我方的位置發動攻擊。

6・攻擊敵人最脆弱的部分。

7・倘若攻擊遭敵人防禦下來，則應停止攻擊、立刻拉開敵我距離。

8・應持續防禦敵方攻擊直到我方已經攢足攻擊所需的充分能量。

9・防禦時務必多買個保險。

10・無論攻擊抑或防禦，當攻防失敗的時候切忌將自己毫無防備地曝露在敵人面前。

11・隨時保持正確適當的距離，若敵人並未露出破綻就要使其無法對我發動攻擊。

12・活用地形、狀況、天候、武器等各種條件以求生存。

從前西爾弗那個時代的英國設有劍士公會組織，並透過該組織從事傳統武術傳承教授者的養成等工作，不過正如西爾弗於著作中嘆道，此時英國的武術業已進入衰退期，武術已經比較偏向於體育活動，而其作爲戰場用技術的性格已經愈趨薄弱了。

直到後來的時代，原本屬於武術檢定考試的「大賽」（Prize）演變成專爲娛樂目的所舉辦的活動，然後這種大賽才又逐漸發展衍生出現代劍擊等活動。

西班牙式武術

■通稱：「至高之術」（La Verdadera Destreza）
■創始者：赫羅尼莫・桑切茲・德・卡蘭薩（Jerónimo Sanchez de Carranza）
■期間：16世紀中～19世紀中（？）

在地面畫些莫名其妙的圖形，伴之以數學運算的高尚議論，但這勞什子在實戰裡根本就派不上用場……以上對西班牙式武術的偏見與誤解其實並不僅僅是現在，早在當時便已經存在。

有趣的是，當時歐洲的劍士們對西班牙劍士的評價卻往往極高。事實

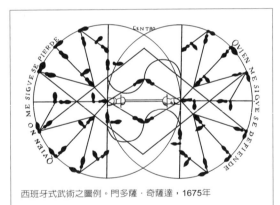

西班牙式武術之圖例。門多薩・奇薩達，1675年

上，他們認爲西班牙式武術是當時歐洲最強（換句話說也就是世界最強）的武術之一。就連那麼貶低義大利式劍術、深信傳統英國式武術才是第一的喬治・西爾弗也都承認（盡管他老大不願意）西班牙式武術是最強的流派之一，可見西班牙式武術是如何超群絕倫地強大。

西班牙式武術深受義大利式武術影響，尤其是卡密留・阿古利巴。如前所述，阿古利巴的劍術是將重點放在幾何學的分析，而西班牙式武術便是以此爲基礎所進一步發展形成的技術。是故，西班牙式武術教科書的內容總是填滿了許多幾何學的圖形，其本文也較偏重於理論性質的記述，不具備基礎

預備知識的話根本就看不懂。或許是因為這個緣故，實際上西班牙式武術非常容易遭人誤解，同時也幾乎沒有受到研究。就連筆者本身對西班牙式武術也是不甚詳知，且容筆者聲明在先，本項條目記述內容雖然大致掌握了西班牙式武術之大概，實則卻也經過了相當程度的單純化與簡化。真正的西班牙式武術其實更加複雜。

西班牙式劍術乃16世紀中葉的赫羅尼莫‧德‧卡蘭薩所創。其間雖然幾經波折，不過此劍術很快就在西班牙取得了主導性的地位。此前的武術稱為「古武術」（Esgrima Antigua），可惜的是這種武術如今僅剩殘缺不全的史料片段留存而已。西班牙‧葡萄牙所在伊比利半島從前曾受伊斯蘭勢力統治，於是我們可以推測當地的「古武術」很可能有受到源自伊斯蘭的武術影響。「古武術」的失傳實在令人扼腕。

西爾弗眼中的西班牙式武術

此處且容筆者借西爾弗所留下來的證言就西班牙式武術進行介紹。在他來看，西班牙武術只有一種架式，兩種防禦方法；這些架式與防禦方法可應用於各種不同的狀況，極短時間內便可以熟練，這似乎就是西班牙式武術的最大特徵。那麼，西班牙式武術的實際使用情況又是如何呢？西爾弗說到：

> 西班牙劍術之戰鬥方式如下。首先，他們會勇敢地並且盡量地挺身傲立，步伐不要太開。他們的雙腳從來不曾停下，就好比不停

■西班牙式西洋劍術的架式

地在舞蹈，然後再將西洋劍與手腕一直線指向對方的顏面或手腕。

西班牙式西洋劍術的架式

這是西班牙式所特有的架式，甚至說它是西班牙式武術強大的祕密也毫不為過。西班牙式武術是右腳在前、左腳在後，右腳腳尖直指對方，左腳呈90度擺在後方，右腕與西洋劍向前直伸，左手自然下垂，此即西班牙式西洋劍術的架式。

這個架式迥異於其他架式、甚至近乎呆立，不少人都懷疑它究竟有多少效果。不過，這種雙腳收攏的站姿同樣可見於阿古利巴的架式，一般認為這種架式可以有效率地迅速踏出第一步。

再說到伸得筆直的手腕，其目的其實並不僅僅是要牽制對手而已。西洋劍這種劍極長，倘若毫無盤算便採取攻擊，非但可能會直接迎上對方的西洋劍、變成肉串，相反地我方的劍也會被西班牙式的碗狀護手給防禦下來；就算迂迴從側邊刺擊對方手腕，敵人只消將劍朝我方送來，則敵方攻擊距離較短、敵劍勢必先行命中。究竟如何是好？西爾弗的回答很是簡潔：「將對方的劍彈開」。只要想辦法將敵方的劍從我方面前排除，那麼攻破西班牙式劍術可謂是輕而易舉。不過，如此盤算也是對方的意料中事。為什麼呢？因為西班牙式劍術的這種架式便是要利用手中的西洋劍盡可能地限制對方的行動選項與自由性。

讀到此處，我們已經很清楚地知道破解西班牙架式的方法有二：不是彈開對方的劍然後發動攻擊，就是橫移避開對方的劍再行攻擊。是以，西班牙式劍士自然也可以預測對方可能會有相同的行動，而且理所當然地事先準備了應對策略與充分的訓練。這就是為何筆者先前說到：未經深思熟慮便輕易行動，最後就會落得一轉眼反遭對方吞噬的下場。

另外西爾弗還說到：西班牙劍術的使用者彷彿舞蹈般地雙腳永不停歇；就如同其他流派的武術，西班牙式武術同樣也是透過不停移動來一方面找尋對方的破綻，同時另一方面使對方難以掌握我方空隙進攻。

神祕的圓

那麼除此之外，西班牙式武術還有什麼其他的特徵呢？我們在前面已經提到過，西班牙式武術會透過不停的移動以確保我方優勢，而就武術架式的本質而言，勢必要從頭到尾要將劍隨時指向對方。綜合以上各點，則西班牙

式劍士將會採取以對手爲中心的圓形軌跡運動，而事實上對方劍士也同樣會採取圓形軌跡運動，因此當兩位西班牙式劍士對陣戰鬥的時候，雙方就會面對面、不停地繞著圈圈，只等待對方西洋劍的「攻擊線」偏離的瞬間發動攻擊。這種不向前進卻採取圓形運動（其實應該是斜向移動）是西班牙式劍術的特徵，也是它與大多採直線移動的義大利式武術間的不同之處。人常因書中所載奇妙的圓形圖式而稱西班牙式劍術爲「神祕的圓形劍術」，可謂一言道盡了西班牙式武術的特徵。

頗出人意料的是，斬擊在西班牙式武術當中同樣也是個重要的攻擊方法。西洋劍確實擁有適於突刺攻擊的劍刃形狀，但這絕不代表它並無切斬的威力。頭部遭西洋劍切斬重擊很可能就此致命，手腕吃上一記也勢必將會大幅削減戰鬥力。

西班牙式武術從創始以來傳承300餘年，其間幾乎無任何演化改變。而當劍術失去其必要性、演變形成現代劍擊運動的時候，以圓形運動爲基本的西班牙式劍術無法適應規定只能採取直線運動的現代劍擊，亦可謂是西班牙式武術最終消失的原因之一。

第２部　武技解説

寫在武技解說以前

　　將歐洲武術的概說與理論介紹完畢，終於可以進入技術層面的探討。不過在正式進入此部分以前，爲避免招致閱讀上的混亂，且容筆者先行說明幾點事項：

解釋的基本方針

　　關於武技的解釋，筆者乃是以「盡可能忠於原文」爲目標。舉例來說，當古典籍的原文中途散佚缺漏的時候，坊間有些作品會另以獨自的「結語」以爲塡補，然則本作收錄典籍內容，則是選擇將那些部分刪節排除（有時會另外行文解說）。再者，無法透過原文確認的內容也已刪除，還有那些沒有記載引用出處，甚至雖然載有引用出處卻無法確認是否原著的武技，也是同樣。

　　本書的解釋當中，難免偶有蹊蹺甚至謬誤之處（既然筆者都這麼說了，那肯定是有的）。且容筆者先行爲自己辯白開脫：書中記載的都是早在數個世紀以前便已經失傳的技術，因此這些解釋還是很有可能會因爲今後的研究而有所修正。

關於引用出處

　　關於典籍文獻的引用出處，請對照書末「文獻略稱一覽」記載的略稱與頁數。舉例來說，如果書中記載到Fiore(Getty), 23r的話，那就表示該部分是引用自菲奧雷‧迪‧李貝里所著，湯姆‧雷歐尼（Tom Leoni）翻譯的《菲奧雷‧迪‧李貝里的戰之華，M.S.Getty Lugwig-XV 13》。

　　至於代表頁數的「23r」這個數字，則是代表抄本頁數的文獻學用語。書冊攤開的狀態下，右側頁稱爲「Recto」（正），左側頁則稱「Verso」（反）；必須注意的是，數字部分並不是代表第幾頁，而是代表「第幾張」。也就是說所謂「23r」，就是指「本文第23張紙的正面」的意思，相當於現代頁碼編排的第45頁。

關於外語的武技名稱

　　從前中世紀時代並不像現在有所謂正式的拼音，都是依著自己的發音隨意拼寫而已，拼法和現代用語完全不同的單字其實並不少見。舉例來說，Iszny Portt這個字其實就是Eisnport從前中世紀德國南部地區的腔調發音直接

拼寫而成的。坊間不乏有其他作品將這些拼法改為現代的拼寫方式，本書則是盡可能忠於原文的記載，藉此請讀者諸君稍微品嚐品嚐中世紀的氛圍。當然了，並非所有武技均有原名流傳下來，書中部分武技名稱其實是現代研究者、甚至筆者所命名的。

登場人物

本書設定有三位登場人物，藉此盡可能地使插圖明瞭易懂，避免混亂。筆者對此三人各自有明確的特性設定，祈使其發揮符號的機能，使讀者可以順利解讀書中的插圖。

師父

師父穿著一身「黑衣」，頂著頭向後梳的「黑髮」，配戴鎧甲同樣也是黑色，相信辨別非常容易。解說武技的插圖中，師父原則上都是位置插圖中的左側。讀者諸君只要認定「黑＝師父」，基本上就不會有錯誤了。

弟子

弟子身穿白衣、淺色頭髮，插圖將髮色畫作白色。在幾乎所有插圖中擔任師父的對手，原則上大多畫在插圖的右側。

女弟子

一頭亮色系捲髮的女性。會在解說「當對方力量壓倒性地強大（或弱小）」或者「當

服裝參考自邁爾所著武術技南書（16世紀）中的靴匠。

服裝以瓦萊爾斯泰因抄本所繪為基礎，再添以少許當時的小型飾物。

對方身高較矮（或高）」的應用技巧時登場（師父與男弟子身高約180cm，女弟子則是設定為約155cm）。

以下純屬閒聊，其實女性劍士（士兵）絕非僅見於奇幻作品之中。歐洲最古老的武術指南書《I.33》便也曾經提到一位名叫瓦普吉斯（Walpurgis）的女劍士。

關於「交纏」

本書將頻繁提及「交纏」此語。所謂交纏就是指「敵我武器接觸的狀態」，也就是一般所謂的「護手相軋」。

注意

本書乃是以右撇子為基準進行解說介紹。歐洲武術不像日本的武道會特地去矯正規定使用特定的慣用手，還請左撇子讀者在閱讀的時候自行左右對換。

衣服是作15世紀的狩獵服裝。實為男性裝扮。

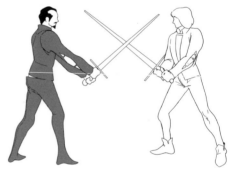

除此以外，當時是個會特別以所謂的遮陰布（註）強調男性服裝胯下部分的時代，若以現代觀點來看或許會覺得非常奇怪，不過本書為盡可能重現當時氛圍而刻意著墨描寫，還請理解見諒。

註：遮陰布（codpiece）：15世紀開始在男子緊身褲襠處加貼的一小塊袋狀布，本來加貼在緊身褲中，後沿用於馬褲及長褲中。青銅器時代，愛琴海地區的男子用腰帶將窄條遮陰布繫在身上；16世紀的遮陰布有襯墊，甚至用珠寶裝飾，惹人注目；到了1580年，遮陰布被認為不夠莊重，受到嘲笑。此名稱直至18世紀還被用作馬褲前門襟釦件的稱呼。

第1章

長劍

長劍概說

我乃劍是也。我乃所有武器的扼殺者是也。在我面前，槍、斧、短劍無不是渺小而無力。

……我乃高貴之劍。貫徹正義，推動善行，破除邪惡。奉我爲聖十字，屆時武名與榮譽必將歸於爾汝。

（Fiore di Battaglia 25r）

長劍的歷史

　　長劍是13世紀～14世紀間由單手劍發展而成的武器，現今多以「Bastard Sword」、「Hand and Half Sword」等名稱呼之。因爲具備高度的泛用性，長劍於14世紀～15世紀間大量受到騎士與士兵選用爲輔助性武器。只不過，或許是因爲它的長度太長，平時似乎並不怎麼派得上用場。

　　當時的歐洲人們，以德語意爲「長劍」的「Langen Schwert」稱呼之，在義大利則稱「Spadona」或「Spada a duo mano」（意爲「雙手劍」），英格蘭則是稱「Twahandswerd」或「Grete swerde」等；單手劍、雙手劍、混用劍（註）之間並無嚴格區分，有時甚至還會相互混淆。

　　長劍出現的時期，恰恰與盔甲迅速發展發達的時期相互重疊。自從有鋼鐵板材包覆全身以後，騎士漸漸就獲得了毋須使用盾牌的壓倒性防禦力量，而當時的騎士除騎馬作戰以外，也開始必須應付徒步作戰等各種不同的戰鬥狀況。爲對應此種情況，長劍雖仍然是以雙手持劍爲基本使用方法，卻也設計成爲可視狀況而改爲單手使用的武器。面對鎧甲武裝的重裝備敵兵，便以尖銳的劍尖準確且有效率地刺進敵方鎧甲縫隙之間打倒敵人；如果面對的是輕武裝的一般士兵，則可兩手持劍以刃部使勁斬擊、壓制敵人。

註：混用劍（Bastard sword）：是既適合切砍也適合突刺的刀劍。切砍時用單手，刺擊時用雙手，因此劍柄也做得比一般單手用劍來得長了些。

　　最早注意到長劍可應用於各種狀況與使用方法此一特性者，便是德國式武術的創始者理查特納爾。德國式武術便是以長劍術作爲一切武術的根本基礎所建構成的武術體系。

　　長劍的發展於15世紀達到巓峰，從此以後便一路衰退。及至1570年梅耶的時代，長劍術即便是在其發源地德國也已經體育活動化，失去了實用性。長劍術最終消失於何時已無從確知，推斷大約是在17世紀前後。唯一可以確定的是，當長劍術失去實用性的同時，也就代表著構成長劍術骨幹基礎的德國式武術已經走到了盡頭。

規格

　　長劍的重量平均約在1.3～1.5kg上下，就跟重量級的單手劍差不多重。長度則是有長有短，全長1～1.3m、刃長約90～110cm的長劍最爲普遍。

長劍圖a　　　　　　　　　　長劍圖b

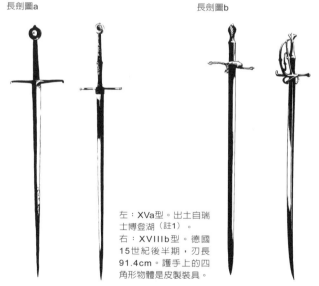

左：XVa型。出土自瑞士博登湖（註1）。
右：XVIIIb型。德國15世紀後半期，刃長91.4cm。護手上的四角形物體是皮製裝具。

左：德國，16世紀。全長115cm，刃長97cm，重量1.2kg，重心距護手16cm。
右：相當罕見的單刃長劍（或雙手用軍刀）。瑞士，1530年前後。刃長101.5cm，刃寬3.8cm，重量1.62kg。劍身前端三分之一處為雙刃（藏於華萊士收藏館（註2）。

註1：博登湖（Bodensee）：此爲德語，英語作Lake Constance（康斯坦茨湖），拉丁語作Lacus Brigantinus（布里根蒂努斯湖）。瑞士、德國、奧地利三國交界處的湖泊。
註2：華萊士收藏館（Wallace Collection）：倫敦藝術博物館，藏有赫特福德（Hertford）侯爵西摩–康韋（Seymour–Conway）家族自18世紀以來收集的文物，尤以17和18世紀的英國和法國繪畫和雕刻著稱。華萊士夫人在1871年繼承這批珍藏，1897年捐贈給英國政府。1900年正式開放。

那麼，從前的劍士又是作何意見呢？義大利的菲利波‧瓦爾迪（Filippo Vardey，1470年）主張道，最理想的長劍是全長可從地面及於持劍者腋下，劍柄長度一坂（將小指與大姆指用力伸長時的長度，約9英吋，等於22.8cm），護手長度與劍柄等長者為最佳。另一方面，英國的西爾弗則說雙手劍的刃長應與單手劍等長為佳（1599年）。「單手劍」聽起來往往給人好像很短的感覺，不過西爾弗所謂的單手劍卻是把刃長將近1m的傢伙，已經是長劍的平均尺寸了。長劍的劍刃形狀通常多歸類於奧克紹特分類法（請參照卷末語句解說）中的XV型或XVIII型，通常較接近於三角形。少了血溝的構造，使得長劍劍刃的斷面變成菱形、厚實了許多。雖然這樣使得長劍變得不易彎曲、提升了突刺性能，可是相反地在斬擊的時候也勢必要推開更大的質量，使得切斷性能因此降低。再者，重心位於握柄附近的三角形劍身也較不易產生離心力，同樣也是造成切斷性能不佳的影響因素之一。

長劍的護手種類非常多樣，就跟單手劍同樣。一般來說，15世紀以前的護手通常都是以簡單的直線型為主，進入16世紀以後S字型護手愈來愈多，甚至還有保護拳頭的鐵環等附屬品出現。劍柄則是大致可以分成兩種類型：劍柄在護手處最粗、柄頭處最細的類型（長劍圖a左），以及握柄中段較粗的類型（長劍圖a、b右）；第二種類型的劍柄中段隆起，這種形狀對使用者的手掌來說，無論是握持和釋放都相當方便。整體來說，劍柄大部分均是以皮革包覆，不過許多中段隆起類型劍柄會比較特別，靠近護手的上半段是用皮革、靠近柄頭的下半段則是用鋼線包覆。柄頭形狀亦是形形色色，其中香水瓶蓋型和洋梨型柄頭則據說是為握持柄頭之操刀方法所設計的。

 ## 握持方法

長劍的握持方法基本上是右手在前、左手在後，然後又可以分成雙手靠攏和分開兩種類型；若採雙手分開握劍，則左手通常都是握著柄頭處（也有人主張不可握著柄頭）。還有種握劍法，喚作「姆指握槽」（Thumb Grip）；這種握劍法是將劍身轉90°，以大拇指按著劍身側面握持。

一般的持劍法

握柄頭持劍法

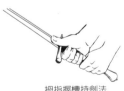

拇指握槽持劍法

長劍的各個部位

　　正如德國式武術指南書所主張「劍沒有一處無用」，長劍的所有部位都可運用於攻擊或防禦。為方便後續說明文之理解，此項且容筆者詳加為文解說。

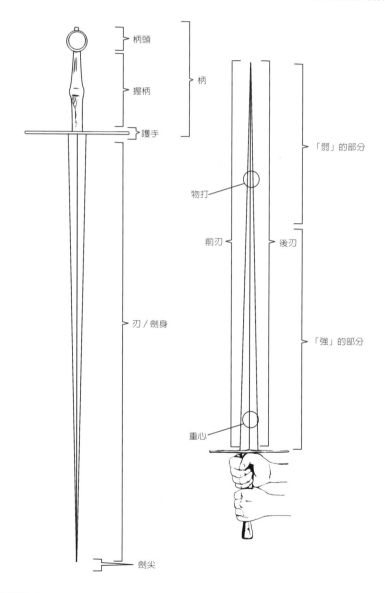

柄頭

握柄

柄

護手

「弱」的部分

物打

前刃　　後刃

刃／劍身

「強」的部分

重心

劍尖

柄頭

亦稱「Pommel」。可以調節劍身的配重、防止劍在揮擊的時候脫手、固定握柄，還能用來毆擊或鉤絆敵人。

握柄

握劍處。以尼龍・皮革・鋼線包裹木質芯材製成。

護手

亦稱棒鍔。可以防止敵劍往自己的手滑將過來，可以用來鉤絆毆擊敵人，甚至還可以當作握柄使用。

柄

由柄頭、握柄、護手三個部位組成。

刃 / 劍身

包括用於斬擊敵人、防禦敵方武器甚至可以當作握柄握持的部位。

劍尖

劍的最前端。用於刺擊敵人。

「弱」的部分、「強」的部分

也就是先前已經說明過有關長劍運用方法的部位。「弱」的部分用於攻擊，「強」的部分用於防禦。

前刃 / 後刃

前刃與後刃與握劍時的刃向有關。劍尖向上時，朝向對方的刃稱為「前刃」，朝向自己的刃則稱「後刃」。德國式劍術便有許多運用「後刃」的武技，是為其特徵之一。

「物打」

咸信為斬切敵人的最佳部位。事實上，中世紀當時可能還沒發現這個部位，不過現代為一般讀者著作的解說書經常都會提到這個部位。劍會在擊中目標的時候震動，震波會在劍的兩個地方交集，第一個交集點位於握柄，而「物打」便是位於劍身的第二個震波交集點。以「物打」此處斬擊物體可抑

制劍身震動，如此則持劍者不易疲勞，而且持劍揮動的動能也不會因爲震動而致分散浪費，能夠以較趨近於100%的效率斬切目標物。都說「只要切得俐落，便少有回饋手感」，這也就等於是在說若以「物打」斬切，就不會有多餘的衝擊力道發生。若以棒球爲例，則這個部位就相當於球棒的「芯」。以西洋劍來說，這個「物打」大多位於劍尖以下約20～30cm處。測知「物打」正確位置的方法有幾種，包括可以將劍垂直豎起、叩柄頭觀察其震動，也可以用劍刃敲擊木材等固體，透過有無震動傳至手中以爲判斷。

重心

重心是長劍操作性與威力的參考指標。也就是可以單指抵住長劍、使其保持平衡的點。劍的重心愈靠近握柄便愈是靈動，不過相反地就會有穩定性較差、斬切刺擊威力低下等缺點（雖說另有許多其他因素影響，但重心是最一目瞭然的指標）。一般位於距離護手約10～15cm處。

孩童用武器

近代價值觀尚未確立以前，孩童向來都被視爲是「體型較小的大人」。就好比說，當時並沒有童裝的概念，孩童穿著的服裝設計幾乎無異於成人服裝。相同的道理，從前同樣也有製作孩童用的武器和鎧甲。這些武器防具絕非玩具，甚至品質也毫不遜色於成人用武器。

此劍收藏於格拉斯哥（註）博物館‧美術館，據信是從河底撈上來的文物。推測其製作年代應爲14世紀中葉前後，大概是7～8歲孩童使用的武器。其最大特徵便是劍身在靠近護手根部有個名叫「Riccaso」的無刃部位。劍身全長40.8cm。

此劍乃由個人收藏家所收藏，是柄製作非常精巧的劍。其劍刃設計極富特色，劍刃中央有條名爲「峰」的隆起（此設計目的在於增加劍身強度），可是這條隆起卻又在距離護手約15cm處變成了較淺的血溝。此外，劍身在護手附近可以發現以刃器削過的痕跡，相信這是特意改造使孩童在成年以後仍然能夠以食指扣住護手持劍使用的設計。劍身55.9cm。

從泰晤士河打撈出來的劍，判斷應是製作於1300～1325年間的孩童用劍。除血溝較深以外，劍刃從劍尖到中間爲六角形、再往下則變成菱形劍身。全長78.5cm。

註：格拉斯哥（Glasgow）：蘇格蘭中西部城市。跨克萊德河，西距該河大西洋河口32公里。格拉斯哥是蘇格蘭第一大城，自成一個單獨的議會區，全位於拉納克歷史郡內。

長劍的架式

 『屋頂』式（vom Tag：德式）

『屋頂』式屬於德式劍術的四個基本架式之一，攻防兼備，使用最為頻繁。此架式又可以分成高舉過頭與舉劍至顏面高度兩種，相當於日本劍術所謂的「上段架式」與「八雙架式」。之所以有兩個架式，據說是因為手腕的活動將會受到鎧甲限制所致。嚴格來說，Vom Tag此語應該譯作「從屋頂」才算正確，至於這個名稱的由來，一說這是將高舉過頭的劍擬作屋頂，另一說則指攻擊由上方襲來時就彷彿從屋頂掉落一般。

 『公牛』式（Ochs：德式）／『窗』式（Posta de Finestra：菲奧雷）

德式劍術的四種基本架式之一。這個架式基本上是將劍舉到與顏面同高，劍尖直指對方顏面，並有左右兩種不同版本。從以上敘述就不難發現，這是個適用於從上方執行刺擊的架式，一般都是在防禦對方攻擊的同時順勢轉換至這個架式，然後將劍朝敵人刺出。使用這個架式的時候，長劍看起來就好比是舞動雙角的公牛，遂得此名。義大利的菲奧雷則是稱其為「窗」式。

右『公牛』式　　　　　　　　　　左『公牛』式

③ 『鋤』式（Pflug：德式）

　　將劍置於腰間、劍尖朝向敵人顏
面的架式。『鋤』式跟『公牛』式同
樣都有分成左右兩種版本，也跟『公
牛』式同樣是屬於較適用於刺擊的
架式。這個姿勢就跟當時牛拉的鋤頭
相當類似，故有此名。

鋤頭與『鋤』式
Knight.p37. Stiftsbiblothek cod.
Duc.94, I: fol. 153r

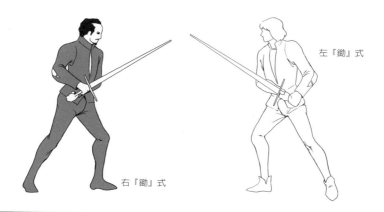

左『鋤』式

右『鋤』式

④ 『愚者』式（Alber：德式）／『中心鐵門』（Meçana Porta de Fero：菲奧雷）

德式劍術的四個基本架式之一。這是德式劍術當中使用頻率最低的架式，不過菲奧雷等義大利式劍術卻認為這是防禦力最高的架式，出現相當頻繁（義大利式把劍擺得比德式更靠近身體）。它跟日本式劍術的下段架式同樣，都是劍尖朝下、頭頂門戶大開，以引誘敵方攻擊後趁隙反擊為主要使用方法。

此架式在德式劍術裡的名字有「頭頂門戶大開，乍看像是個愚者，一旦對方上鉤發動攻擊以後就會發現自己才是愚者」之意，至於義大利式所謂『鐵門』則有「看似暢行無阻，實為難攻不落的鋼鐵之門」的涵意。塔爾霍夫也稱此架式為『鐵之門』，就跟義大利式相同。

⑤ 『刺擊』式（Langort，Langenort：德式）／『刺擊』式（Posta Longa：菲奧雷）

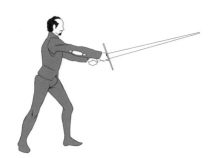

雖不屬於基本架式，然則威力強大，應用於德式劍術武技『細語之窗』。向前方伸出長劍、劍尖直指敵方顏面，可藉此保持敵我距離。除此之外，咸信此架式還能使人產生錯覺，誤以為我方劍短，可以收到混淆敵人的效果。

『皇冠』式（Posta Frontalle o Corona：菲奧雷）

　　這是個劍尖朝上、劍身扁平處正對敵方的架式。一般都是在以護手格擋對方上段攻擊時使用這個架式，據說可以發動迅速的反擊。德式劍術同樣也有『皇冠』這個武技，但似乎並未將其分類為正式的架式。「皇冠」此語有「頭頂」的意思，而保護頭頂正可謂是這個架式的原初用意。

『真·鐵門』式（Tuta Porta de Fero：菲奧雷）

　　這架式與『中心鐵門』同樣都是劍尖朝下，不同的是劍尖朝後而非朝前。菲奧雷指其為最基本的架式。

『憤怒』式（Zornhut：德式）／ 『貴婦』式（Posta de Dona：菲奧雷）

　　可從背劍身後的姿勢使出多樣化的攻擊、恃勁力強行突破敵方架式的高攻擊性架式。此外，據說此架式非但攻擊力高，防禦性亦佳。其德語名稱來自於人類盛怒時本能的揮劍姿勢，至於義大利語名稱則是因為架式酷似該時代藝術作品所描繪女性矜持謹慎的模樣，遂有此名。

⑨ 『開鑰』式（Schlüssel：梅耶）

　　從『公牛』式將劍拉回右肩的姿勢，據說能對抗各種武技。『開鑰』式此名，是因為此架式能像拿鑰匙開門似地，輕輕鬆鬆地破解敵方的防禦。

⑩ 『雙角』式（Posta de Bicornio：菲奧雷）

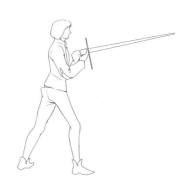

　　若是光看原書的插畫，常常會讓人覺得這個架式匪夷所思。劍尖指向敵方、雙手捲握劍柄，收劍於胸前。這是個防禦性極佳的架式，並且能夠迅速切換至其他各種架式。根據筆者的推理，以不同方法解開雙手捲握狀態便能移行切換成各種不同架式，所以此架式之用意應是使敵方無法預測我方之意圖。

劍的製作年代

本書雖然亦記載有劍的製作地區、製作年代，不過這些地區年代其實並不一定正確。就拿年代來說吧，一柄劍父傳子、子傳孫這樣代代相傳是相當普遍的事情，再說現在也確實有劍身推算製作年代比劍柄推算製作年代來得早個幾世紀的劍存在。

再說到製作地區，無論是武器的輸出，抑或以戰利品、略奪品、餽贈品、貢品等形式的所有權轉移，甚至是從製作地外流等，都是稀鬆平常之事。在這樣的狀況底下，想要正確地判斷一柄劍的製作地可謂是難上加難。

那麼，我們究竟是如何推算一柄劍的製作年代與製作地的呢？

首先第一個方法就是形式的年代識別法。無論是什麼樣的東西，在設計造型方面都會因為年代而有流行興衰。就如同100年前、50年前的汽車造型跟現代汽車大相逕庭，劍同樣也會隨著時代而在形狀上有極大的變化。因此推斷製作年代的時候，一方面要將地區差異、文化差異、戰鬥技術與形式、敵人裝備等條件都納入考量，然後將形狀與裝飾的變遷演化群組化，區分各個群組的新舊先後順序，然後再行判斷武器的製作年代。

還有種年代判定法是根據繪畫、墓碑等已經確知其製作年代的資料，然後就劍的造型設計比對資料中所繪製的劍，藉此推算年代。

此外，部分地區有偏好其他地區所無之特殊造型的傾向，這就有助於推定判斷製作地。舉例來說，日本刀從上到下的形狀極為特殊，只要稍稍觀察日本刀（或是其零件），一眼就能判斷它是否日製。除此之外像蘇格蘭也偏好使用特殊形狀的劍柄，愛爾蘭使用圓環狀的柄頭，丹麥則是有握柄極長的雙手劍。

劍刃形狀或劍身所帶銘文花紋等，也都是可供推斷銘刻地區、年代、工坊的線索。例如有柄劍是從英國的約克附近挖掘發現的，從刻印便可以推斷這柄劍跟從挪威出土的劍是由同一位工匠（或工坊）製作的。順帶提到那柄挪威劍所篆刻的魯納文字還記載到，這把劍的製作者就是亞斯蒙（註）。

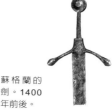

蘇格蘭的
劍。1400
年前後。

註：亞斯蒙（Asmund）：北歐名，由「as」（神）與「mund」（守護者）兩個
　　字組成。本文指的應該是挪威中世紀傳說的英雄「Åsmund Frægdegjevar」。

單手刺擊
Single Thurst, Gayszlen

出典：Knight/Longsword, pp54-58. Talhoffer(1467) pl. 10.

刺擊一般可以分成兩種，一種是從『公牛』式起手、由上往下使出，另一種則是從『鋤』式起手、由下往上刺出，不過單手刺擊這個武技並不屬於上述兩者，算是第三種的刺擊技。

這個武技在德式劍術裡面僅見於塔爾霍夫，搞不好甚至可以說是德式劍術當中的異端。相反地，此技在英式劍術卻是非常普遍常見的武技，相信應該是轉用自四角棍術的武技。

咸信德式劍術一般都是使用這個技巧朝著敵方的腳部刺擊，這是因為有關此項技術的唯一描述看起來就像是朝著腳部刺擊，然則奈特卻說那圖樣並非朝腳部刺擊，畫的其實是「單手刺擊」落空後遭敵人反擊的模樣；因為又畫到長劍墜落地面的場景，因此才被誤解為朝腳部刺擊。此處筆者乃採奈特說法，單手刺擊並非特意瞄準腳部攻擊，而是種普通的刺擊。

1

向前踏步的同時，單手（一般多為右手）放開劍柄向前刺擊。

2

此圖採自原本文獻。究竟何種主張才是正確的，且留待讀者自身判斷。左側人物露出了半個屁股，其實是因為當時穿的緊身褲比較緊，如果背後沒有綁得比較鬆（甚至不綁）的話，只要稍一屈身屁股部分就會裂開。

長劍技2

「憤擊」
Zornhau

出典：Meyer, p57, 1.11r. Ringeck/Tobler, pp21-37. Knight, pp62-64, 174-185.

　　「憤擊」為「奧義」之首，也是最簡單而且最單純的武技。這是種從上方斜向向下揮砍的斬擊，亦稱「老頭斬」「強擊」，是運用劍刃攻擊的最強攻擊法之一。關於名稱，有人說是取自於人類憤怒狀態下本能的揮擊方法，也有人說是將其強大威力擬作怒火而來。

1

向前方或斜前方踏步，同時斜向揮擊。

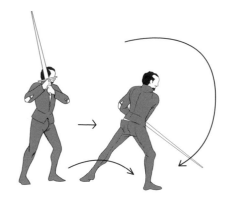

以「憤擊」反擊
The Zornhau as a counter

出典：Ringeck/Tobler, pp22-23. Fiore(Getty),25r,25v.

使一切攻擊兼具防禦、一切防禦兼具攻擊，乃歐洲武術的普遍理念。這項武技便是將原屬攻擊武技的「憤擊」應用於防禦的反擊技巧。除此之外，此武技還應用到前一章德式武術章節說明過的「剛」「柔」概念，同樣也是個重點（根據Tobler的解釋）。

1
起始姿勢。雙方均採『屋頂』式。

2
右側的弟子向前踏步，從上方向下斬擊。同時間，師父以「憤擊」迎擊。這個時候，師父會利用劍的角度使弟子的劍無法及於己身。就在這個雙方即將進入交纏狀態的瞬間，師父可以透過從劍身傳來的壓力判斷對方的狀態之「剛」或「柔」，然後決定接下來要採取什麼行動。這便是德式武術所謂「感知」‧「同時」的技法。

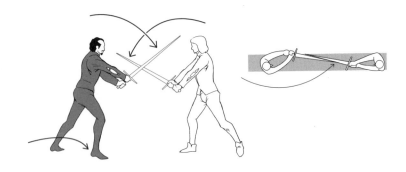

3 若對方屬「柔」

如果判斷對方屬「柔」，師父便立刻向前送劍撥開對方的劍，強行製造出自己攻擊的途徑（此即前述所謂「攻擊線」理論）。然後就朝顏面（插畫畫的是喉嚨）刺擊。

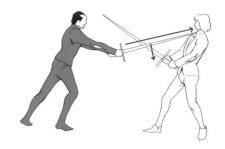

4 若對方屬「剛」

如果對方屬「剛」，那就不能用前述以力量為主的技巧與之對抗，而且圖中師父的劍已經被撥到側邊了。

5

「剛」力須以「柔」技克制。是故，師父避免與對方的力量對抗，將劍從交纏狀態解開、移往對方長劍的另一側。

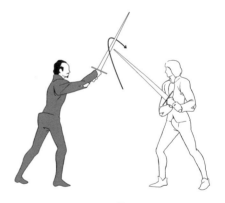

6

左腳迅速向左斜前方進步，朝弟子頭部斬擊。之所以向斜前方進步，是要避免敵人的反擊。進擊時使對方靠近身體右側，萬一遭到反擊也能用劍格擋對方的反擊。德式武術稱此技巧為「切換」。

捲劍並利用劍的「強」「弱」部位

Exploiting Weak and Strong with the Winding

出典：Ringeck/Tobler, pp. 26, 27. Wallerstein, pl. 6, pl. 8 Talhoffer(1467), pl.6

　　此節將提到「捲」的技巧。所謂「捲」，就是指透過扭轉劍身或者旋轉以突破對方防禦的技巧，是德式武術的基礎技術之一。此武技是旋轉劍尖、將己方「攻擊線」重新指向對方，同時阻擋對方的「攻擊線」。

　　此武技並不光是捲劍而已，而是必須將我劍「強」的部位移往敵劍「弱」的部位，然後利用槓桿原理確實地將對方的劍撥離「攻擊線」（根據Tobler的解釋）。

1

師父以「憤擊」防禦弟子的攻擊，
進入交纏狀態。

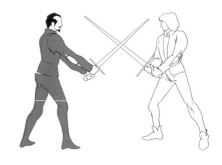

2

弟子採取「剛性」的交纏，師父逐捲劍向上，我劍「強」的部位接觸敵劍「弱」的部位。這個狀態下，只要利用槓桿原理就可以輕鬆地把弟子的劍撥開、崩解弟子的防禦，直接朝顏面刺擊。

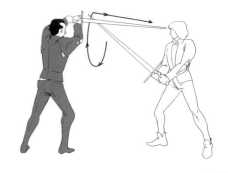

3 反制

為對抗師父的攻擊，弟子也捲劍向上、以我劍「強」的部位接觸敵劍「弱」的部位，使敵方的刺擊偏離目標。

4 反制

不光是我方刺擊被撥開偏離了目標，甚至弟子的劍還伸進了我方長劍內側的空間，必須在弟子將劍指向我方並發動刺擊之前採取反擊。於是師父再次捲劍向上，從弟子長劍的上方朝向胸口刺擊。

近身戰

Krieg

出典：Ringeck/Tobler, pp30, 31.

　　所謂的近身戰，就是指敵我距離比正常斬擊距離更靠近的戰鬥，多指交纏狀態或扭打的狀態。

　　此處解說武技所要呈現的乃是德式劍術最高宗旨「主導權之維持」，是要奪得「先機」，並以徹底的連續攻擊迫使敵人趨於守勢，使敵人無暇反擊（根據Tobler的解釋）。

1

一如往常般從「憤擊」進入交纏狀態。

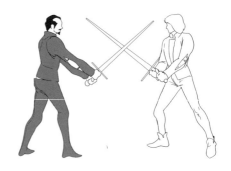

2

師父捲劍向上，朝弟子刺擊。

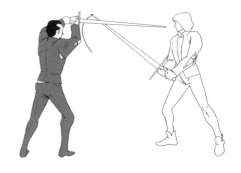

3

弟子將師父的攻擊卸往左側。照道理說，弟子本應該在這個時候發動反擊的……

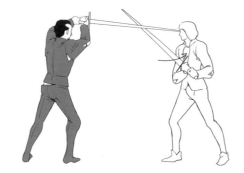

4

師父立即將劍尖轉向下方，再度攻擊弟子。弟子為閃躲師父攻擊再度將劍往左側按去，避開師父的刺擊。弟子或許認為自己將師父的攻擊拆解得很好，殊不知自己已漸漸淪為被動，無暇再發動攻擊。

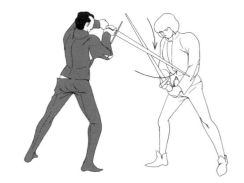

5

因為一心想要抵擋師父的攻擊，弟子持劍偏左太過，反而正面破綻大開。師父見機不可失，遂秉劍迴過敵劍下方、繞到另一邊去刺擊。這招叫作「潛行穿越」。如果弟子守下這一擊，那就持續以相同動作重複進攻，不留下任何反擊的機會、一鼓作氣壓倒弟子。

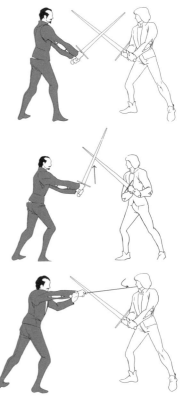

迂迴
Duplieren

出典：Ringeck/Tobler, pp. 36, 37. Talhoffer(1467), pl. 18.

　　「迂迴」是「捲」的一種，這是種從交纏狀態下便保持與敵劍的接觸，然後將長劍「迂迴」繞進敵方防線內側的技巧。根據瑞恩格克的說法，這「迂迴」和次項「翻捲」是成對的，是用於破除敵方防禦的武技。此外，將長劍繞進敵劍的防線內側、使敵人無法防禦我方攻擊，也是這項武技的重要特性之一（根據Tobler解釋）。

1

平常的狀態。這個時候，弟子採取的是「剛性」的交纏。

2

師父使長劍保持在接觸狀態下，滑劍向上。

3

迅速捲動長劍，朝對方顏面砍去。

長劍技7

「翻捲」
Mutieren

出典：Ringeck/Toblr, pp.36,37.

　　「翻捲」是「捲」的一種，這是種保持敵我武器接觸狀態、翻過敵劍上方將我方長劍移往對方武器另一側的技術。此武技與前項「迂迴」是成對的，都是用來繞過敵方武器、滑進敵方防線內側的技術（根據Tobler的解釋）。捲的方向與「迂迴」恰恰相反。

1

同樣以交纏狀態為起始。

2

師父「捲劍」並同時舉劍向上。師父捲劍的時候，長劍的後刃要保持與弟子長劍的接觸狀態。

3

「翻捲」完成。師父在捲劍的過程中將劍翻過對方長劍上方、移往弟子持劍的另一側，從而進入敵方防線內側。然後只要直接朝對方刺去即可。

「曲斬」

Krumphau

出典：Ringeck/Tobler, 39-41. Meyer, p. 57, 1.12v. Knight/Longsword, pp. 65-67. pp 187-196.

　　「曲斬」是德式劍術的「奧義」之一。這招是在斜向右前方踏步的同時，瞄準對方身體左側（尤以瞄準手部、長劍最爲理想）、從上往下攻擊。其最大特徵便是雙手在攻擊時會交叉，而這是這項武技名稱的由來。一般都是以「後刃」斬擊，然亦不乏有以「前刃」斬擊的版本。

　　托布勒認爲以「曲斬」進行反擊，將會得到三種結果：

　　1・理想：長劍擊中對方手部，分出勝負。

　　2・我方動作較快：我劍潛入敵劍下方，使敵方斬擊偏離方向。

　　3・對方動作較快：我劍命中對方的劍並將劍擊開，進入交纏狀態。

1

雙方均採『屋頂』式。

2

弟子首先開始動作。

3

師父看準弟子的正擊時機、右腳斜踏右前方，開始揮劍。

4

師父踏出對方的「攻擊線」外躲過弟子攻擊，同時雙手交叉、從對方長劍上方朝對方的頭頂招呼下去。

5

雙手交叉，用「後刃」往對方的手部砍去。正如前段說明文所述，用「前刃」去砍其實也是可行的。斬擊的同時將左腳收攏。

以「曲斬」卸勁
Using the Krumphau to Set Aside a Blow

出典：Ringeck/Tobler, pp. 42,43.

　　這項武技相當於前項說明文當中托布勒所提到的第二種情境「我方『曲斬』時機太早的狀態」，是種利用我方潛入敵劍下方的長劍將敵劍卸到一旁的技巧。

　　此外，這項武技與梅耶所謂「滑擊」的技法非常類似。或許這個技巧便是在這約莫200年的期間內形成了獨自個別的一項武技（根據Tobler解釋）。

1

始於「屋頂」式。

2

比照前回，師父同樣以「曲斬」對付弟子的攻擊。不同的是，這次揮擊的時候是要讓長劍落在敵劍的下方。

3

這是「曲斬」揮擊以後的狀
態，這個姿勢可以稱為「防
壁」式。師父從這個「防壁」
姿勢突然帶動長劍，以劍身卸
開弟子的劍擊。

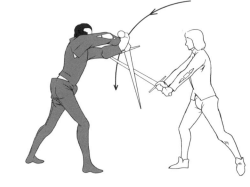

4

卸開弟子長劍以後，踏出左腳
朝弟子頭部揮擊。

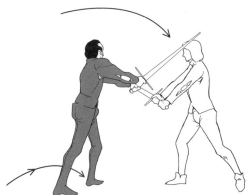

「旋斬」
Zwerchhau

出典：Meyer, pp.57, 58. 1. 12v. Ringeck/Tobler, pp. 50-51. Knight/Longsword, pp. 68,69. 198-217.

　　這招是斜向進步、舉劍過頂水平迴劍，然後用劍的「後刃」砍向對方頭部‧肩膀‧上臂，並以『公牛』式作結。舉劍過頂可以格擋對方的正面斬擊，因此經常被定位為破解『屋頂』式的招式。

　　這招有利於展開快速連擊、防禦性佳，而且最後以『公牛』式收尾時還可以在沒有準備動作的情形下立刻使出刺擊，可謂是個強力而好用的招式。要說它唯一的缺點，恐怕就是因為舉劍過頂而使得攻擊距離偏短吧。這招有分左右兩種版本，倘若從左側發動攻擊，則使用到的將會是「前刃」而非「後刃」。

1
雙方均採『屋頂』式。

2

弟子發動斬擊。師父右腳往右
前方挪步，並且在將握劍方式
轉換成「姆指握槽」（Thumb
Grip）（註）的同時開始揮舞
長劍。

3

往左揮劍與敵劍交鋒、以護手
部格檔對方斬擊，同時砍向弟
子頭部。即便攻擊沒有命中，
師父也可以直接轉換至『公
牛』式，而且屆時將會進入弟
子長劍在左的交纏狀態。換句
話說，屆時師父不但已經成功
將對方的攻擊線阻擋下來，同
時也做好了攻擊的準備，可以
放心也使出刺擊而無遭弟子反
擊之虞。

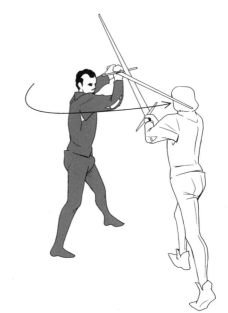

註：「姆指握槽」（Thumb Grip）：請參照P.58「握持方法」內文說明。

「旋斬」對「旋斬」

The Zwerchhau against the Zwerchhau

出典：Ringeck/Tobler, p. 56.

　　對付「旋斬」最有效的招式，便是「旋斬」。「旋斬」在反擊的時候會滑進對方斬擊下方、砍向對方頸部或手腕，這時我方長劍的角度便能發揮格擋對方劍擊的效果（根據Tobler解釋）。

1

雙方處於交纏狀態。

2

弟子抽劍，作勢往師父右側使出「旋斬」。

3

一察覺弟子意圖，師父立刻使
出「旋斬」鑽進弟子的「旋
斬」底下。師父高舉劍柄，藉
以擋住弟子斬擊。

4 反制 Ringeck/Tobler, p. 180.

且容筆者將時間倒退到師父以
「旋斬」對抗弟子「旋斬」的當
下，說明弟子該當如何對抗。
師父從弟子的斬擊下方砍來。

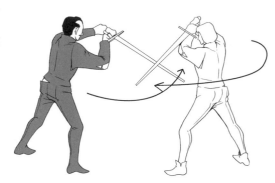

5

見到師父反擊，弟子立刻從上
方壓住師父長劍。趁師父處於
不自然姿勢的時候長劍交纏、
從上往下施加壓力，再尋隙使
出刺擊一決勝負。

「旋斬」的假動作
A Feint with the Zwerchhau

出典：Ringeck/Tobler, p. 59.

　　瑞恩格克曾經說到「太過相信對方攻擊的劍士將會被假動作打倒」。若警戒敵人攻擊過甚，對方稍有動作便容易發生反應太過敏感的情況，本項且容筆者介紹使用「旋斬」假動作的招式。同樣這個招式托布勒卻有不同解釋：這招是當我方攻擊遭對方擋將下來，然後再使出「旋斬」攻擊。

1

見到師父攻擊，弟子運起防禦。

2

可是師父卻避開弟子長劍，使用「旋斬」攻向手腕附近有破綻的目標區域。為達成如此急遽的長劍攻擊斬軌跡，製作長劍時必須盡可能追求質地輕盈、便於操作。這個招式便足以證明，世人普遍認為西洋劍笨重遲鈍其實是個誤解。

中世紀以前的劍 I

　　中世紀用的劍當然不可能是突然間某日憑空出現的，而是建立於因襲自先前時代的傳統之上。此節且就中世紀以前的劍進行簡單的介紹。

1. 青銅劍

　　人類製造的第一把劍，便是青銅材質的劍。青銅劍乃鑄造而成，當時似乎已經懂得使用淬火等技術了。當時是使用鉚釘來固定劍柄部分，據考證當時許多劍在這個鉚釘處都有破損，因此可以推測這個部分的構造相對地脆弱。

2. 鐵劍

　　從鐵器實用化開始直到能夠以鐵鑄造武器為止，中間隔了一段相當長的時間。雖說早在西元前11世紀似乎就已經製造過鐵劍，但各地區間的技術差距非常地大，當時有些地方已經能使用相當進步的技術，有些卻連最原始的技術都還無法掌握。

3. 塞爾特的劍

　　後來，歐洲本土又有拉坦諾（註2）B期文化（La Téne II）開花結果，其就是指從前仍然與羅馬帝國對抗作戰當時的塞爾特文明（西元前450～前100年）。咸信這個時代打造的劍，就是中世紀歐洲劍的祖先。塞爾特的劍基本上稍長且極富彈性，尤其西班牙製造的劍更是以高品質而聞名，據說其彈性好到把劍柄和劍尖拗在一塊，放開以後還會恢復原狀。（下接P.109）

■愛爾蘭出土的青銅劍

愛爾蘭的劍，無論略帶有曲線的劍身抑或是以鉚釘固定的劍柄，大體設計都與歐洲大陸的劍相同，唯護手和劍柄的形狀較為獨特。

全長：65.7cm
重量：878.8g
製作年代：西元前1000年～500年。

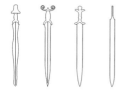

各類鐵劍。左起依序是哈爾施塔特型、天線型、人體型、馬尼亞型（註1）

註1：哈爾施塔特（Hallstatt）：上奧地利一處遺址，最早發現鐵器時代早期（約西元前1100年開始）的器物。一般用來指中歐與西歐的青銅時代晚期和鐵器時代早期文化。馬尼亞（Marnia）：亦稱馬格尼耶（Maghnia）。阿爾及利亞西北部城鎮。在上高原北緣，東距摩洛哥邊界13公里。

註2：拉坦諾：瑞士納沙泰爾湖東端考古遺址，用來概括歐洲塞爾特人鐵器時代晚期文化，可畫分——A期（450～400/390BC）：塞爾特人文化傳統首次接觸希臘，特徵為各種裝灰上的S型紋、螺旋紋和圓形紋等對稱圖案。B期（400/390～300？BC）：A期的統一性由塞爾特人遷徙而解體。C期（300？～100？BC）：B期的不同分支繼續發展，且原住民與新來的塞爾特人產生文化交融。D期（100？～50/15BC）：北方日耳曼人入侵者和南方羅馬帝國不斷壓迫，塞爾特政權歸於滅亡，此時期有農人使用的典型工具，多是由於和羅馬文明交往的結果。

「餘光斬」

Schielhu

出典：Ringeck/Tobler, pp. 64-66. Knight/Longsword, pp. 68-73.

　　「餘光斬」是德式劍術的「奧義」之一，恐怕是最難說明的一個招式。整體來說其動作與前述「旋斬」相同，不同的是「旋斬」是橫向揮擊而「餘光斬」是從上往下揮擊。從我方右肩往對方右肩斬擊，也是這招的另一個特徵。這招跟「旋斬」同樣都是要在接下對方劍擊的那個瞬間發動攻擊的攻防一體技，不過奈特卻認為這招並非是要接下對方劍擊，反而比較像是我劍與敵劍在我方斬擊的過程中相互碰撞。

　　一般相信這招對缺乏經驗、只懂得憑恃蠻勁攻擊的山豬武者（中世紀德國俚語為Buffel）非常有效；因為碰撞敵劍的方向與我方斬擊的方向是相同的，可以借力使力、利用對方的力量砍向敵人。

1

始於『屋頂』式。無論這招或者其他招式，其實未必都會從『屋頂』式開始，這點還請留意。

2

當弟子攻擊而來的時候，右腳
前踏並轉動劍身。

3

長劍在移往左側的途中接下弟
子的劍擊。這時師父要繼續奮
力往左邊施力，以保護自身。

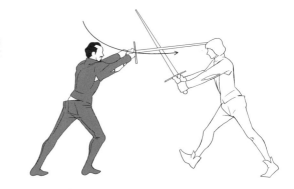

4

迅速催動手腕，以「後刃」砍
向對方肩膀。從上方鳥瞰圖便
不難發現，師父一方向盡可能
伸長手腕擋開弟子的劍，另一
方面則是運用弟子的出力進行
攻擊。這個時候，師父的身體
會朝向側邊、以眼角餘光看著
對方，而這便是「餘光斬」這
個名稱的由來。

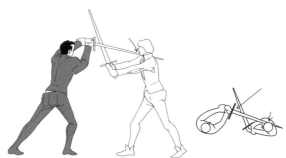

以「餘光斬」破解『刺擊』式

Using the Schielhau to break the Langort

出典：Ringeck/Tobler, p. 68.

　　『刺擊』式並不屬於德式劍術的基本架式，不過它可以讓敵人無法輕易欺身，還能接連使出各種不同招式，非常富有彈性。本項解說的是使用「餘光斬」破解『刺擊』的方法（根據Tobler的解釋）。

1

弟子採『刺擊』式，刻意與師父保持距離。師父左腳在前，盯緊弟子的劍尖。

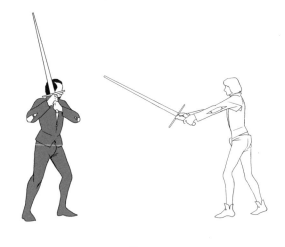

2

腳步不動，作勢要朝弟子頭部顏面斬擊下去，但師父攻擊的其實並非弟子的頭部而是弟子的劍。

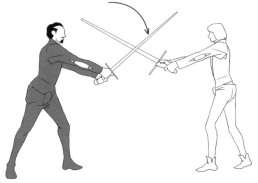

3

師父迅速右腳前踏，同時從正擊切換至「餘光斬」，一面用劍的「後刃」押住敵劍，然後切換成『公牛』式。

4

不要停頓、直接朝對方的喉嚨刺去，一決勝負。

「天邊斬」

Scheitelhau

出典：Ringeck/Tobler, p. 72. Knight/Longsword, pp. 74, 75, 237-244..

　　最後一個奧義就是「天邊斬」。這是所有奧義當中使用頻率最低的一個。在16世紀梅耶的時代，這招可謂是從上往下斬擊的同義語，不過它卻也是德式劍術當中唯一用來對抗腳部攻擊的招式。

　　這個招數所運用的是極為單純的幾何學原理。首先請想像兩個面對面的人，兩人分別持劍攻擊對方。因為手臂是連在肩膀上的，所以理所當然地，舉到肩膀高度將長劍伸直，就是長劍可及範圍最大的時候。是故，只要雙方在劍長或臂長上沒有絕對的差距，朝腳部攻擊的話，攻擊距離勢必會比肩膀高度的攻擊距離來得短。「天邊斬」便是利用這個原理，從採『愚者』式的敵人或攻擊我方腳部的敵人的有效攻擊範圍之外發動攻擊。

　　此外，欲藉由下往上的斬擊對付「天邊斬」也是不可能的事情，因為兩者長劍距離太遠，要去接對方砍下來的劍耗時太長。刺擊固然也是個選項，不過基本上沒什麼人能夠眼睜睜地看著白晃晃的長劍當頭劈下來還能攻擊的（根據Tobler的解釋）。

1

弟子以『愚者』式以待師父。

2

師父右腳斜踩踏向右前方，朝
對方頭部砍將下去。

3

盡可能將長劍舉高，以劍尖瞄
準弟子頭部（或胸部）砍下
去。如前所述，師父是利用雙
方攻擊距離的長度差，站在對
方的攻擊範圍之外發動攻擊。

「返」
Verkehrer

出典：Ringeck/Tobler, P. 73.

　　「返」是「捲」的一種，是從交纏狀態下直接翻轉劍身刺擊的招式。這裡說明的是「天邊斬」被防禦下來以後利用「返」再攻擊的方法（根據Tobler的解釋）。

1

弟子擋下師父的「天邊斬」。

2

師父保持交纏狀態，一方面牽制對方動作，一方面捲動劍身將劍尖往弟子的胸膛刺去。

長劍技17

以『皇冠』反擊
Kron against the Scheitelhau, and the Hende Trucken

出典：Ringeck/Tobler, p. 74.

　　從『皇冠』式變化形成的格檔，可以有效地抵禦像「天邊斬」這種由上而下的斬擊。本項除介紹以『皇冠』進行的反擊以外，也會說明針對該反擊的反擊方法（根據Tobler解釋）。

1

弟子以『皇冠』式對抗師父的「天邊斬」。豎直長劍，以護手部位擋住敵劍。

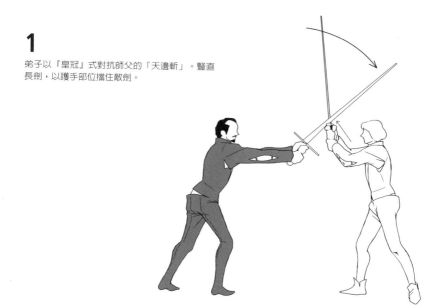

2

趁師父不及抽劍，弟子迅速以護手鉤住師父的劍、別往身側，同時前進一步進入扭打狀態。這張圖裡面弟子使用的歐洲武術中相當普遍的招式，捉住手肘上方處往上推去。

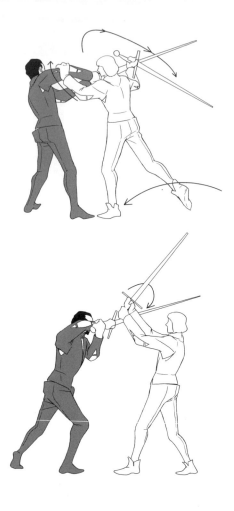

3 反制

攻擊遭『皇冠』式擋下以後，師父趁長劍還沒被對方別到側邊之前，左腳往左斜前方踏出一步，以劍刃往弟子的手腕押去。如此便可以牽制弟子的行動。

4

師父彷彿要切片似地使力向下押住對方的手腕。針對手腕使出的這招結合了切割與「捲」兩種技巧的招數，喚作「壓腕」。

長劍技18

遭對方防禦後的反擊
Counter against Displacement

出典：Ringeck/Tobler, p. 86.

倘若我方的攻擊遭到對方防禦下來，當然必須盡速採取對策。此項解說的是如何撐過對方防禦進行攻擊的方法（根據Tobler解釋）。

1

弟子擋下了師父的正擊。

2

在維持雙方長劍仍然接觸的狀態下，師父迅速將劍柄舉至對方手腕上方。與此同時，左腳向左斜前方踏出一步。

3

迅速地往弟子頭部砍去。在砍向弟子的同時，師父同時還以長劍柄頭打擊弟子的手腕。如此不但能夠防止弟子反擊，還能擊落對方長劍、甚至敲碎對方手指剝奪其戰鬥能力。

遭對方防禦後的反擊2
Counter against Displacement 2

出典：Ringeck/Tobler, p. 87.

　　本項介紹的是當發自下方的向上攻擊遭到防禦後的反擊方法（根據 Tobler解釋）。

1 交纏於右側

弟子以正擊擋住了師父來自下方的攻擊。

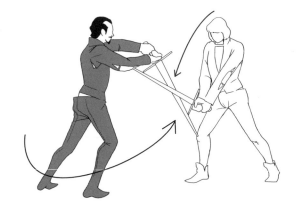

2

左腳前踏，以劍柄趨近對方。

3

師父一方面旋轉長劍，並從敵
劍下方抽出長劍、往弟子頭部
砍去。

4　其他版本

師父擋下弟子來自下方的攻
擊。

5

弟子右腳前踏，如前所述旋轉
長劍砍向師父。此時弟子使
用的並非「前刃」而是「後
刃」。

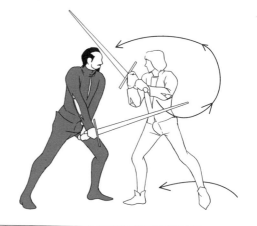

長劍技20

從交纏切換成半劍
Halfsword from Bind

出典：Ringeck/Tobler, p. 89. Fiore(Getty), 27v. Talhoffer(1467), pl. 36.

　　本項將首次提及歐洲武術所獨有的技術「半劍」。這招是從交纏狀態下，將劍轉移到相反側、切換至半劍的姿勢然後刺擊，是前述「抽劍換邊」的應用技。

　　菲奧雷的招式也與本項介紹的招式非常相似，是從側邊朝敵人橫掃，如果遭格擋下來則迅速將劍轉移至另一側，以半劍刺向敵人；菲奧雷還說明到，這招不穿鎧甲的話比較好使。

1
兩者進入交纏狀態。

2
師父左腳往左斜踏，將長劍轉換至弟子長劍的相反側。

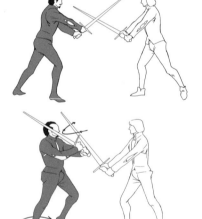

3
成功將長劍換邊以後，左手放開劍柄改握劍刃，切換成半劍姿勢。之所以要改成半劍姿勢，應該是怕弟子使勁壓過來讓刺擊偏離目標。

4

維持將弟子的劍隔得遠遠地，向前刺擊。

5 反制
Fiore(Getty), 27v.

讓我們將時間倒退些許。師父正要將長劍移至另一側，切換成半劍的姿勢。

6

一旦師父成功切換成半劍姿勢，無論弟子長劍怎麼使勁去推也不可能壓制對方。於是乎弟子遂踏出左腳，比照師父將自己的長劍也移至相反側。

7

切換成半劍姿勢，朝師父顏面刺擊。

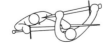

半劍姿勢下的柄頭打擊與投擲
Pommel Strike and Throw from Halfswording

出典：Ringeck/Tobler, p. 90. Talhoffer(1467), pl. 148. Knight/Longsword, p. 105.

　　本項說明的是前項半劍招式的應用技巧。首先講解以柄頭毆擊敵人的方法，接著則是從半劍狀態衍生出的投擲技，也就是利用劍柄鉤住敵人脖子拋投。

1

弟子側身閃過師父的半劍刺擊。

2

師父再前踏一步，旋轉劍身以朝著對方顏面攻擊。

3

圖中師父將右腳跨在弟子左腳後方，這次不採取毆擊，而是以劍柄鉤住對方的脖子，以自己的腳為支點把弟子往後扳。此時師父的劍位於師父與弟子中間，可以防止弟子突如其來的反擊。

長劍技22

半劍姿勢下的投擲技
Halfsword Throw

出典：Wallerstein, pl. 19 (Description pl. 18). Knight/Longsword, p. 106.

　　本項介紹的投擲技與前述投擲技幾乎完全相同，不同處在於使用的是劍刃而非劍柄，而且會在投擲前以柄頭毆擊對方手腕、剝奪對方的抵抗能力。原著文獻雖未明文記載，不過這招亦可在初期階段選擇斬向對方的顏面。

1

師父於交纏狀態下將劍的「後刃」捲向弟子顏面，同時左腳前踏。正如前段說明文所述，此時亦可舉劍朝對方顏面劃去。

2

用柄頭朝弟子手腕敲下去。

3

左腳踏進對方右腳後方，左手握刃切換成半劍姿勢。接著以劍刃壓住對方脖子，將對方往後按倒。插畫忠實呈現原始文獻的敘述，圖中師父的劍就壓在弟子的脖子右側，只不過筆者卻認為應該像前一招那樣用劍刃鉤住弟子脖子會比較有效率。

「見縫插針」

Nachreisen

出典：Ringeck/Tobler, pp. 92, 93. Knight/Longsword, pp. 141-142.

　　「見縫插針」是種彷彿追著對方長劍的動作般催動使用我方長劍的招數。這個招數又分成兩種，一種是趁對方準備攻擊的時候進攻，另一種則是趁對方攻擊落空重整態勢的時候進攻，本項謹針對第一種類型進行解說。這招是看準對方為發動攻擊而改變架式的瞬間進攻，而這招也證明了現代研究者所謂「變換架式的瞬間最為危險」的主張（根據Tobler解釋）。

1

師父採『屋頂』式，弟子則採『公牛』式。弟子所採『公牛』式乃屬刺擊架式，照理說本該朝著師父使出刺擊才是。

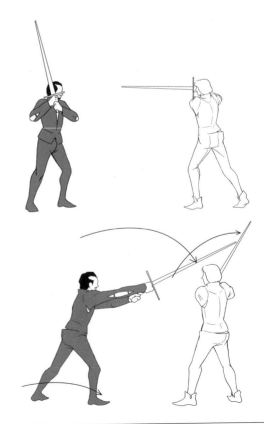

2

豈料弟子卻改變架式欲以斬擊攻擊師父。弟子變換架式的時候無法攻擊師父，因此師父大可以放心攻擊弟子。

3 其他版本

在這個版本當中，師父選擇以
長劍按住弟子手腕而非斬擊，
藉此封鎖弟子的行動。從這個
狀態底下，師父可以強壓逼退
弟子，也可以選擇割向弟子的
手腕。

4 若弟子選擇刺擊

師父見弟子抽劍以備刺擊，立
刻「見縫插針」刺向弟子。原
作雖然並未提及，不過刺擊過
後師父應當迅速拉開與弟子間
的距離，閃避對方即將在下一
個瞬間殺到的刺擊。

「卸勁」

Absetzen

出典：Ringeck/Tobler, p. 104. Fiore(Getty), 26v. Knight/Longsword, pp. 91, 92.

　　「卸勁」是防禦的一種，通常都是在轉移到『公牛』或『鋤』式的途中用來防禦對方攻擊、並且在毫無預備動作的情形下送出刺擊，是個非常重要而且基本的技術。菲奧雷稱這招叫作「刺擊的你來我往」。

1

雙方皆採『鋤』式。

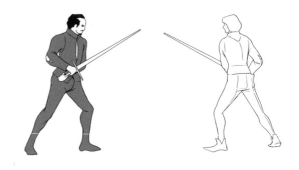

2

弟子看準師父刺擊的時機踏出右腳，並持長劍轉換成左手『鋤』式，將師父的劍卸往左側，刺擊直取師父中路。

3 反制
Fiore(Getty), 26v.

弟子成功使出「卸勁」，卻猶
豫未能立刻使出刺擊。

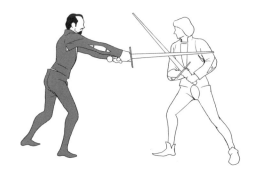

4

師父在弟子拿定主意前踏出左
腳、左手捉住對方劍柄，控制
對方動作然後發動攻擊

「卸勁」2
The Absetzen against an Oberhau

出典：Ringeck/Tobler, p. 105. Knight/Longsword, p. 94.

　　本項解說的是以「卸勁」應付敵人來自上方的攻擊並施以反擊的方法（根據Tobler解釋）。

1

師父採『屋頂』式，弟子則採『鋤』式。

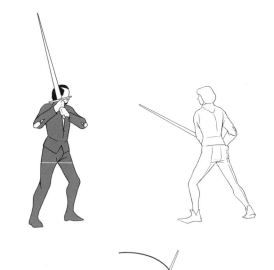

2

面對師父的正擊，弟子踏出右腳切換至『公牛』式；弟子在轉換架式的途中接住師父斬擊，同時朝師父顏面刺擊。

中世紀以前的劍2

　　右圖這柄劍是柄沒有劍尖的斬擊專用劍，出土於瑞典的林德霍姆沼澤（Lindholm Høje），考據為西元前3世紀的文物。當地人將這把劍當成獻給神的貢品投入沼澤內，而沼澤中缺乏氧氣，因此除木製（或以獸角材質製成）的握柄以外，其他部位都保存得相當良好。無論是品質亦或設計，其製造技術毫不遜色於中世紀的劍。

哥本哈根國家博物館收藏的拉坦諾（註1）B期長劍。西元前3世紀。刃長：67.3cm。

4．羅馬的劍

　　從建國之初便與塞爾特有段孽緣的羅馬，狀況則有稍許不同。雖說羅馬戰劍（註2）是羅馬最具代表性的武器，不過西元2世紀羅馬全軍開始全數配備原為騎兵裝備的羅馬細身騎劍（註3）。羅馬是在國家（或擁有強大權力的個人）的主導之下，由工廠大量生產包括武器在內的各種補給品，因此會使用各種手段來削減成本，也對品質造成了極大的影響。若以現存的古劍進行分析，可以發現羅馬軍的軍事工廠（散布於羅馬帝國全國名為「Fabrica」的工廠，每個工廠只專門製作單一種類的裝備品）很可能沒有做好徹底的品質檢查。環境富裕的士官、將軍使用的特製刀劍品質極高，其中甚至不乏以「紋樣鍛造法」製作的武器；相對地，提供給普通士兵使用的武器卻是品質差距極大，從品質尚佳的劍，到只是徒具刀劍形狀的鐵棒都有。只不過，士兵刀劍的製作者與士官特製刀劍製作者同樣都是軍事工廠的工匠，因此品質差異並非來自於工匠的手腕優劣，而是為削減成本偷工減料所造成的結果。

　　右圖是出土自丹麥紐達姆沼澤的羅馬細身騎劍。這把劍連劍柄都保存得相當完整，其劍柄與其說是羅馬形式反而較接近於日耳曼系統，推想可能是特地更換劍柄以迎合當地的喜好，後來才被當成貢品投進沼澤裡面。

藏於哥本哈根國家美術館的羅馬細身騎劍。西元3世紀～4世紀。

（下接P.168）

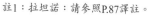

註1：拉坦諾：請參照P.87譯註。

註2：羅馬戰劍（Gladius）：拉丁語「劍」的意思，本泛指羅馬時期的所有刀劍，不過經常特指一種步兵配戴的短劍。鋒部尖銳、備有兩刃，劍由護手、握柄、柄頭三個部分構成。後世西方刀劍可說大多脫不了這個造型。

註3：羅馬細身騎劍（Spatha）：羅馬正規軍騎兵使用的刀劍。為方便騎兵在馬背上單手使用，所以重量頗輕，且主要用途為突刺，因此是筆直細身，比當時步兵使用的羅馬戰劍略長。

「抽劍換邊」

Zucken

出典：Ringeck/Tobler, pp. 112, 113.

　　這招便是先前已經介紹過的，解開交纏狀態離開敵劍，然後迅速將長劍移往相反側攻擊區的技巧。此時以幅度小而迅速的動作最為理想，原文「Zucken」及其英譯「Twitching」均有「抽動」的意思，從此便不難得知這是個由迅速俐落的動作所組成的招式。這招跟「潛行穿越」同樣只有在「剛性」交纏的時候才會使用的招數（根據Tobler解釋）。

1

弟子採取「剛性」交纏。

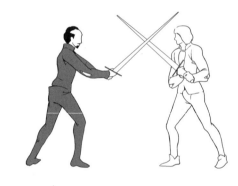

2

師父迅速舉起長劍解開交纏，左腳前踏。

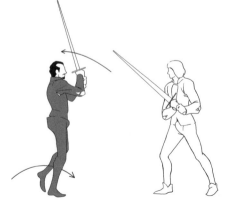

3

師父前進，往相反側攻擊區也就是插畫裡面的右上部進行攻擊。不過弟子總算是成功擋住師父攻擊，再度進入「剛性」交纏狀態。

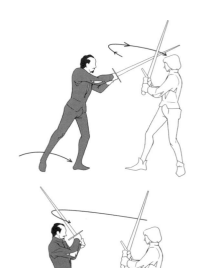

4

師父見狀，再度「抽劍換邊」，攻擊弟子右側。

5

師父的攻擊再度被弟子擋了下來。

6

師父立刻展開下一波攻擊，只不過這次使的招式並非「抽劍換邊」而是「迂迴」，切向弟子的脖子與顏面。

「上步欺身」

Durchlaufen

出典：Rineck/Tobler, p. 116, 117. Knight/Longswrod, pp. 271-274.

　　所謂「上步欺身」是指穿過敵劍攻進對方的懷中、展開肉搏格鬥；與其說這技術是個武術招式，倒不如說它是個概念較爲貼切。瑞恩格克（還有托布勒）認爲這個技巧在對付臂力強勁者，以及意圖以力量壓倒我方的敵人時相當有效（根據Tobler解釋）。

1

雙方從『屋頂』式起手。弟子欲以強力斬擊壓倒師父。

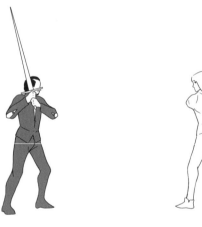

2

弟子向下斬擊。踏步向前的瞬間，師父右手放開劍柄、將長劍扛在背後，讓對方的斬擊沿著我方長劍滑落。

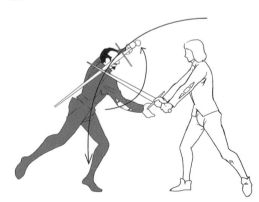

3

師父看準弟子長劍滑落的時機，將右腳跨進弟子右腳後方，同時右手環抱對方身體，以自己的右腳為支點將弟子往後摔。

4　其他版本

師父將右腳跨在弟子雙腳前方，單手繞過弟子背部往前方摔投。

奪劍

Schwert Nehmen

出典：Ringeck/Tobler, p. 123. Knight/Longswrod, pp. 283, 284.

　　通常歐洲武術很難聯想到奪取對手武器這種技巧，但其實歐洲武術針對各種武器都有奪取對方武器的技術存在。本項目除介紹奪取對手長劍的技術以外，還會提到捉住對方劍刃而非自身劍刃這種歐洲武術所特有的技法（根據Tobler解釋）。

1

雙方進入交纏狀態。

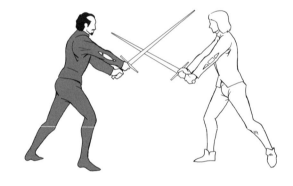

2

師父左手放開劍柄、看準兩柄長劍交叉處，捉住敵我雙方的長劍。

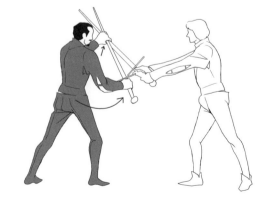

3

迅速將握著劍柄的右手從弟子手腕下方繞到另一側，然後將我方長劍的柄頭從弟子右手上方移到兩手中間。（插圖中的箭頭畫得比較誇張，實際的動作其實更小）

4

師父直接將柄頭往右上方扯，奪取長劍。這個動作是要讓長劍柄頭碾過弟子的左腕與左手大姆指，迫時對方放開劍柄。

「砍切」

Abschneiden

出典：Ringeck/Tobler, pp. 126, 127. Knight/Longsword, pp. 153, 154.

　　「砍切」是利用割砍進行攻擊、以劍刃壓制對方手腕，在割砍對方手腕的同時，既可以直接使力推擠押住對方，也可以限制對方的行動。另外，當雙方距離太近無法以斬擊或突刺攻擊的時候，割砍也是個相當有效果的技巧（根據Tobler解釋）。

1

師父擺出『鋤』式，弟子則採『屋頂』斬擊的姿勢。

2

為對抗師父的斬擊，師父迅速朝右斜前方踏出步伐，以劍刃押住對方手腕。接著直接割砍對方手腕，並將對方手腕押往頭部後方。

3 其他版本

這個版本的「砍切」要對付的是來自相反方向的斬擊。師父跟剛剛一樣採取『鋤』式，弟子則擺出左『屋頂』式。

4

看準弟子斬擊的瞬間踏出右腳，以劍刃押住弟子手腕，然後就像剛才那般將手腕往後押去。

「壓腕」
Hende Trucken

出典：Ringeck/Tobler, p. 132. Knight/Longsword, p. 158.

　　前面其實已經提過「壓腕」這個技巧，這是個結合了割砍與「捲」的組合技。換句話說，這招押住的並非敵劍，而是在以劍刃押住對方手腕的狀態下「捲」劍，把對手腕帶到自己期望中的位置。筆者在這裡介紹的是混合「壓腕」與前述「砍切」兩個技巧的招式（根據Tobler解釋）。

1

師父採『鋤』式，弟子擺出『屋頂』式。

2

師父趁弟子斬擊時前踏一步，以劍刃押住弟子手腕。

3

左腳踏向左斜方，把弟子的手往下帶。

4

一旦把弟子的手腕誘導到安全的地方以後，從高處往下壓、將對方的攻擊往地面擊去。

「共吊」
Twei Hengen

出典：Ringeck/Tobler, p. 136. Knight/Longsword, pp. 42, 43.

「共吊」其實是由兩個技巧組成的招式，是押下對方長劍或捲起我方長劍藉以打開對方防禦的技術（根據Tobler解釋）。

1

雙方交纏狀態。弟子雖然處於下段「卸勁」狀態，但劍尖太高、無法朝對方刺擊。

2

於是弟子拉低劍柄，劍尖朝向對方使出刺擊。這個時候劍柄朝下就好像吊在半空似地，因此稱為「吊」。

3

師父捲起長劍躲過了刺擊。

4

弟子見狀也迅速捲起長劍，劍尖朝下轉換成『公牛』式，再度朝師父刺擊。這個姿勢稱為『吊』式，也是這個招式名稱的由來。

「細語之窗」
Sprechfenster

出典：Ringeck/Tobler, p. 137. Knight/Longsword, p. 166.

「細語之窗」與『刺擊』式關係密切，這招是以伸出長劍的姿勢與對方交纏、感知對方意圖並採取相對應之行動，因此也可以說是德式武術「感知」技法的應用技巧（根據Tobler解釋）。

1

師父以『刺擊』式與弟子交纏。師父以這個狀態感覺從對方長劍傳來的壓力，藉此判斷自己應該解開交纏、直接往前推押、擊落對方長劍抑或繼續漠然地維持交纏狀態。

2

此時弟子解開交纏，朝相反側的攻擊區攻擊。師父察覺弟子此舉，立刻採取行動。

3

師父朝左前方迅速踏出步伐，砍向弟子頭部。砍擊時切記盡量將長劍遠離身體，避免弟子長劍砍中自身。

長劍技33

「捲」第一式・第二式
Winden; 1st and 2nd

出典：Ringeck/Tobler, p. 149. Knight/Longsword, pp. 116-118.

　　筆者目前爲止已經多次提及「捲」這個技巧，這個「捲」是構成德式武術骨幹、近距離戰鬥中不可或缺的技術。甚至許多人都說所謂的近距離戰鬥技術基本上可以跟「捲」的技術劃上等號，其重要性可見一斑。

　　那麼，什麼是「捲」呢？那就是指「雙劍接觸狀態下，轉動劍尖或劍柄藉以穿透對方防禦，而且最好能夠同時封鎖對方攻擊線的技術」。

　　德式劍術有八個種類的「捲」：分別從敵劍的左右兩側針對四個攻擊區域採取交纏，以爲區別。這八種「捲」各自是由「三種攻擊」：斬擊、突刺、割切三種攻擊法所組成，因此我們可以說「捲」是招共計使用到24種技巧的招式。

　　本項介紹其中的第一式（從左側接觸敵劍，從上方左側發動攻擊）與第二式（從左側接觸敵劍，從上方右側發動攻擊）。

1

雙方交纏狀態。

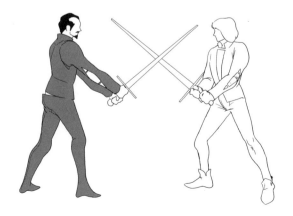

2

師父捲動劍柄向左舉劍，別開
敵劍朝弟子顏面刺擊。此為
「第一式」。

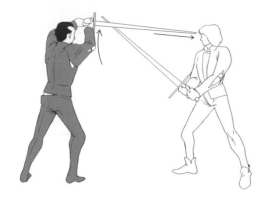

3

弟子及時將師父刺擊卸往左側
（師父的右側）。

4

師父左腳前踏、捲劍向右，朝
弟子左上部位刺擊。此為「第
二式」。

長劍技34

「捲」第三式・第四式
Winden; 3rd and 4th

出典：Ringeck/Tobler, p. 150. Knight/Longsword, pp. 118-120.

　　本項解說第三式（從右側接觸敵劍，從上方右側發動攻擊）與第四式（從右側接觸敵劍，從上方左側發動攻擊）（根據Tobler解釋）。

1

同樣起手自交纏狀態。

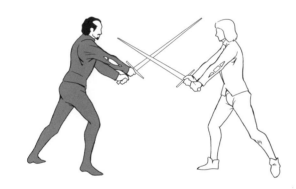

2

弟子捲起長劍、將師父長劍押到旁邊、朝師父顏面刺擊。此為「第三式」。

3

師父將弟子刺擊卸往右側。

4

弟子見狀踏出右腳，並捲動長劍從敵劍外側朝師父刺去。此為「第四式」。

長劍技35

「捲」第五式・第六式・第七式・第八式
Winden; 5th, 6th, 7th, 8th

出典：Ringeck/Tobler, pp. 151-154. Knight/Longsword, pp. 121-124.

　　本項解說朝向下段區域攻擊的「捲」。第五式是從左側接觸敵劍、從左下方攻擊。第六式也是以跟第五式相同的狀態起手，從右下方發動攻擊。第七式是從右側接觸敵劍，從右下方發動攻擊。最後第八式的起手狀態也與第七式相同，從左下方發動攻擊。

　　這八式的「捲」有個同樣的重點，那就是要盡可能地以我劍「強」的部位接觸敵劍「弱」的部位施展招式（根據Tobler解釋）。

1

雙方交纏狀態。

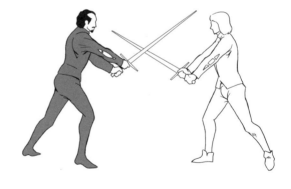

2

運用先前所介紹的「共吊」前半段要領，將弟子長劍押往左下方，使出刺擊。此為第五式。

3

若弟子將刺擊卸往左側，師父就踏
左腳捲劍，從敵劍外側再次刺擊。
此為第六式。

4

再度交纏。與前次不同的是，這次
交纏我方長劍位於敵劍右側。

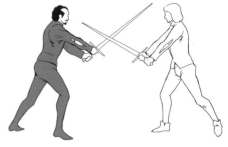

5

這次弟子將師父的長劍押往右側，
使出刺擊。此為第七式。

6

若刺擊遭師父卸開，則踏出右腳捲
劍、從敵劍外側再次刺擊。此為第
八式。

長劍技36

『貼』架式
Nebenhut

出典：Ringeck/Tobler, p. 158.

　　『貼』是德式武術另外追加的架式，首先將長劍置於身側、劍尖朝下。劍刃並非垂直下垂，而是朝身體外側斜垂。這架式跟菲奧雷的『眞・鐵門』差不多，托布勒則認爲『貼』並非獨立的架式，而是從攻防等行動的結果衍生出來的姿勢。

　　此外，瑞恩格克則說左『貼』式要比右『貼』式容易使用（根據Tobler解釋）。

1

師父擺出『屋頂』式，弟子則採『貼』式。

2

師父從上方斬擊而來。弟子踏出左腳，以「前刃」彈開師父長劍。

3

若師父採取剛性交纏，弟子便捲劍使用「迂迴」砍向師父的脖子。

『貼』架式下的投擲

Nebenhut with leg throw

出典：Ringeck/Tobler, pp. 166, 167.

本項解說以『貼』式攻擊落空後的應變方法。

1

弟子以『貼』式發動攻擊落空。

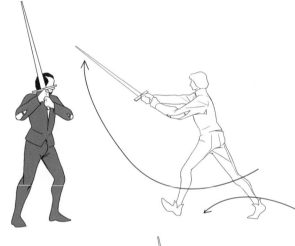

2

弟子擋下師父的「見縫插針」。

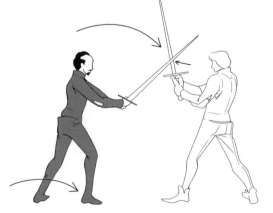

3

順勢將師父長劍往左壓。

4

弟子迅速將長劍抵向師父頸部。

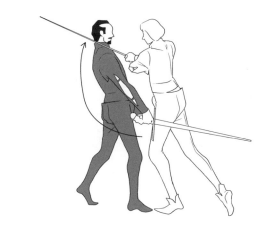

5

長劍仍然抵住頸部，右腳踩在師父腳後跟，然後運用抵在師父頸部的劍刃把師父往後扳倒。

攔
Ein Gelegt

出典：Wallerstein, pl. 9. Talhoffer(1467), pl. 8.

　　瓦萊爾斯泰因抄本所記載的技巧「攔」亦可見於塔爾霍夫的武術指南書，這是招將長劍擺在一個既可以防禦對方攻擊、同時又能割切對手的位置的招式。

1

交纏狀態。師父「感知」到弟子想要抽劍攻擊。

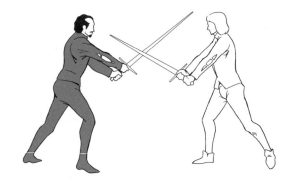

2

弟子「抽劍換邊」，早已「感知」到的師父立刻舉劍切換成『公牛』式。

3

切換成『公牛』式以後，迅速
將劍刃攔在弟子左肩、擋住弟
子攻擊，並且在擋下敵劍的同
時割向弟子的耳朵。

4 塔爾霍夫的版本

塔爾霍夫版本是用「前刃」砍
向對方頸部。

「捲」的反擊
Shortened Stroke against the Winden

出典：Wallerstein, pl. 13, 14.

本項將介紹於近距離下使用斬擊反擊「捲」的方法。

1

交纏狀態。

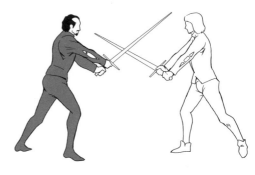

2

弟子使用「潛行穿越」朝師父
刺擊。

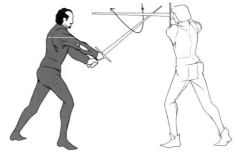

3

師父見狀右腳斜踏，使「潛行
穿越」運劍至弟子長劍的相反
側，撥開敵劍。

4

此時倘若弟子為防禦師父長劍而採取「剛性」交纏，則師父迅速捲劍脫離交纏狀態，砍向弟子手肘。

5　其他版本

這個版本介紹的是手肘斬擊遭弟子防禦下來時的應變方法。弟子成功擋下了師父的攻擊。

6

師父立刻旋轉長劍，使用「潛行穿越」繞過弟子長劍下方將長劍移往相反側。雙方長劍維持接觸。

7

師父以柄頭毆擊弟子手腕，同時朝弟子頸部割切。

柄頭毆擊
Pommel Strike

出典：Wallerstein, pl. 22, 25. Fiore(Getty), 28r, 28v.

前面也介紹過如何利用柄頭進行毆擊。本項介紹的是先握住對方劍柄封鎖對方長劍以後，然後再以柄頭毆擊的技巧。

1

同樣是交纏狀態，不同的是弟子從上而下採取高壓的「剛性」交纏。

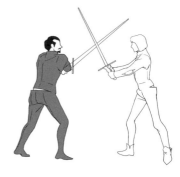

2

左腳前踏的同時，師父左手放開劍柄，在「後刃」接觸敵劍的狀態下捲動長劍，一面卸開弟子長劍、一面往對方懷裡「上步欺身」。

3

左手捉住弟子長劍劍柄、封鎖對方行動，同時以柄頭毆擊弟子顏面。

4 其他版本

這個版本中師父是用右手捉住敵劍，左手拿長劍柄頭毆擊對方。

5 雙手毆擊

跟先前同樣，從交纏狀態捲劍前踏。

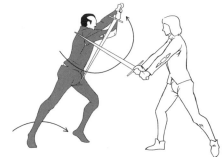

6

這回不放開劍柄，直接雙手以柄頭毆擊弟子顏面。

7 斷頭臺

先前雙手毆擊過後，師父迅速繞到弟子背後，以劍抵住弟子頸部、左手握住劍柄砍斷弟子的脖子。

奪劍2
Schwert Nehmen 2

出典：Wallerstein, pl. 23. Talhoffer(1467), pl. 39, 40.

　　這招是先前解說過的「奪劍」的一種，不同處在於這招是將我方長劍從對方手腕底下往上提。這招其實並不僅限於長劍，梅耶的四角棍術、瑞恩格克的半劍術都有這招，想必是個相當好用的招式。

1

弟子從交纏狀態捲劍上向，朝師父刺擊。

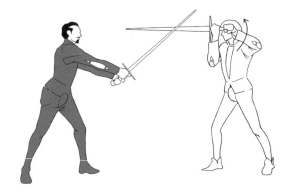

2

比照前述（長劍技28）「奪劍」，師父右腳朝右斜踏的同時，左手一把捉住兩把長劍。接著轉動長劍，以劍柄從弟子手腕下方向上毆去。

3

師父持劍柄向上毆擊、將弟子手腕頂將起來，另
一廂則是捉著劍刃的左手往下壓，利用槓桿原理
將劍從弟子手中奪取過來。

4 反制

讓我們把時間稍微往回推。師父以長劍從弟子手
腕底下毆擊、往上施壓推去。弟子左腳前踏，迴
腕重新握住劍柄。

5

左手放開劍柄捉住劍身，踏出右腳移動到對方身
體的相反側。塔爾霍夫並未寫到接下來該怎麼
做。不過萊克特卻推測弟子接下來應該要把長劍
用扭的往右揮，擺脫師父的掌握。順帶說明，弟
子把劍柄反過來握、右手手背朝外會比較輕鬆，
此處解說為忠於原著而不作變更。搞不好其實是
原著的插畫畫錯了也未可知。

擒腕
Schwert Nehmen 3, by Grappling

出典：Talhoffer(1467), pl. 7.

　　這是招用腋下抱住對方手腕藉以封鎖敵劍行動的招式。德式武術以外的流派亦可見此招，其他像單手劍、小型圓盾、圓月砍刀、騎兵長矛等各種武器術也都有這種技巧，是個很受歡迎的招式。

1

師父採『鋤』式，弟子則採『屋頂』式，但其實從其他架式開始起手也無所謂。

2

防禦弟子斬擊的同時向前進步。選擇閃避弟子斬擊也無妨。

3

左手放開劍柄，用腋下夾住弟子手腕封鎖其動作，並立刻展開攻擊。

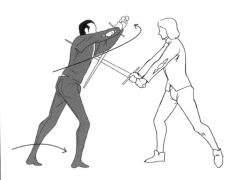

長劍技43

要害踹擊
Groin Kick

出典：Talhoffer(1467), pl. 12. Fiore(Getty), 26r.

　　本項要介紹的是如何從交纏狀態中踹擊對方胯下或下腹部。此處雖以踹擊進行解說，不過其他像膝擊也是相當常見的用法。跟其他踢技、徒手打擊技相同的是，菲奧雷認為這招踹踢本身並非足以一擊定勝負的招數，其主要目的其實是使敵人在一瞬間失去意識、露出破綻好讓我方以長劍攻擊。除此之外，菲奧雷還提出忠告說為避免受到對方反擊，踹擊的動作應該盡可能地迅速而俐落。

1

交纏狀態。

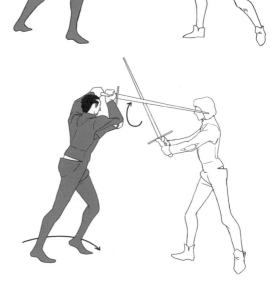

2

師父捲劍撥開弟子長劍，左腳前踏。

3

迅速往弟子下腹部踹，然後趁對方體勢未穩前發
動攻擊。

4 反制

萬一師父踹擊速度不夠快，弟子就能夠捉住師父
的腳。菲奧雷並未寫到接下來的發展，不過可以
想見的是，把師父拽倒然後給予致命的一擊，應
該是最普遍的做法了。插畫中師父長劍的位置與
先前不同，乃因沿用菲奧雷原著插畫所致。

長劍技44

「飛越斬」
Plunge Cut: Strutzhauw

出典：Meyer, p. 59, 1.14v. Talhoffer(1467), pl. 2.

　　「飛越斬」應是從單手劍技巧發展而來的招式。基本上就是從上往下斬擊的動作，不同的是揮擊途中要轉動劍身、以「後刃」砍向對方，藉此穿越對方防禦上空，使攻擊如同字面那般「飛越」過去。梅耶曾說明曰這招適合在從攻擊範圍外發動攻擊使用。

1
雙方均採『屋頂』式。

2
師父在踏進弟子攻擊範圍的同時發動斬擊，並且轉動劍身。

3
一面切換成『公牛』式，同時以「後刃」砍向弟子。

長劍技45

「車輪斬」

Redel

出典：Ringeck/Tobler, pp. 174, 175. Knight/Longsword, p. 172. Döbringer, 44v.

　　所謂「車輪斬」是個持長劍從下方橫掃斬擊的招式，長劍軌跡旋轉有如車輪一般，遂有此名。根據奈特的說法，這跟多布瑞諤（Döbringer）的「孔雀之羽」是相同的招式，但由於奈特的引用出處只寫到「使用孔雀之羽」而已，故實際究竟如何無從得知。除此之外，也不知道出於何種理由，奈特介紹的「車輪斬」並非旋轉長劍使如同車輪，而是種潛入敵劍下方的招式（如同最末幅插畫所繪）（根據Tobler解釋）。

1

師父採『貼』式並以「姆指握槽」（Thumb Grip）（註）待敵。

2

從下方橫掃過去，砍向弟子頭部。動作雖大但力道強勁，因此可以彈開弟子長劍擊中目標。

註：「姆指握槽」（Thumb Grip）：請參照P.58「握持方法」內文說明。

3 萬一「車輪斬」被擋了下來

圖中弟子成功擋下了師父的攻擊。

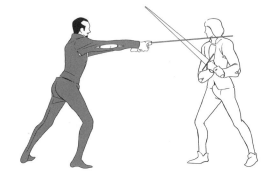

4

立刻從弟子長劍下方「潛行穿越」並朝弟子刺擊。根據奈特表示，使用前稍微向敵劍施壓「潛行穿越」會比較容易成功；趁對方反射性使勁壓回來的時候使用「潛行穿越」，就能讓對方的反應遲滯。

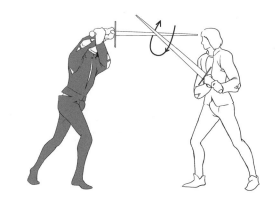

『開鑰』式

Schlüssel

出典：Meyer, p. 78, 1.33v.

　　這個招式原本是對抗『屋頂』式的反制技，但因為這個名稱比較容易理解，故以『開鑰』式此名為各位讀者介紹。

　　梅耶的武技有個特徵，那就是比原有的武技來得稍長。這或許是因為梅耶的著作本來就是將重點擺在介紹訓練方法，而並非解說戰鬥技術吧。這個招式也是同樣的，與其把它當作單一招式，倒不如把它看成是幾個招式組成的套路比較好也未可知。

　　此外，長劍在梅耶的時代已經幾乎失去實用性，轉而變成了一種運動。其中最重大的變化，就是禁止使用容易讓人受傷的刺擊，這也使得梅耶的長劍術當中本該是刺擊的地方都變成了斬擊。

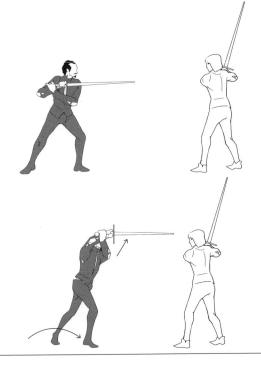

1

弟子採『屋頂』式，師父則擺出『開鑰』式對抗。

2

師父踏出右腳並舉起長劍。

3

接著利用「後刃」從下方往上
垂直掠起。

4

順勢轉動長劍,以「前刃」砍向弟子的右側。此
時師父將長劍擺在能夠擋住弟子反擊的位置。

5

攻擊命中以後,師父迅速向右斜前方前進。

6

以「後刃」砍向弟子左耳。原文並未載明名稱,
但這招應是「旋斬」才是。

7

暫且撤劍，再從左下朝右上方
砍去。

8

先放下長劍，再從右下方向上
斜砍。

9

右腳向後退一步，以左「旋
斬」攻擊弟子，並且立刻拉開
距離。

長劍技47

『開鑰』式2

Schlüssel 2

出典：Meyer, p. 83, 1.38v.

這招講的是『開鑰』式下的刺擊，以及隨後一連串的連續技。

1

弟子舉劍過頂或垂劍而立，師
父則是以『開鑰』式應對。

2

師父右腳前踏使出刺擊，迫使
弟子採取守勢。

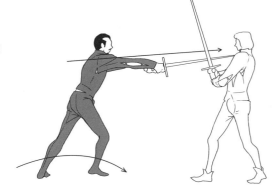

3

避免硬碰硬去抵抗對方卸開刺
擊的勁道，長劍順勢一迴。

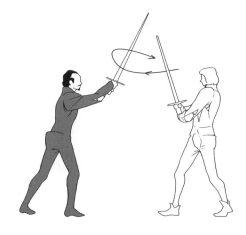

4

朝弟子右側砍去。若弟子及時反應
過來，則師父便收住長劍攻擊、轉
向其他攻擊區域。

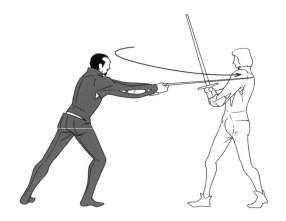

長劍技48

破窗
Brechfenster

出典：Meyer, p. 87, 1.43r.

　　根據梅耶的說法，從前的劍士們都將『刺擊』式稱爲「Brechfenster」（破窗），因爲他們主張這個架式能夠打破任何的招式。

1

弟子從上方朝師父的『刺擊』式斬擊而來。

2

師父從下往上朝弟子身體左側攻擊。

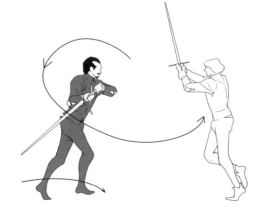

3

若弟子對師父的斬擊有所反應而抽劍，師父便迅速前踏、右手大姆指留在劍柄上，其餘四指則是握住護手。梅耶稱這種握劍法為「Übergreiffen」（覆蓋握法）。

4

接著持劍繞過弟子手腕上方。

5

一口氣把劍往回抽，奪取對方長劍或把對方給拉倒。

6 投擲

時間稍微往回推，回到師父持
長劍從上方繞過弟子手腕的瞬
間。師父將長劍繞過來以後順
勢將弟子手腕下壓，右腳向前
踏出。

7

把踏出去的右腳跨在弟子右腳
後跟，然後迅速抬起原本壓著
弟子手腕的手，彷彿像是要往
弟子頸部毆擊似的。這個時
候，師父切記將左手擺在右手
上方。

8

以自己的腳為支點，順勢將弟
子扳倒。

從「上步欺身」發動腰投
Durchlaufen followed by a Hip Throw

出典：Ringeck/Tobler, p. 121.

從「上步欺身」連接到投擲技可謂已經是個固定的套路，此處要介紹的是先將對手手腕與長劍固定住以後將其投擲的方法。

1

交纏狀態。

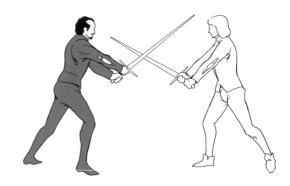

2

左手放開劍柄，跨出右腳往弟子懷中「上步欺身」。

3

維持交纏狀態，左手從弟子右手上
方插進弟子雙臂之間。

4

左手扳住右手內側。

5

右腳跨在弟子右腳後跟，扭轉身軀
將弟子從腰部摔將出去。

『中央鐵門』的衍生技
A Device from Porta de Fero Mezana

出典：Fiore(Getty), 24r.

　　除了少數的例外以外，本項接下來要介紹的是義大利式長劍術（以菲奧雷為主）。義大利式劍術的特徵便是垂劍的架式，至於其招式本身則可以說是與德式非常類似。關於這點，究竟是當時的義大利式武術原本就與德式武術相當類似，還是因為菲奧雷深受德式武術影響，仍留有許多疑問有待商榷。

　　菲奧雷的武術畢竟是武術指南書所記載的最古老武術之一，跟梅耶的武術相較之下，難免給人粗糙未經修飾的印象；或許我們也可以說，與其追求招式間的流暢性與精妙，菲奧雷的武術更重視的是如何才能最有效率地在短時間內殺死對手。

1

師父採『中央鐵門』式，弟子則採『近間』式。所謂『近間』是個與『刺擊』恰恰相反的架式，長劍不外伸而收置於身側。『近間』式有利於瞬間送出刺擊，同時還能使出攻擊距離較長的斬擊。另外長劍還能起到防禦壁疊的作用，防禦性能亦佳。

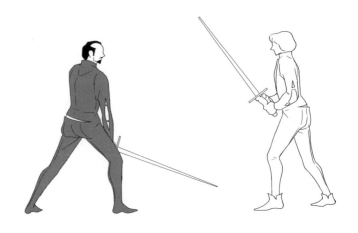

2

面對弟子的攻擊，師父挑起長劍、以「後刃」向上彈開敵劍。

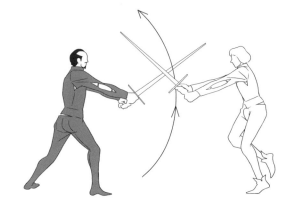

3

從上方擊向敵劍，然後朝弟子頭部砍將下去。

『豬牙』架式下的攻擊
Two Plays from Dent de Zenchiar

出典：Fiore(Getty), 24r.

　　『豬牙』式的姿勢基本上就是『鐵門』式向後收劍的模樣。根據菲奧雷的說法，這個架式極富彈性、能夠迅速切換成其他架式，還能使出強勁的刺擊。除此之外，『豬牙』雖然是個相當理想的反擊招式，相反地這個架式必須是相當熟練的劍士才能使得好。

　　之所以稱爲『豬牙』，是因爲從這個架式發動刺擊時，其軌跡恰如山豬的獠牙咬住對方下腹部、向上刺起的動作，本項解說的正是這個從下方發難的刺擊。

　　順帶一提，「Dent de Zenchair」這個拼字是菲奧雷所處弗留利地區（Friuli）在中世紀時期的腔調發音，現代義大利語則是作「Dente di Cinghialo」。

1
師父採『豬牙』式，弟子則以『鐵門』式近逼。

2
師父定住腳步，發動刺擊。

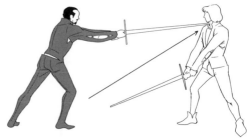

3

刺出以後並不縮手，順勢往弟子手腕擊落。

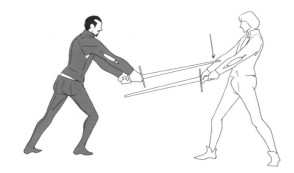

4 其他版本

師父再度擺出『豬牙』式，弟子則採『貴婦』式。

5

右腳前踏刺擊。

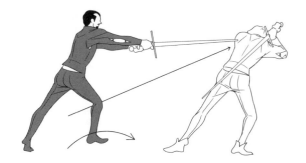

6

長劍刺出以後同樣並不縮手，
利用從下方刺擊的動能撩起長
劍。

7

左腳收步靠攏，朝弟子斬擊。

8

斬擊動作完成後，右腳前踏再
度朝弟子刺擊。

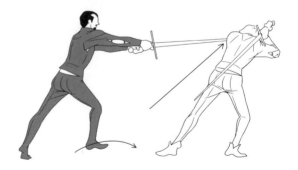

長劍技52

擒劍
Grabbing the Opponent's Blade

出典：Fiore(Getty), 25v.

　　本項介紹的是捉住對方長劍、而且是劍刃部位的高危險性招式。既是如此，使用者勢必要在對方反應過來並抽劍以前的極短時間內分出勝負才是。

1

交纏狀態。

2

師父右腳前踏捉住弟子長劍，封鎖敵劍動作並且把握轉眼即逝的空隙攻擊對方。

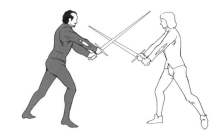

3　其他版本

在這個版本裡面，師父在捉住敵劍的同時立刻間不容髮發動劍擊，同時間踹擊弟子腳部。菲奧雷建議朝小腿或膝蓋下方踢去。

上段奪劍
High Disarm

出典：Fiore(Getty), 30r.

　　菲奧雷對上段、中段、下段的奪劍都有解說，然此處僅舉出上段奪劍爲例解說。這三種奪劍法都是以順時針方向轉動敵劍、以逆時針方向轉動手腕藉以奪取對方手中長劍，三者的差別只是左手位置不同而已。

1

雙方進入交纏狀態。

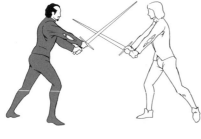

2

師父迅速踏出腳步，左手放開劍柄以後捲起劍身，以劍柄抵住弟子長劍的右側（從弟子的方向看去則是左側）。同一時間内，左手繞過弟子雙手上方。

3

分別將敵劍往右壓、將弟子手腕往左扳，奪取敵劍。
原文記載雖然說是將左手往内扯、揪住對方手腕直到敵人長劍落下爲止，不過插畫卻畫成趁對方雙手交叉的時候扭下長劍，故筆者作如此解釋。

長劍技54

反「擒腕」
Arm Break against the Capture

出典：Wallerstein, pl. 17.

　　本項解說的是先前介紹過的長劍技42「擒腕」的破解方法。這是個把長劍當成槓桿用、對敵人施以關節技的招式。

1

弟子成功擒住師父的右腕與長劍。如果可以的話，趁弟子還沒攻擊以前，師父仍然不將右手抽回、直接朝弟子背心刺去。筆者首次讀到這段說明文曾經暗道「劍這麼長要怎麼刺？」，想來原文所指應該是要逆向操作、繼續將長劍往前推，待雙方接近到身體貼著身體的距離以後，再以刺入自身胸膛的要領將長劍刺向對方的背心。

2

如果不行，左手捉住長劍。

3

師父順勢前踏並旋轉身體，同時利用左手與劍身
將弟子肩膀往下壓，並利用被擒住的右腕將弟子
手肘往上抬，折斷弟子的肩膀。
（這幅插畫是從相反方向的視點所繪，方便讀者
觀察）

中世紀長劍的重量

　　常謂「中世紀的劍非常笨重，基本上就等於是用鈍器毆擊敵人」。其實正如本
書講述規格該節所記載，製作長劍（其實應該說所有武器都是同樣）應該避免笨
重，而且還要盡可能地追求輕量化。如果使用的武器比較重，自然比較不利於使用
者在戰鬥中找回身體與武器的平衡點，而且也容易疲勞，因此大多偏好輕量化的武
器，製作數量自然也多。那麼，究竟爲何會有中世紀的劍很笨重這個印象的產生
呢？這筆帳就要算在維多利亞時代的學者們頭上了。當時他們使用最頻繁的武器，
就是超輕量化的劍擊用劍、銳劍（註1）和鈍劍（註2）了。這些武器用慣了以後，即
便是1kg重的劍也顯得「笨重」。將儀式用雙手長劍誤以爲是實用性武器，同樣也
是造成這錯誤印象的原因之一。所謂儀式用雙手長劍都是在各種典禮上作爲貴族王
室等人權威象徵使用，這些劍所追求的乃是盡可能地顯眼，因此比戰鬥用雙手長劍
要得許多。更有甚者，後世爲重現當時長劍所製作的複製品比實物重，也是其中
一個原因。直到不久以前，這些複製品其實都只是憑著正面的照片或圖畫來打造
複製，卻沒能注意到刃身厚度的變化等微妙而且重要的細節。而這些超重的複製
品，往往也助長了所謂中世紀的劍都很笨重的這個誤解。

註1：銳劍（Epee）：「Epee」在法語後就是「劍」的意思，是把實用性的
　　　刀劍，與鈍劍（fleuret）爲同時期的刀劍。特徵爲半球狀的護手（cup
　　　guard）。銳劍主要用於貴族（或騎士）間爲守護名譽而進行的決鬥中，一
　　　方負傷而死甚至雙雙死亡的情形都很常見。

註2：鈍劍（Fleuret）：此語最早出現在1630年代，文獻中指的是種具實用性劍柄
　　　的刀劍。對當時的騎士們來說，熟練的劍術是不可或缺的，於是1750年左
　　　右方有練習專用的鈍劍出現。這種鈍劍去掉銳利的鋒部，劍刃磨平，練習
　　　時不須擔心受傷。直到今日的劍擊運動中仍然有鈍劍項目。

長劍技55

腋揣奪劍
Sword Capture

出典：Talhoffer(1467), pl. 26.

　　這招的用劍方法跟擒腕頗為類似，是個奪取甚至破壞長劍的招式。

1

師父在卸開弟子攻擊的同時向前跨步。

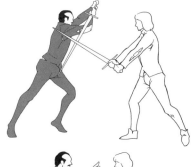

2

左手放開劍柄、以右腋挾住弟子長劍，右手長劍
從下方繞過敵劍來到另一側。

3

左手握劍形成半劍態勢，使勁軋住弟子長劍。接
著轉動身軀將敵劍扳彎，或者將長劍奪取過來。

擒劍與斬首
Sword Grab and Neck Slice

出典：Fiore(Getty), 29r, 29v.

此為長劍技52「擒劍」的另一版本。

1

交纏狀態。

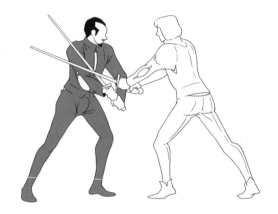

2

弟子往師父身後跨步並捉住師父長劍。

3

接著從背後攻擊師父。

4 斬首攻擊
Fiore(Getty), 29v.

時間倒退到弟子捉住師父長劍的時候。這回弟子選擇繞到師父背後、拋下自己的長劍，然後右手捉住師父劍柄、右腳踏在師父右腳後跟，捉住敵劍朝師父的頸部砍去。

雖然原文中並未言明，可是從原文插畫雙方腳步的位置推測，就算弟子沒能砍向師父的頸部，也可以以自己的腳為支點將師父摔倒。

中世紀以前的劍3

5 維京人的劍

維京時代的劍是從以塞爾特文明長劍爲始祖的日耳曼長劍發展而來，乃以名爲「紋樣鍛造法」的特殊方法製作。其護手形狀造型也已經與現代人想像中的護手相當接近了。

初期柄頭的設計多是分成上下兩個部分、以鉚釘固定，後來則漸漸演變成上下一體的造型。中世紀的長劍便是由這種長劍發展演變而成。

本節所要介紹的是兩柄非常著名的維京時代長劍。這兩柄劍因爲劍身所篆銘文而分別被稱爲「INGELRII」之劍（左）與「LEUTFRIT」之劍（右）。

「INGELRII」這柄劍出土自英國泰晤士河，劍身鑲嵌有鐵質的「INGELRII」字樣。這個銘文字樣與現收藏於格拉斯哥（註1）博物館的劍相同，因此我們可以推測這兩把劍可能是成於同一位工匠之手。

「LEUTFRIT」這柄劍則是出土自林肯市（註2）近郊的河川中，劍身以鐵鑲嵌有「LEUTFRIT」（T上下顚倒）的名字字樣。根據奧肯瑟表示，俄羅斯也有劍身形狀與篆刻銘文與其類似的長劍存在，而且兩者應該都是1世紀的製品。

收藏於大英博物館的維京時代長劍。900年～950年前後。

「INGELRII」
全長：84.4cm
刃長：73.3cm
重量：874.4g
重心：距護手16.2cm處

「LEUTFRIT」
全長：92.9cm
刃長：81.2cm
重量：1250g
重心：距護手17.4cm處

註1：格拉斯哥：請參照P.61譯註。

註2：林肯市（Lincoln）：英格蘭林肯行政和歷史郡的城市。海拔60公尺，爲一主要農業區的集市中心和英國東部公路、鐵路幹線樞紐。原爲羅馬重鎮，丹麥人統治時期爲東英格蘭5個自治市之一。中世紀曾是英格蘭主要城鎮之一，1154年獲城市特許狀。13世紀末成爲繁榮的商業城鎮，經營羊毛、皮革等貿易。

第2章
摔角

摔角概說

格鬥術是一切戰鬥的發源。

（Sigmund Ringeck）

摔角（中世德語作「Ringen」，中世義語則作「Abrazare」）是中世紀武術最最基本的技術，而且當時也已經普遍將摔角視為某種帶有娛樂性的體育活動。愈是古老的武術，這種傾向就愈是明顯；譬如菲奧雷就將摔角定位為所有武術之根本，而且中世紀騎士們所要學習的第一個技術，也正是摔角。當時的摔角技術非常地粗暴，乃是以一擊擊潰對手、使其無法戰鬥為目標。

後來這樣的情形隨著時間慢慢開始產生了變化，及至文藝復興時代始有「諳於世故的洗練紳士不適合摔角如此野蠻的行為」的思想。

與此同時，戰場上所使用的摔角術與作為體育活動的摔角術兩者之間也繼續漸行漸遠。

馮・奧斯華德便曾經就自己記載的許多摔角技巧評述各自是否符合社會觀感價值，同樣也是足茲證明摔角術已經分化形成戰鬥技術與體育活動這兩個不同面向的證據。

 ## 各地的摔角術

奧地利公爵哈布斯堡王室家族有位格鬥術冠軍——猶太人奧托，他對德式武術中的摔角術影響極深。他是理查特納爾十八傑（註）之一，傳說他是戰

註：理查特納爾十八傑：指Paulus Kal於其劍擊著作序言中列舉的18位武術大師，以約翰尼斯・理查特納爾（Johannes Liechtenauer）為首，故名。亦作「Society of Liechtenauer」。

場摔角術的創始者。從他的名字便不難發現他是個改宗（註）猶太人，據說他的出現爲德式武術的摔角術帶來了根本性的變化。

英國有種名叫比武大會的格鬥巡迴演出，而英國的摔角術便是隨著比武大會的成長發展而愈趨發達。英國的這種摔角術類似於現代的綜合格鬥技，不戴拳套徒手搏擊，對手倒地以後仍可以踢踹踩踏，甚至捉住頭髮毆擊也都是合法的行爲，似乎是種相當危險的活動（至於劍術比試雖然因爲安全問題而禁止刺擊，不過使用的都是眞刀眞劍，而且是在未裝備防具的狀態下進行比賽）。這種格鬥術（18世紀時已經稱拳擊）經過一番迂迴曲折以後，終於發展形成現代的拳擊運動。

寢技

武術指南書最引人注目的特徵，那就是寢技的數量非常地少。就算書中確實有收錄記載，幾乎也都只是持短劍朝倒地的對手補上致命一擊而已。從這裡我們就可以推測，歐洲武術會盡量地避免可能會使用到寢技的場面。

如果我方能夠在對方倒地的時候依然屹立，這種狀況對我方來說非常有利，可不能眼睜睜地放過如此的優勢。再者，若考慮到戰場從本質上來說就是個從事格鬥的場合，在周遭另有許多敵我人馬的狀況下，拋棄站立的優勢而去與對方進行地面的攻防無異於自殺行爲。再說了，我們也不曉得敵人是否在哪裡藏了什麼武器，萬一揪住對方以後從死角被短劍刺了一個透明窟窿，那可就笑掉大牙了。日本戰國時代也說與敵人纏鬥取其首級的瞬間最是危險，便是出於同樣的理由。

鮮少有以腳勾絆、固定敵人腳部的招式，可說是歐洲武術的特徵。這大概是爲避免對方倒下的時候，勾纏在一起的話很可能隨著敵人一同倒地的危險性吧。此類招式要待到後來摔角漸漸轉型成一種體育活動，方才有增加的趨勢。雖說少有寢技，卻也不代表完全忽視。德式武術便將寢技細分成「Unterhalten（壓制對方的技術）」、「Aufstehen（使對方保持在我方壓制下的技術）」與「（如何從對方壓制下逆轉的技術）」三種技術。

註：改宗（conversion）：改宗者多指14世紀末、15世紀初在西班牙大肆迫害猶太人及1490年代大批驅逐猶太人後，仍然留在西班牙而改信基督教的猶太人。在許多天主教教士的觀念中，「改宗者」依然是猶太人的同義語，部分原因是因爲他們仍居住在城市中的猶太人區，部分則是因爲他們的職業（商人、醫師、裁縫等），這種看法使許多基督教徒把改宗者視爲教會中的一股破壞力量。

打擊技

摔角與打擊技這兩者聽起來或許稍嫌格格不入，但其實中世紀的摔角術裡面包含了非常多的打擊技。其次，英式武術（尤其是已經娛樂化的比武大會）的打擊技更是特別發達。

 菲奧雷的理論

菲奧雷曾經在他的著作裡面記載到幾個理論：

首先是衡量對方，包括對方的力量、年齡、體格、意圖、經驗等各面向；如果對方未著鎧甲，則打擊其要害。根據菲奧雷主張，對眼、鼻、太陽穴、下顎、側腹發動攻擊的效果最佳。

菲奧雷還提到摔角的八個必備知識：力量、速度、如何捉住對方的知識、關節技的知識、交纏的知識（此處所謂的交纏是指使敵人喪失腕力，使其無法脫逃與防禦）、人體要害的知識、將敵人扳倒於地面的知識、使敵人骨折的知識。

從上述這些能力我們可以推測，當時的人們認為摔角是構築於除了前兩項（力量與速度）的六種知識之上。

 瓦萊爾斯泰因的理論

瓦萊爾斯泰因抄本在談論體育性質摔角與戰鬥性質摔角兩者間差異時曾經主張，體格大者能夠在體育性質摔角中佔得絕對性的優勢，可是在生死相搏、沒有規則的戰場上，體格上的差異並不會造成壓倒性的差距。

抄本裡面還寫到摔角的三項重要能力：與對方力量相對抗並保持自身平衡的「體力」（Stärke）、能夠在任何狀況下將手腳運至正確位置的「距離」（Maß），以及正確學習招式並強勁且迅速實行之的「敏捷性」（Behendigkeit）。

瓦萊爾斯泰因抄本又主張曰，我等應評量敵我實力關係採取下列三種不同的戰鬥方式。若我方實力高於對方，則應先下手為強、縮短距離，以「體力」壓倒對方。若敵我實力差距不大，則避免太過接近對方，利用「距離」伺機反擊。若敵方較我方強大時，則應等待對方採取主動，然後再活用速度與技術，換句話說也就是所謂的「敏捷性」施以反擊。

決鬥的種類1

　　此處所謂決鬥，指的是歐洲從古代連綿延續直到近世的傳統的紛爭解決方法。只不過，中世紀以前的決鬥可謂迥異於近世或近代的決鬥，極為嚴肅而深刻。

　　關於決鬥的起源，乃始於兩個對立勢力將命運委於神（或諸神）之手、賭命而戰以決定何者正確。由於當時很難蒐集到客觀的證據，因此這種委以神斷的判斷方法仍得以擁有某種程度的合理性。

　　進入中世紀以後，透過決鬥解決紛爭的情形雖然因為法律愈趨完畢而減少，不過遭遇到重大問題的時候，作為最終解決手段的決鬥審判制度仍然存在。但是話又說回來，這決鬥審判又不像後世決鬥那般稀鬆隨意，似乎唯有在處理非常重大的犯罪行為與事件時才會舉行。

　　塔爾霍夫（曾經在瑞士蘇黎世擔任過決鬥審判的裁判）曾經就值得舉行決鬥審判的犯罪列舉出七項罪行：殺人（故意且有計畫性的殺人）、反叛（反叛國家元首或國家）、異端（挑戰、否定天主教教義）、教唆叛亂（散播反對領主的言論、教唆叛亂）、洩漏機密（暴露祕密）、虛偽（說謊、詐欺、不守誓約等）、侮辱女性（強姦、私通、無正當理由解除婚約）（這七項罪行的範圍偶有重疊，這恐怕是為對應於「七宗罪」（註）而增加罪行數目所造成的結果）。

　　就算已經決定了要召開決鬥審判，也並不是可以直接展開戰鬥，那個時代會盡可能地確保決鬥的公平性，使得雙方可以在限定的期間內進行訓練。

　　這個時候負責指導訓練的，自然便是菲奧雷和塔爾霍夫等當時的職業劍士。若被告原因因為年事已高等理由不堪戰鬥，則可以起用代理人，事實上當時的英格蘭也確有決鬥代行者這樣的角色存在（只不過這恐怕是人類史上風險最高的職業了）。

　　決鬥的種類視決鬥者的階級地位而異，譬如騎士階級與貴族階級就會穿戴鎧甲，展開宛如實戰的決鬥（使用武器五花八門並無特殊規定，其中最普遍常見的便屬長劍、劍、短劍與盾牌的組合）。

　　再說到平民階級，則是穿著極富特色的衣服，操使決鬥用的巨大盾牌。這些盾牌有一個人這麼高、形狀各異，一般使用的都是兩端附有刺擊用鐵錐的橢圓形盾牌。

（下接P.187）

註：七宗罪：傳說撒旦有七個女兒，她們便是七宗罪。另一則傳說則指撒旦有「死」與「罪」兩名子女，他們倆近親相姦生下了七宗罪。七宗罪分別是傲慢、嫉妒、憤怒、怠惰、強慾、暴食、色慾。

摔角的架式

摔角不像其他武器技術有固定的架式存在，因為這種技術是以高速使用於非常近的距離下，根本就沒空擺什麼架式。

『鐵門』式・平衡站立（Porta de Fero, Waage）

這是個將手垂放於大腿附近的姿勢。菲奧雷表示這個架式便於使出所有招式，也頗適合採取守勢。除此之外，據推測這個架式其實就是德式摔角術當中唯一擁有名稱的架式——「平衡」；「平衡」此語也有「天秤」之意，因此我們可以說穩定性便是這個架式的最大特徵。德式摔角術的「平衡」架式是掌心向上、手擺在腰部的高度，是兩者間較大的不同處。至於為何這個義大利式摔角術的架式在滿是要害的臉部洞門大開毫無防備，則是很可惜地無從得知。

『正面』式（Posta Frontale）

這是個雙手舉到顏面或胸口高度、彷彿要捉住什麼似地向前伸出的姿勢。如果說『鐵門』屬於防守性架式的話，那麼這便是個攻擊性的架式，能夠使對方的擒捉失效。

摔角技1

向後掬足投
Backward Leg Lift Throw

出典：Fiore(Getty), 7r. Ringeck/Tobler, p. 202.

　　本項解說的是摔角當中最基本，同時也是使用最頻繁的技巧——使用掬足扛起敵人腿腳的招式（日本武術使用得卻不多）。這招是捉住對方的腳使其無法動彈、或者把腳舉起來，藉此使對方身體失去平衡（根據Tobler解釋）。

1

弟子使用熊抱鎖住師父的胸口，但並未鎖住師父的雙手。

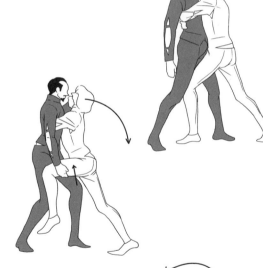

2

師父單手扛起弟子的腳，同時另一隻手押住弟子頸部、順勢將弟子的身體往後推。菲奧雷則說除使勁往頸部推押以外，招住對方喉嚨、用力按對方的喉結，也都是相當有效的手段。

3 反制

弟子見師父正要伸手，於是迅速放開右手、捉住師父手肘往上推。

助跑擒抱與反擊
A Running Tackle and the Counters

出典：Ringeck/Tobler, p.205. Wallerstein, pl. 73. Dürer,(Ringen) No. 13, 30. Talhoffer(1459), 56v. Talhoffer(1467), pl. 197. Meyer, p. 245, 3.14r.

當對方與我力量相當，使用這個招式最具效果。這招是朝對方衝刺撞擊，同時圈住對方雙腳把對方向後推倒。從對付這招的反制技數量頗多這點看來，助跑擒抱的使用頻率似乎相當地高。瑞恩格克表示，這招的要訣就在於一股作氣不要猶豫。

1

雙方慢慢拉近敵我距離。

2

一口氣往前衝、雙手抱住弟子大腿，同時利用身體的衝撞力量把弟子撞倒。

3 反制1：壓胸

師父使出擒抱時，弟子身體前傾、雙手箍住師父腰部以免被推倒。

4

成功阻止師父行動以後，弟子再將雙腳往後伸長、掙脫師父掌握，然後利用體重壓制師父。

5　反制2：斷頭臺絞首技

這回弟子用手腕擒住師父頸部、上提鎖喉。梅耶版本中並沒有使用雙手，而是只用左手鎖住敵人頸部，再以空下來的另一隻手進行攻擊。

6　反制3：舉體

避開師父擒抱。

7

左手捉住師父身體或肩膀，右手伸過兩腳中間捉住腰部，將師父舉起來。

肩投
Over the Shoulder Throw

出典：Ringeck/Tobler, pp. 205, 243, 263, 275. Auerswald, pl. 5, 34. Knight/Ringen-Dagger, p. 67.

這是招從下方鑽過對方手腕、舉起對方大腿將其拋投出去的招式。托布勒表示這招有時甚至可以折斷對方手腕，端看對方是以何種姿勢倒下的。至於瑞恩格克似乎非常喜歡這個招式，曾經在書中多次提及。

1

師父捉住弟子的手往上拉，抑或是弟子不小心把手舉得太高。

2

把弟子手腕往上拉並迅速往下面鑽。

3

師父利用肩膀往上頂、固定弟子手腕，右手則捉住弟子右腿上抬，將弟子往後摔倒。

4　反制

為方便解說，此處改由弟子向師父施展肩投技。

5

趁弟子還沒捉住大腿以前，師父將被肩膀固定住的右手繞過弟子頸部，接著轉身貼近弟子背心，利用體重壓制弟子。

6　其他版本

奧斯華德版本的肩投不是捉住弟子大腿，而是捉住腰部把弟子整個人給扛起來。

舉腿摔投
A Throw With a Leg Pull

出典：Ringeck/Tobler, p. 208. Wallerstein, pl. 31, 32. Dürer, (Ringen) No. 1, 2. Knight/Ringen-Dagger, p. 78.

　　這是舉起對方的腳使向後摔倒的招數。關鍵在於如何將對方往後推，使其失去身體平衡。

1

將弟子身體往後推。圖中師父採取的是瑞恩格克的方法，雙手握拳推押對方下頸部的同時以身體推擠。

2

師父立刻雙手捉住弟子的腳往上掀，把弟子往後掀倒。必須在弟子找回身體的平衡之前迅速地行動。

3 其他版本

先確實使對方失去身體平衡然後再行拋投，可謂是知易行難的典型。接下來要介紹的是，如果師父沒有推擠弟子，又或者是師父推擠力道不夠、弟子得以快速回復平衡狀態的時候所使用的技巧。

4

師父一方面把已經捉在手中的
腳往上抬，左腳跨入弟子唯一
仍然著地的右腳後方，利用身
體將弟子往後推倒。

5 反制1

時間倒退到稍早，從師父正要
捉住弟子腳部的地方開始講
起。

6

弟子掙脫師父雙手、收回被捉
住的腳，同時雙手推向師父胸
膛。

7 反制2

在這個版本裡面，師父因為雙
手捉著弟子的腳使得臉部毫無
防備，弟子抓準這個時機出拳
毆擊、擺脫師父。

三格鬥2：前踏步突破
Drei Ringen2: Beinbruch

出典：Ringeck/Tobler, p. 213. Knight/Ringen-Dagger, p. 62.

所謂三格鬥就是指瑞恩格克原文中所提到的三個招式，致於為什麼他將這三招獨立出來已經無從得知。這招是體現了德式武術最高宗旨「奪取並維持主導權」的體現。如果出招被對方躲開那就立刻運起下一招，不讓對方有掌握主導權的機會、直接將其打倒。這個招式從左右兩邊都可以發動，因此可以將其視為用來練習左右兩個版本的型。

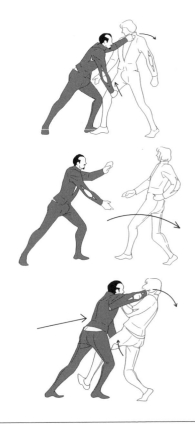

1

師父使出本書並未收錄的招式「三格鬥1」。

2

弟子可以選擇正面迎接師父的招式，也可以像插圖這樣向後退躲開師父的招式。

3

師父立刻向前踏步、再度發招，將弟子扯倒。

摔角技6

三格鬥3：折腕固定技
Drei Rinen3: Straight Arm Bar

出典：Ringeck/Tobler, P.214. Meyer, p. 244, 3.13v. Knight/Ringen-Dagger, pp.52, 63. Auerswald, pl. 35.

折腕固定技是將敵人手臂伸直成一直線、將其肘部關節固定住並將手臂折斷的技巧。這招在摔角中似乎相當普遍，有各種不同應用（根據Tobler解釋）。

1

弟子雙手捉住師父手臂。

2

弟子轉身並用力把師父的手臂往後扯，同時將師父手腕往上扭，另一隻手則是從上方押住師父的肘關節，然後就可以決定要折斷師父手臂，還是要把師父壓在地面上。

3 其他版本

這個版本是先拉扯師父手臂，然後雙手推押師父頭部將其壓到地面。

遇到正面熊抱的反制技6種
Six Counters to an Underarm Bear Hug

出典：Ringeck/Tobler, pp. 216, 217. Wallerstein, pl. 105, 121. Dürer,(Ringen) No. 73. Knight/Ringen-Dagger, pp. 102, 103.

　　所謂熊抱就是指雙手繞過對方身體環抱，將對方壓扁擊潰或者將其舉起的招式。這個招式似乎相當常用，幾乎所有姿勢都可以使出熊抱與其反制技。只不過當時似乎認為這個招式本身（尤其是正面熊抱）毫無技術可言，是恃力凌人者使用的招數。本項所要介紹的是攻擊頭頸部的反制技。

1

圖為正面熊抱。弟子雖然抱住師父的身體，可師父雙手仍然可以自由使用。

2　反制1：押喉

師父雙手抵住弟子喉頭使力往前押。

3　反制2：扭頸

師父單手（圖為左手）抵在弟子下顎，另一隻手則捉住後腦勺。

4

雙手一推一扯，使勁扭轉弟子頸部、掙脫熊抱。

5　反制3：插眼

一般提到插眼，腦海浮現的通常都是伸出兩支指頭戳向眼睛，其實歐洲式的插眼比這種指頭戳眼還要更加剛強。首先師父用大姆指扣住弟子下顎，然後再用其他的四支指頭去掏眼睛；將大姆指扣住下顎，便可以憑著握力把眼睛給挖出來。

6　反制4：攻擊太陽穴

以姆指戳刺弟子太陽穴，造成劇痛。

7　反制5：扳頸

捉住弟子頭顱往後扳。

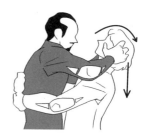

8　反制6：戳喉嚨

用手指戳向弟子喉嚨的Der Dreier Lochlein（鎖骨中間的凹陷處，喉嚨根部）。瓦萊爾斯泰因抄本用的是大姆指，杜勒則是用食指去戳。

折肘與推手反擊
Elbow Break/Push Counter to a Front Bear Hug

出典：Ringeck/Tobler, p. 259. Auerswald, pl. 22.

本項解說的則是攻擊頸部以下部位藉以掙脫熊抱的方法。

1

弟子對師父熊抱。

2

師父雙手繞過弟子手臂下方，上提痛擊弟子肘關節、將手臂折斷。

3 其他版本

或者雙手按住弟子胸口往前推。

4 其他版本

從內側捉住弟子單腳往上抬，這麼一來弟子就無法抬起或絞擊師父，師父便可以趁機掙脫。

決鬥的種類2

決鬥同樣也有許多地域性的差別，法蘭克尼亞地區（註1）是持大盾與劍作戰，士瓦本（註2）則是持大盾與木製棍棒，其他地區則應是僅以大盾，抑或是以其他武器作戰。

若是男女間的對戰，則為彌補天生身體能力的差距，男性要裝備棍棒並鑽進深度及腰的地洞以限制行動，女性則可以使用以布包裹石頭製作的速成連枷作戰。

法蘭克尼亞地區的決鬥審判

決鬥場地會先以柵欄圈住以免群眾亂入，內側再以白線或柵欄區隔出擂台，還有配備短棍武裝的裁判。決鬥規則基本上就是戰到其中一方死亡為止（亦不乏有敗者最後存活下來，只不過這種情形非常罕見）。倘若對決者被拋到擂台外、碰到擂台界線、逃跑投降，又或者是因為昏厥過去無法戰鬥，便要視為主動承認罪狀，要立刻處刑（這就是為何說決鬥代理人的風險極高，畢竟每次的工作都伴隨著50%的死亡率）。

士瓦本地區的決鬥審判

男女決鬥並不設置擂台，男性只要將女性拖進洞裡就算勝利，女性則是把男性從洞裡拖出來，或者讓男性伸手碰到地洞邊緣，就算獲勝。

大盾的決鬥審判

註1：法蘭克尼亞地區（Franconia）：中世紀早期德意志的五個大公國之一，其餘四個為薩克森、洛塔林基亞（洛林）、士瓦本和巴伐利亞。現在分為萊茵法蘭克尼亞和東法蘭克尼亞，均屬德意志聯邦共和國。

註2：士瓦本（Swabia）：德國西南部歷史地區，包括今德國巴登-符騰堡州南部和巴伐利亞州西南部，以及瑞士東部和亞爾薩斯。士瓦本一名源出斯維比人（Suebi）這支日耳曼民族名，

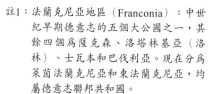

男女決鬥

他們3世紀時與阿勒曼尼人共同占領萊茵河上游和多瑙河上游地區，並向南擴展至康斯坦茨湖，向東擴展至萊希河。

吊投反制技
A Counter Against Lifting

出典：Wallrstein, pl. 82, 85. Dürer, (Ringen) No.22, 25.

　　本項要介紹的是摔投反制技。除熊抱以外，這招對「敵人像百姓那樣雙手平行捉過來的時候」同樣也相當有效。此處所謂的百姓其實是當時的俚語，乃指外行人或只知道使蠻勁而無技術可言者。

1
弟子使出熊抱。師父重心坐低，採取懸坐的姿勢。這個時候，師父還不伸手抱住弟子。

2
見弟子上體姿勢準備要將自己抱起的瞬間，師父屈膝、單腳從外側勾絆弟子、將其往後推倒。

3 反制

師父勾住弟子的腳、要把弟子
推倒。弟子感覺師父要將自己
往後推倒時，立刻伸直雙腳、
單手撐住地面。

4

另一隻手緊緊捉住師父身體，
將師父翻過自己的身體拋摔出
去。

遭遇後方熊抱的反制技
Counter to Rear Bear Hug

出典：Wallerstein, pl. 117,123. Dürer, (Ringen) No. 69. Fiore (Getty), 7v. Talhoffer(1467), pl. 274.

本項介紹的是對抗後方熊抱的反制技。

1

弟子從後方捉住師父。此時弟子頭部頂住師父頸部，否則就要向後仰、以免被師父捉住自己的頭髮。

2

師父見狀，將左腳移到弟子右腳後方。

3

左腳後跨的同時轉動身體，左肩押住弟子身體、將弟子翻過自己的左腿向後扳倒。這招左右兩邊都可以使用。

4 反制2：頭錘

以後頭部毆擊對方。

5 反制3：偷桃

手往下探，捏爆弟子要害。

6 反制4：背投

被捉住背心以後，師父立刻坐低身子、雙手繞到後方捉住弟子的腰，然後單腳滑進弟子雙腳之間。

7

屈身向前將弟子扛起來，越過背部往前拋投。

扯頭髮
Hair-Grab

出典：Wallerstein, pl. 113, 114. 116. Dürer, (Ringen) No.65, 66, 68. TAlhoffer(1467), pl. 199. Knight/Ringen-Dagger, pp. 107, 108.

　　本項解說的是遭到後方熊抱時的反制技扯頭髮，以及這招扯頭髮的反制技。

1

弟子從後方捉住師父往上抬起。弟子用力勒住師父身體。

2

師父使盡所有力量捉住弟子頭髮往前扯，將弟子拋投出去。

3 扯頭髮的反制技

師父扯住弟子頭髮正要往前摔。

4

弟子雙手捉住師父左右手肘、往後上方抬，然後順勢將師父往後拉倒。

5 掬足拋投

弟子正要抬起師父。這回弟子頭部向後仰，讓師父捉不住頭髮。

6

師父見狀，屈身從雙腿中間伸手捉住弟子的腳。

7

接著將弟子的腿往前扯，將弟子扯倒。

8 反制

見師父屈身要捉自己的腳，弟子立刻放開師父身體，然後雙手從背心用力將師父推倒。

壓制1
Unterhalten 1

出典：Ringeck/Tobler, p. 222.

筆者於本章概說也已經說到，所謂壓制便是指將倒地對手制住的技術。此處謹說明關節技與緊接在後的壓制技巧（根據Tobler解釋）。

1

師父右手捉住弟子左手腕，左手捉住弟子左肘。

2

扳彎弟子手臂抵住其後背。按住弟子手肘將手腕向上扯，使出名為「鎖匙」（Key Hold）的關節技。直接絞住弟子手腕，結束戰鬥。

3

倘若弟子被鎖住關節仍然不願認輸，就採取下一個動作。放開弟子手腕，左手按住弟子右肩、右手抬起弟子右腳，將其按倒在地面。

4

順勢將弟子右腕扭到背後，壓制弟子身體使其無法動彈，再施以攻擊。

壓制3
Unterhalten 3

出典：Ringeck/Tobler, p. 224. Knight/ Ringen-Dagger, p. 166.

　　這招是朝對方胯下使出膝擊。全身重量放在兩個膝蓋上、攻擊胯下（根據Tobler解釋）。

1

師父捉住向後倒地的弟子雙腳。

2

師父兩腿收攏，利用全身重量以膝蓋叩向弟子胯下。

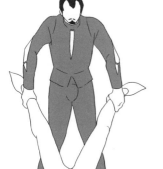

3

迅速用左手押住弟子大腿，右手攻擊弟子（奈特版本則是以膝蓋壓住弟子的腳）。

寝技1

Ston 1

出典：Ringeck/Tobler, p. 225.

　　此處所謂「寝技」是指我方背部貼著地面並遭對方從上方壓制時，如何翻轉雙方態勢、反將對方壓制的技術。本項介紹的是將對方一同拽倒以後再行壓制的招式（根據Tobler解釋）。

1

師父從後方捉住弟子。

2

連同自身將弟子往後扯倒。此時師父拱起膝蓋，利用墜落的力量朝弟子背部叩住。

3

師父將右腿伸直，把弟子的身體翻往右側。

4

順勢將弟子按趴在地面，騎上去攻擊。

摔角技15

寢技2
Ston 2

出典：Ringeck/Tobler, p. 227. Knight/Ringen-Dagger, p. 169.

此處要介紹的是臉朝天被放倒的時候逆轉情勢的方法（根據Tobler解釋）。

1

弟子把師父放倒。師父不放手仍然捉住弟子，要把弟子也給拉倒，於是用自己的右手捉住弟子左腕。師父左手則是鑽過雙腿中間、從內側捉住弟子左腿。

2

師父雙手把弟子身體翻轉過來，然後騎到弟子身上將其壓制。

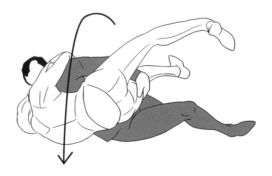

撕手指
Finger Ripping

出典：Ringeck/Tobler, p. 209. Knight/Ringen-Dagger, p. 69.

　　這招是使用在對方伸出手掌要捉過來的時候。奈特表示這招雖然簡單，使用時機和狠勁卻很重要。

1

趁弟子不經意伸出手來，雙手各自捉住相鄰的兩支手指，接著一口氣往外扯、將手指撕裂。

殺打1：頸部鎚擊
Mortstöße 1: Hammerfist

出典：Ringeck/Tobler, p. 210. Knight/Ringen-Dagger, p. 36.

　　殺打此語乃是德式武術所有打擊技的統稱。儘管名字聽起來殺氣十足，其實殺打本身並非以直接打倒對方為目的，而是用來創造可以攻擊對方的空隙。英國的約翰·哥德弗利上校在他1747年的著作曾經寫到，朝對方耳朵下方鎚擊能夠阻斷擾亂往腦部流回去的血液流動，是給予對方重大打擊最有效果的打擊法，或許這種攻擊的目的就也是要製造同樣的效果。

1

握拳毆向弟子頸部。

摔角技18

殺打3：肘擊
Mortstöße 3: Elbow Strike

出典：Meyer, p. 246, pl. A2.

　　當時的武術指南書裡面，出乎意料之外的幾乎沒什麼記載到以肘部攻擊對方頭部的招式。就連梅耶的肘擊也僅有插畫而已，並無文字說明（恐怕是他忘記寫了。梅耶的書偶爾可以發現有圖沒解說，要不然就是寫說「容後解說」最後卻根本沒有解說）。

1

弟子捉住師父手腕往後拉，手肘朝師父下巴招呼過去。

摔角技19

殺打4：踩腳
Mortstöße 4: Foot Stomp

出典：Meyer, p. 244, 3.14r. Knight/Ringen-Dagger, p. 41.

　　這招踩的是對方的腳背。17世紀的迪烏格就曾經介紹到踩住對方的腳使其無法逃跑，然後迎面給他一拳的方法。

1

看準弟子重心放在哪隻腳，朝那隻腳踩踏下去。

殺打5：雙腕毆擊

Mortstöße 5: Hammerfist with claspd hand

出典：Auerswald, pl. 4.

　　這招是利用互握的雙手破解對方擒拿的招式。菲奧雷也曾經介紹到幾乎一模一樣的招式，只不過菲奧雷那招講的是當我方遭手持短劍的敵人揪住衣領的時候，攻擊敵人揪住衣領那隻手的招數。另外菲奧雷還說這招可以應用在使長槍的對手身上，甚至可以把槍頭從槍柄上硬生生給敲下來。

1
弟子捉住師父手臂。師父雙手互握，使勁毆擊弟子手腕、脫離弟子掌握。

殺打6：心臟攻擊

Mortstöße 6: Strike over the Heart

出典：Ringeck/Tobler, p. 230.

　　朝敵人的心臟攻擊。瑞恩格克表示這招在任何狀況下，無論徒步、騎馬、有無鎧甲，都很有效果。瓦萊爾斯泰因抄本則介紹到使用掌底毆擊的類似招式。

1
師父左手捉住弟子側腹腰帶以上的位置，朝心臟毆擊。

摔角技22

殺打7：胯下膝擊
Mortstöße 7: Knee Kick

出典：Ringeck/Tobler, p. 231. Wallerstein, pl. 133. Durer, (Ringen) No 55. Fiore(Giore), 7v. Knight/Ringen-Dagger, p. 39. Myer, pp. 244-245, 3. 14r.

　　胯下難以防禦、容易成爲死角，是少數就連穿戴鎧甲也無法防禦的部位，因此許多武術指南書都有介紹到攻擊這個部位的招式。

1

師父捉住弟子上半身，膝蓋頂向弟子胯下。瓦萊爾斯泰因抄本當中師父則是先假動作作勢以雙手攻擊弟子顏面，然後再使出膝擊。

2 反制

弟子迅速抬起膝蓋擋住師父的膝擊，接著立刻拳擊或用腳踩踏攻擊師父。

殺打8：太陽穴攻擊

Mortstöße 8: Temple Strike

出典：Ringeck/Tobler, p. 232.

這招是出拳毆擊太陽穴。此處所謂毆擊聽似簡單，若套用拳擊術語則可能指的是以類似鉤拳的拳路攻擊太陽穴（根據Tobler解釋）。

1

左手捉住弟子上半身，右手攻擊弟子太陽穴。

摔角技24

殺打9：雙拳鎚擊
Mortstöße 9: Double Hammerfist

出典：Ringeck/Tobler, p. 233. Knight/Ringen-Dagger, p. 37. Fiore(Getty), 8r.

　　揮動雙拳攻擊對方頸部或太陽穴。根據奈特主張，這招應該在對方雙手受到限制時使用。

1

朝弟子頸部揮出雙拳。

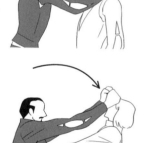

2　其他版本

菲奧雷的版本則是在我方遭對方捉住身體時，以雙拳擊向對方顏面。他還說到，這招對穿著嚴密鎧甲的對手起不了效果；當時頭盔在面部經常設有尖銳的突出物，直接用拳頭毆擊反而會使自身受傷。

3　反制

弟子捉住師父手肘附近、擋下師父揮腕，左手則扛起師父右腳將其摔倒。

殺打10：戳臉頰・撕臉頰
Mortstöße 10: Cheek Thumbing/ Cheek Rip

出典：Ringeck/Tobler, p. 234. Knight/ Ringen-Dagger, p. 39.

　　戳臉頰和撕臉頰其實源自於同一段文字，只是托布勒與奈特對原文有不同解釋，所以才有兩個招式名稱。筆者竊以為托布勒的解釋較貼近原文，不過奈特的解釋其實也並沒有錯誤。

1 戳臉頰（托布勒的解釋）

雙手捉住弟子頭部，大姆指用力押住臉頰。同時右手押住弟子頭部，扭轉其頸部。

2 撕臉頰（奈特的解釋）

捉住弟子頭部，大姆指插進嘴巴將臉頰往兩邊撕開。

摔角技26

折腕摔投技
Straight Arm Bar Throw

出典：Ringeck/Tobler, p. 240. Wallerstein, pl. 35.

　　這招跟先前介紹的「摔角技6 折腕固定技」幾乎如出一轍，只不過其重點並非絞鎖對方手臂而是拋投。瓦萊爾斯泰因抄本則將這招介紹為「摔角技38 後向翻投」的反制技（根據Tobler解釋）。

1

師父右手捉住弟子右手。

2

師父將弟子手臂往前扯，同時收回右腳、左腳移到弟子右腳前方，轉動身體。

3

扭住弟子右手手腕，將手腕繼續往右邊扯。左手向下按住弟子手肘、固定肘關節，將弟子往自己的右腿方向摔投。以足夠的速度與力道發動這招，要折斷弟子手臂也並非絕無可能。

肩頭折臂技
Over the Shoulder Arm Break

出典：Ringeck/Tobler, p. 241. Wallerstein, pl. 76. Dürer, (Ringen) No. 16, 33.

　　這是折腕技的一種，是將對方手臂扛到肩膀上攻擊的招式。瓦萊爾斯泰因抄本寫到，這招在對方緊緊握住我方手腕的時候頗有效果（根據Tobler解釋）。

1

雙手捉住弟子單手。

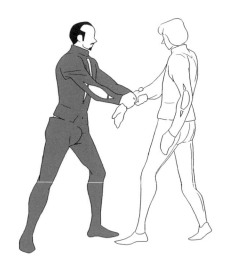

2

師父轉動弟子手臂使其掌心朝天，同時將弟子手臂拉直抬起，然後就像是用肩膀扛著似地折斷弟子的手臂。

摔角技28

以肩頭折臂反制拗指技
Over the Shoulder Arm Break Counter to the Finger Break

出典：Talhoffer(1459), 55v. Wallerstein, pl. 119, 120. Dürer, (Ringen) No. 71, 72.

　　本項要解說的是「手臂遭對方擒拿住的注意事項」、「對方捉住手指正要拗折手指時的對應方法」、「其後的折臂反制技」以及「折臂反制技的反制方法」。

1

師父雙手捉住弟子前臂。此時師父重心平均分散於雙腳，護住頭部與腳部，以備弟子反擊。另外師父雙手互握，使弟子無法捉住師父的手指。

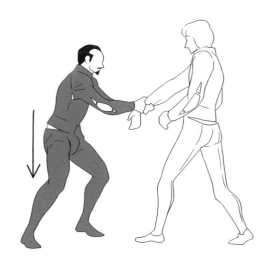

2

倘若手指還是被弟子捉住了，那就放開沒被捉到的那隻手，重新捉住弟子手腕將其固定住。拗手指的時候必須使用到手腕的力量，因此把手腕固定住就可以防止對方使用這招。

3

仍然捉著弟子手腕、旋轉身體，將弟子手臂扛到肩膀上折斷。

4 反制

師父轉過身後，弟子便使盡所有力量將手臂往回抽。

5

可以朝師父背部踹，或者用腳抵住師父以脫離師父掌握。

摔角技29

上段鎖投
Upper Key Throw

出典：Ringeck/Tobler, p. 242.

先前也已經提過「鎖匙」固定技這招，其實這招在歐洲摔角術當中是個非常普遍的招數。本項要介紹的就是鎖匙固定技與拋投的組合技巧（根據Tobler解釋）。

1

弟子左手反手捉住師父右腕。乍看之下好像很奇怪，不過當時一般都是如此格擋對方來自上方的揮拳攻擊。除此之外，這招更是防禦對方短劍攻擊的必備招式。

2

盡可能使師父手腕保持彎曲成直角的狀態，右手繞過師父手臂下方。與此同時，右腳移向師父右腳後方。

3

右手繞過師父手臂下方以後，握住自己左手往前扳，將師父肩膀卸下來。同時以自身右腳為支點，將師父向後翻投。

折膝裂股
Beinbrüch 5

出典：Ringeck/Tobler, p. 244.

　　Beinbrüch（攻擊腳部）是個語意非常曖昧的用詞，托布勒認爲這是指斷絕對方雙腳與地面的接觸、將其翻倒的招數。可是這個分類當中卻有些招式並不符合他的定義，因此這個用語究竟所指爲何，至今仍舊不得而知（根據Tobler解釋）。

1 折膝

師父抬起弟子的腳，右手捉住腳踝、左手朝膝蓋處往下押，折斷弟子的腳。

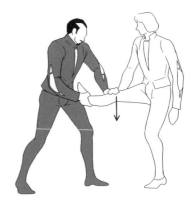

2 裂股

將弟子摔倒在地，捉住單腳（或者捉住單腳再將弟子推倒在地）。接著使盡全部力量將弟子的腳往他的頭部扳，將弟子的股關節給卸下來。

摔角技31

翻腿摔投
A Throw over the Leg

出典：Ringeck/Tobler, p. 248.

這招是將對方的手腕往上扳、將對方往後摔的招式（根據Tobler解釋）。

1

弟子右手捉住師父右手手指。

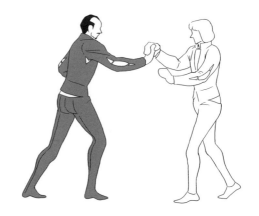

2

弟子左腳踏在師父右腳後方，同時捉住師父手指往上拽，左手則捉住師父手肘向上抬，順勢將師父往後推，將師父翻過先前踏出的左腳將其扳倒。

吊投
Lifting Throw

出典：Ringeck/Tobler, p. 249.

這招是單手伸進對方雙腿中間，從腰部將對方扛起向後投擲（根據 Tobler解釋）。

1

師父由內而外撥開弟子伸出來的左手，製造出進攻的空隙。

2

師父迅速向前踏出腳步，右手伸進弟子雙腿中間捉住腰部，把弟子扛起來。同一時間，左手則是朝弟子頸部推去，把弟子向後放倒。

3 反制

見師父伸手穿過兩腿中間，弟子雙手從下方捧著師父肘關節附近往上扳。如此一來，弟子的腋下和雙手就會變成支點和施力點，藉此攻擊師父的手肘。

摔角技33

雙手刈
Double Leg Pull

出典：Ringeck/Tobler, p.253. Wallerstein, pl. 83. Dürer, (Ringen) No. 23. Auerswald, pl. 29.

　　嚴格來說，這招跟柔道的雙手刈是不同的招數，只是因為發招方式相當類似而且就譯名來說也相當吻合，遂採此譯。這招是捉住對方雙腳往上拉抬，同時用頭頂住對方上半身將其往後推倒。瓦萊爾斯泰因抄本裡面是先做出攻擊顏面的假動作之後，然後才使出這招的。該抄本還說到，這是個相當要求速度的招式。

1

師父捉住弟子兩腳往回收，同時頭部朝弟子胸口
往前頂、將弟子往後扳倒。

2 反制：托布勒的解釋

見師父撲向腳部，弟子一方面向後退，一方面按
住師父肩膀將其押倒在地。這招乃採托布勒的
詮釋，與原文稍有不同。

3 反制：原文的解釋

身體貼著師父背部，雙臂穿過師父腋下捉住師父
頸部（插畫中手腕是交叉的）。原文並未提及接
著該怎麼做，想必接下來應該是要比照擒抱的反
制技，雙腳往後縮回、運用身體重量向下壓制才
是。原文作「從上方伸手穿過腋下擒住對方，好
生捉住」。

擒腕掬足摔投技
Leg Lift Throw with Arm Lock

出典：Ringeck/Tobler, p. 257.

這是先朝對方手腕使出關節技、再行拋投的招數。

1

弟子右手伸進師父左腋側腹，
雖然只有短短一瞬間，此舉卻
有封鎖師父左手動作的效果。

2

迅速捉住師父右手腕朝師父背
後往上扳，將師父手腕固定
住。

3

接著右手下滑捉住師父左腳，
將其舉起。同時左腕將師父手
臂往後推、將其摔倒。

摔角技35

吊投反制技
Over the Shoulder Armbar Throw Counter to the Body Lift

出典：Wallerstein, pl. 86. Dürer, (Ringen) No. 26.

　　這是當我方遭到力量與速度均佔優勢者吊投時的應對方法。不光是推押其頸部，還要固定對方肩膀施以反擊。

1

弟子把女弟子抱了起來。

2

女弟子將左手置於弟子顎下（原文作「顎後」）、使勁向前推，逃出弟子熊抱。

3

女弟子雙腳回到地面以後，右腕迅速繞過弟子左腕下方鑽到弟子肩膀上方，左手捉住自己的右腕。

4

轉動身體，右腳跨在弟子雙腳前方。與此同時，右腕下押攻擊弟子肩膀、將其往前摔投。這招甚至可以折斷弟子的手臂。

押顎的反制技
Againt the Jaw Push

出典：Wallerstein, pl. 89. Dürer, (Ringen) No. 29.

　　一連串看下來我們可以發現，與敵人正面交手的時候，不管三七二十一先押住對方下顎或喉頭似乎是當時的常識。本項介紹的就是如何應對這押抵下顎的攻擊。

1

弟子押住師父下顎、使勁把師父往前推。師父收回下顎，避免弟子手伸進下顎下方。

2

若弟子仍不放棄，則左手繞過弟子頭部從後方捉住弟子的臉。師父伸手捉臉的時候，還用手掌掩住了弟子的口鼻。

3

師父左腳踏在弟子右腳後方，左手捉住弟子的臉向後扭、將弟子向後扳倒。應該是手指扣住口鼻、像是用扯的扭轉弟子頭頸。

摔角技37

以上肩折臂技反制絆腳摔投
Over the Shoulder Armbar Counter to the Heel Throw

出典：Wallerstein, pl. 97. Dürer, (Ringen) No. 117.

　　這是當敵人使出絆腳摔投的時候，固定對方捉住我方衣領（或頸部）手腕並將其折斷的招數。這招基本上跟「摔角技35」女弟子使用的招式相同。這招有左右兩種版本。

1

弟子拉住師父右手，右腳腳踝勾住師父左腳要將師父往前方投擲。

2

看準弟子壓低身體要使力拉扯的瞬間，師父左腕從弟子右腕下方繞到肩頭處。

3

右手捉住左腕，將弟子手臂向下推押折斷。

翻腿摔投
Throw Over the Leg

出典：Ringeck/Tobler, p. 261. Talhoffer(1459), 55v. Talhoffer(1467), pl. 194.

這種翻過我方大腿將對方拋投出去的技巧，種類數量在摔角術當中僅次於捉住對方腿腳拋投的投擲技。此處雖作按押著對方喉頭拋投，實戰中恐怕並不僅止於按押喉頭，而可能是在絞鎖對方頸部的同時使出投擲技。

1

弟子捉住師父左手往下拉，或者是師父將被捉住的左手往下扯。

2

師父前進，左腳踏在弟子右腳後跟，同時時右手捉住弟子喉頭往後推倒。

3 其他版本

塔爾霍夫版是在右手按住弟子頸部的同時，左手繞過弟子身體，雙手並用使勁將弟子拋投出去。

摔角技39

拱足後翻
Back-Lever Throw

出典：Meyer, p. 244, 3.14v. Knight/Ringen-Dagger, p. 48.

這是歐洲摔角術最常使用的招數之一。單腳踏在對方腳後跟（與對方形成橫列），擒住對方較靠近我方的手臂、將其向後翻倒。也許是因爲動作單純的緣故，有形形色色的招式變化。

1

師父左手擒住弟子右手。

2

弟子迅速俐落地捉住師父左腕向後扯。

3

趁師父被拉過來時右腳踏在師父左腳後跟，同時右手從上方繞過師父左肩，此時弟子的右肘恰恰就在師父的頸部或胸口附近。

4

右腕推押師父身體，往後將其翻倒。

肘撞擊腕
Elbow Strike on Arm

出典：Wallerstein, pl. 124. Dürer, (Ringen) No.76. Talhoffer(1467), pl. 220.

這招是以肘撞攻擊對方捉住我方衣領的手臂。

1

師父伸左手揪住弟子衣領。

2

弟子左手捉住師父手腕逆時針轉身，舉起右手。

3

繼續踏出右腳帶動師父，朝師父伸長的肘關節施以肘擊。

4 其他版本

塔爾霍夫版捉手腕的時候，是先用左手將對方手腕夾在胸前，然後再補上右肘撞。亦有說法指出這是「摔角技47 下段掮投」做到一半的動作。

摔角技41

頭鎚
Head Butt

出典：Wallerstein, pl. 125. Dürer, (Ringen) No.77.

這招雖然名為頭鎚，其實卻是個類似柔道所謂「朽木倒」的招式。可以在對方捉住我方衣領拉扯的時候作奇襲技使用。

1

弟子揪住師父衣領正要往回拉。師父決定暫時不予理會，任其拉扯。

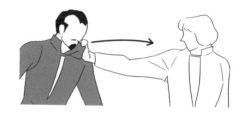

2

趁隙一鼓作氣以頭部撞向弟子胸口。師父以身體右側面對弟子，一頭撞向弟子腹部向前倒。雖然並無文字說明，不過插畫卻畫到師父右手扛起弟子左腳的模樣。

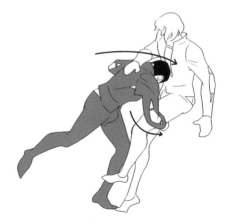

押肩的反制技
23rd Technique

出典：Ringeck/Tobler, p.269.

這招是當對方伸手要押住我方肩膀時，手肘伸進對方手臂下方限制其臂動作、再補上一記拋投的招數。伸手插進對方腋下藉以封鎖其動作聽起來或許有點怪，不過盾牌技也有類似的招式，這招搞不好就是參考相同原理所形成的（根據Tobler解釋）。

1

師父捉住弟子右臂。

2

為抵抗師父的擒臂，弟子舉起被捉住的右手押往師父肩頭。

3

師父左肘立刻從弟子腋下由下往上
斜插，封鎖住弟子的右臂。

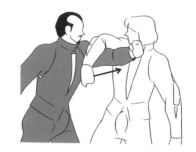

4

左肘運勁使力將弟子往後推，另一
方面左腳踏在弟子右腳後跟，接著
再以空著的右手扛起弟子右腳將其
摔倒。

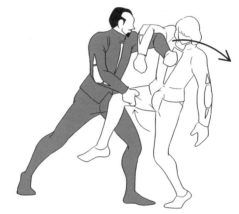

5　以上段防禦封鎖慣用手

右圖是憑著從前維京人使用的盾牌
封鎖對方慣用手之場景的想像圖。
先以盾牌插進對方腋下封鎖住慣用
手，並施以刺擊。即便是後來那種
綁在手臂上的盾牌，同樣也可以用
這招。

插股抛投
Throw with a Hand Between the Legs

出典：Ringeck/Tobler, pp. 281, 284, 285.

　　這是單手插入對方大腿間將其抛投的投擲技。此處雖以托布勒的解釋爲準，不過原文其實是作「舉到肩頭上」抛投。話雖如此，「舉到肩頭上」這句話並不一定就是指扛到肩頭上，所指究竟爲何仍無從得知。

1

雙方互相揪住手臂。

2

師父踏出左腳，左手穿過弟子胯下捉住腰際。

3

右手向外拽使弟子身體失去重心，左臂舉起弟子身體抛投。

4 反制

師父正要舉起來的時候，弟子雙手插進師父腋下、把師父的身體往上抬。

5 反制的反制

弟子伸手插進師父腋下正要把師父抬起來。

6

師父以逆時針方向轉動身體，右手由內往外鑽過弟子手臂下方、放在弟子背心處。

7

右手押住弟子肩頭，絞鎖弟子肩膀。

腰投
Huf

出典：Wallerstein, pl. 36. Dürer, (Ringen) No. 5. Auerswald, pl. 24.

　　所謂腰投就是以我方腰部爲支點摔投對方，本項要介紹的是雙手捉住對方手臂的投擲技。另外本書雖然並未收錄，但另外其實還有個相當類似的招數名爲「水平投擲第三」（Drit Twirch Treib：Wallestein, pl. 38. Durer, (Ringen) No. 105.）。除此之外，這招也有左右兩種版本。

1

弟子從外側捉住師父雙臂。

2

右手放開，鑽過師父右腋下方。

3

雙手捉住師父手臂，右肘外張
抵住師父身體。與此同時，右
腳踏在師父背後。

4

雙手執住師父手臂快速往回
扯，讓師父坐到腰盤上然後將
其拋投（雖然插畫裡面看不出
來）。

5　其他版本

這個版本的腰投並非以雙手捉住師
父手臂，而是右手抱住對方身體拋
投。因為雙方是屁股碰屁股，所以
奧斯華德管這招叫作「Zwo Huffe」
（兩個屁股），英語則作「Cross
Buttock」（屁股投擲）。奧斯華德
的插畫雖然沒有畫清楚，不過弟子
的右手似乎挾著師父的左臂。

頂膝蓋窩
Strike Against the Knee

出典：Wallerstein, pl. 37. Dürer, (Ringen) No. 104.

相信許多小朋友玩鬧的時候都會頂別人的膝蓋窩吧。這招就是先繞到對方身後，再利用頂膝蓋窩的動作將對方弄倒。

1

師父正要對弟子施以投擲技。

2

弟子轉動身軀繞到師父後方，牢牢鎖住師父脖子並且頂向師父膝蓋窩、將師父扯倒。

3 攻擊落空的時候

師父挪動膝蓋躲開了弟子的攻擊。
於是弟子左手放開脖頸，利用身體
全部的重量將師父往後拉，左手則
敲往師父的膝蓋窩。

4

師父往後倒的時候右手順勢向後
拉，翻過弟子身體往後摔投。

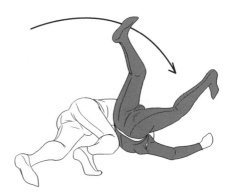

水平投擲第四
Horizontal Stance 4

出典：WAllerstein, pl. 40. Dürer, (Ringen) No. 82. Talhoffer(1467), pl. 204.

先前偶爾會提及的「水平投擲」其實是瓦萊爾斯泰因抄本裡面的一系列投擲技，共有七招，可是這七招之間的關聯性非常薄弱，至今仍不知道爲何瓦萊爾斯泰因抄本要將它們歸爲一個系列。「Horizontal Stance」此語是札賓斯基的譯語，原文作「Twirch Treib」，現代德語他則是譯作「Zwerchstellung」，因此我們可以將此語作「橫立」、「水平位置」解釋。倘若以此類推，或許也可以作「使對方向橫摔倒的投擲技」解釋。

1
師父從內側捉住弟子雙臂。

2
放開右手，牽著弟子的左手繞行少頃。

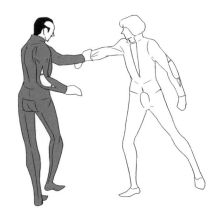

3

看準弟子破綻，右腳踏在弟子右腳後方，同時右肘毆擊弟子肩頭。原文寫到以手肘攻擊「肩膀後面」，不過插畫裡畫的卻是肩頭。

4

順勢以手肘押住弟子肩頭，將弟子往後摔倒。

5　其他版本

塔爾霍夫版不是用手肘，而是用手掌去推押肩膀。

下段掬投
Ander Stücke: Over the Arm Leg Lift

出典：Talhoffer(1459), 53r. Talhoffer(1467), pl. 192. Meyer, p. 245, 3.15v Knight/Ringen-Dagger, p. 46. Auerswald, pl. 3.

這招是伸手越過對方手臂、扛起對方的腳投擲的技巧，跟「摔角技40肘撞擊腕」相當類似。奧斯華德版這招捉的不是手腕，而是手肘附近。瓦萊爾斯泰因抄本的「水平投擲第五」也被視為是這招的其中一種，它跟下段掬投有兩點不同處，一是它是從外側捉住對方的腳，二是它並非扛腿摔投，而是固定對方腳部再將其推倒。

1
弟子捉住師父右腕。

2
將師父右腕往後拉，右手越過師父手臂。

3
右手從內側捉住師父右腳，扛起摔投。

練習用的道具 1

　　武術當然要練習，那麼當時使用的究竟是什麼樣的練習道具呢？出人意料的是，許多武術指南書幾乎都沒有提及這些練習用的道具。那是因爲練習該使用什麼道具在當時是毋庸贅言而且理所當然的常識，當時的安全標準概念跟今日也有相當大的出入。本項專欄便就武器、防具等項目進行解說。

1‧武器

　　練習用武器經常不留痕跡地出現在許多武術指南書裡面。大多數的練習用武器都是模擬該武器形狀的木製道具，突刺部位經常都是用球形構造來替代。這個球狀構造通常使用木製或皮革材質，尖端均施以特別處理以避免刺傷。其次，有些劍士也建議說要將練習用瑞士戟等道具的頭部塗成銀色，盡可能使其外觀趨近於眞正的武器。除此之外，當時似乎也會使用短棍或長棍作爲槍與步兵長矛的練習用道具。

　　塔爾霍夫等人的武術指南書可以發現有種護手特別寬的劍，其所記載的正是練習用長劍。當時德語稱其爲「Schirmswert」或「Schirmwàfen」，似乎是個有別於其他練習用武器的特殊道具。

　　這把劍的劍柄跟普通長劍沒有兩樣，劍刃部位的剪影則是接近四角形。其外觀上最大特徵便在接近護手的劍身根部，有名爲「盾（Schilt）」的突出構造，推想其目的應該是用來調整劍身的配重。

　　這把劍的厚度也很是特別，在接近劍尖處急遽地變得輕薄，這是爲了在使出刺擊時避免劍身彎曲造成受傷而設計的。相反地由於劍身太過柔軟，因此這把劍也有不適合用來練習「捲」等技巧的缺點。（下接P.257）

■藏於大都會美術館的練習用長劍

刃長：103.5cm
柄長：24.1cm
護手寬：22.2cm
「盾」長：9.5cm
「盾」寬：6.9cm
劍寬：2.5cm
刃厚：（護手處）0.3cm、
　　　（劍尖）0.08cm
重量：1.3kg

體落
Forward Throw over the Leg

出典：Wallerstein, pl. 69. Dürer, (Ringen) No. 9, 61. Talhoffer(1467), pl. 202. Auerswald, pl. 15, 69.

　　這招跟柔道的體落有些許微妙的不同，但由於施技方法類似，故以此為名。這招是利用對方推押而來的力道將其拋投出去。

1

師父朝弟子胸口推押而來。

2

弟子雙手捉住師父右臂，右腳大步向前跨出。

3

使力捩師父的手臂，將師父翻過右腳摔出去。

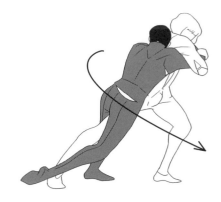

4　其他版本

塔爾霍夫版是以左手拉扯師父右手，右手捉住師父腰部拋投。

5　短腰投

奧斯華德版是將塔爾霍夫版改為腰投。奧斯華德稱這招為「Kurtze Hüfte」，並將其定位為先前介紹的「腰投」的簡易版本。

水平投擲第七
Horizontal Stance 7

出典：Wallerstein, pl. 70, 71. Dürer, (Ringen) No. 10.

　　本項要介紹的是上半身拉扯對方手臂、下半身卻固定其腳步藉此將其摔倒的招式以及其反制技，然後還有該反制技的反制技。

1

弟子左手從外側捉住師父右臂。

2

用力將師父手臂往後拉。

3

右手置於師父右膝。

4

繼續將師父手臂往後拉，右手
則限制師父腳步動作將其摔
倒。

5 反制

弟子正要向師父使出投技。

6

師父左手捉住弟子顏面，大姆
指從下方勾住弟子的鼻子，然
後向弟子推押解開招式。

7 反制的反制

看見師父伸手往臉部推過來，
弟子放開左手改捉住師父左
腕，然後右手捉住師父左肘下
方。

8

雙手像是要把手臂抬起來似
的，固定住師父的肘關節向前
帶。拉動師父手臂的同時，右
腳踏在師父跟前，將師父絆
倒。

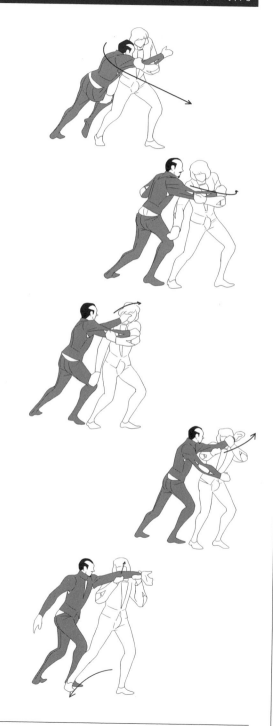

肩車
Throw over the Shoulder

出典：Talhoffer (1459), 51r, 51v. Wallersein, pl. 72, 73. Dürer, (Ringen) No. 12, 13. Knight/Ringen-Dager, p. 76.

　　這是將對方扛到肩膀上摔投的招式。瓦萊爾斯泰因抄本說這招適合用來對付臂展較長的對手。塔爾霍夫則稱這招爲「穿透」，因爲這招是穿過對方手腕下方將其拋投的招數。

1

弟子捉住師父手臂不放並且繞著師父移動腳步，或推或扯以待師父露出破綻，然後趁對方一不注意用力拉扯，使師父失去身體重心。

2

迅速壓低身體鑽進師父手臂下方，右手捉住師父右腳。

3

順勢扛起師父，往反方向投擲。

4　反制1

「鑽到對方身體下方」這招與「擒抱」性質相同，因此可以使用相同的反制技對付。弟子捉住師父正要把師父扛起來。

5

師父箍住脖子揪住弟子。雖然原文並未記載，不過此時師父很可能已經出力在絞鎖弟子的頸部了。

6

右腳向後直伸、甩開弟子掌握，將身體的重量壓在弟子身上。這時師父要牢牢捉住弟子，以免讓弟子繞到後方，或者讓弟子站起身來而沒有壓制在地。

7　反制2

弟子伸手要捉，師父往橫避開並且繞到弟子背後。

8

右手押住弟子的頭，左手捉住腰部將弟子抱起來摔投。

當胸壓制的反制技
Counter to the Chest Press

出典：Wallerstein, pl. 74, 75. Dürer, (Ringen) No. 14, 31.

　　前面提到過，從上方捉住對方、以體重壓制對方的技巧，可謂是對付擒抱等從低空鑽近身的招數的慣用伎倆，本項則要解說如何對抗這種壓制技巧。其次，瓦萊斯泰因抄本的pl.75前半段有提到當對方臂展較長，而且力量強到我方無法使用其他招式時，可以拗折對方手指藉以脫逃對方壓制掌握。

1

這是對付前項所解說絞首壓制的反制技。師父捉住弟子頸部正要壓制弟子。

2

弟子作勢要捉住師父的身體或腳，同時使盡全力前後晃動身體。

3

趁隙捉住師父手臂。

4

仍舊捉緊手臂，彷彿從下方探出頭來似地伸長脖頸與腳、旋轉身體，順勢將師父壓在身體底下。

5 　其他版本

這次師父按住了弟子胸口（或腹部）。這個姿勢就跟前項介紹的擒抱反制技相同。

6

弟子緊緊捉住師父手臂。

7

捉住師父的手然後一口氣蹲下來。趁師父往前倒的時候，頭部頂住師父的腹部往上翻、將師父向後摔去。

背負投
Shoulder Throw

出典：Wallerstein, pl. 78, 79. Dürer, (Ringen) No. 10, 18. Knight/Ringen-Dagger, pp. 93, 94.

　　背負投是柔道與摔角的常用技巧，是將對方背在背後摔出去的招數。本項介紹的是與過肩摔類似的投擲技。

1

師父左手捉住弟子右手。暫時先觀察狀況，前後拉扯弟子右臂。

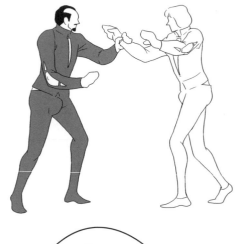

2

瞬間轉動身軀，仍然拉著弟子右臂。接著雙手捉住弟子手臂，把弟子扛在肩頭上，翻過我方身體向前拋投。

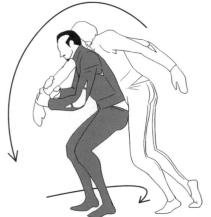

3 反制

師父要將弟子摔出去的時候，弟子立刻坐低身軀，用沒被捉住的那隻手插進師父大腿中間、捉住師父的腰。

4

直接將師父扛起來，把師父的腦袋往地面撞去。或者也可以不把師父扛起來，用腳踏師父膝蓋後邊使其倒地。

巴投
Stomach Throw

出典：Wallerstin, pl. 81. Dürer, (Ringen) No. 21. Talhoffer (1459), 57v. Talhoffer (1467), pl. 207. Knight/Ringen-Dagger, pp. 87-89.

　　這是早在古埃及王朝便已經存在、非常普遍的技巧，利用主動倒地的勢頭帶動對方、破壞對方身體平衡，用腳將對方踢起來翻摔。瓦萊斯泰因抄本將其定位為力量強大的對手向我方衝過來的時候使用的招數，對速度的要求相當地高。塔爾霍夫將這招稱作「Der Buoben Wurff（孩兒摔）」，大概是因為這招是小孩（初學者）與敵人糾纏遭押倒的時候會使用的招數，又或者是有「騙小孩」的涵意也未可知。

1

弟子捉住師父使勁推過來。師父也反過來緊緊捉住弟子手臂。

2

如果對方想要抽身，師父便單腳抵住弟子腹部。

3

師父向後躺將弟子連帶拉倒，
雙腳併攏抵住弟子腹部。此時
注意要盡量將膝蓋靠攏。

4

雙腳將弟子往上踢、翻過頭頂
摔出去。插圖裡雖然是雙腳，
不過也有單腳的版本。

5　反制

師父欲使出巴投可是動作不夠
俐落，留給弟子反應的空間。
弟子趁隙橫移避開師父的踹
擊。

6

膝蓋順勢往師父胯下招呼過
去，進行壓制。

打擊反制技1：向後翻投
Back Lever Throw

出典：Wallerstein, pl. 128, 129. Dürer, (Ringen) No. 48, 49. Knight/Ringen-Dagger, pp. 109, 110.

　　接下來介紹的是對付敵人打擊攻擊的反制技，這是先前介紹過的拱足後翻的應用技巧。奈特認為這招不需要捉住對方手腕，所以對刺拳等小動作拳擊也頗有效果。

1
從內側卸開弟子拳擊。

2
腳步踏在弟子腳後跟。

3
用先前揮開弟子拳擊的那隻手推向弟子胸口或頸部，將弟子翻過師父大腿往後翻摔。

打擊反制技2：擒腕擊腹
Body Blow with Arm Bind

出典：Wallerstein, pl. 131. Dürer, (Ringen) No. 51. Knight/ Ringen-Dagger, p. 112.

　　這招是抱住對方手臂封鎖其行動並施以反擊。長劍等武器也有類似的招數。

1

擋開對方的拳擊。

2

用撥開拳擊的那隻手由外往內圈住弟子手臂，抱在腋下。

3

立刻揮拳毆擊對方心口。

打擊反制技3：上段鎖匙固定技
Upper Key

出典：Wallerstein, pl. 136. Dürer, (Ringen) No. 94.

　　這招是先擋住對方從上往下揮擊的拳頭，然後以關節技絞鎖其臂。將對方手臂拗成接近直角的角度，是這招的重點。

1

右手擋住弟子揮下的拳頭。

2

迅速捉住弟子手腕拗扭。

3

左手抵住弟子手肘，以推倒對方的勢頭往前推押。同時左腳踏到弟子右腳前方，扳折弟子手臂向前摔投。

摔角技57

四字固定技
Figure 4

出典：Wallerstein, pl. 137. Dürer, (Ringen) No. 95. Knight/Ringen-Dagger, p. 116.

　　一般人聽到四字固定技的時候通常會想到絞鎖腳部的固定技，其實四字固定技中世紀歐洲主要是以站立狀態鎖住對方手臂的招式，是鎖匙固定技的一種。其他像「木村固定技（Kimura）」也是類似的招數。

1

先擋住弟子向下揮擊的拳頭、招住手腕，然後捉起弟子的手腕往後押。

2

左手從後方繞過弟子手臂，捉住自己的右手。

3

右腳踏在弟子腳後跟，然後左手前臂從下方往弟子前腕向上施壓，雙手則繼續捉住弟子腕關節向下押。順勢將弟子往後摔，折斷弟子手臂。

拉扯的反制技
Counter against Pull

出典：Wallerstein, pl. 95, 96. Dürer, (Ringen) No. 115, 116. Talhoffer (1467), pl. 216.

瓦萊斯泰因抄本（跟杜勒）有介紹到一連串反制的戰略。這些幾乎都不是攻擊對方，而是講究如何閃躲對方動作的招式。本項便選擇其中當力量較強的敵人要將我方拉近身去時的應對方法進行介紹。

1

弟子捉住女弟子兩腋下方要將她拉近身來。

2

女弟子右手往後面甩，同時左手繞過弟子頸部。

3

女弟子以身體左側靠向弟子，左腳去勾弟子的右腳。接著可以使出腰投，或者繞到弟子的背後去。塔爾霍夫則是將這招當作擺脫折臂固定技的招數使用。

4　反制

抬起女弟子勾住的那隻腳。

5

抬起來的腳踩踏在女弟子另一隻自由的腳上，接著身體前屈，將女弟子推開。

上肩折臂技
Frontal Over-the-Shoulder Straight Armbar

出典： Wallerstein, pl. 126. Dürer, (Ringen) No. 46, 35, 37. Talhoffer(1459), 56v. Talhoffer(1467), pl. 203, 209, 216-218. Auerswald, pl. 26.Fiore(Getty), 6v.

　　這裡要介紹的是如何在對方捉住我方後領的時候折斷其手臂的方法。德式摔角術似乎比較偏重於如何將對方摔投出去，而不是絞鎖對方手臂。塔爾霍夫則稱這招叫作「碎肩」。

1

師父左手捉住弟子後領，弟子左手捉住師父肘關節附近、限制其動作，右手置於師父左手外側。

2

右手越過師父左臂捉住自己的右腕、將師父手臂向下押，同時快速轉動身軀拗折師父手臂或是將師父往前摔投。

3　碎肩

在塔爾霍夫版的版本裡面，弟子右手鎖住師父手臂的同時，左手也拉住師父右臂。在攻擊師父肩膀的同時，以腰投的要領將師父拋摔出去。

4 其他版本

此圖介紹的是如何以第一種版本使出投擲技。

5 反制

抬起弟子的腳，破解弟子的招式。

6 碎肩的反制技

為配合原作的插畫，此處改以師父對弟子施以碎肩。

7

弟子順時針轉動身體，左臂箍住師父脖子。另外在轉動身體的同時，右手拉住師父左臂，將師父靠在自己的腰際拋投出去。

剛巴洛拉
Gambarola

出典：Fiore(Getty), 7v. Dürer, (Ringen) No. 93. Talhoffer (1459), 54v. Talhoffer(1467), pl. 194.

　　剛巴洛拉是雙臂仍舊維持扭打狀態，利用身體壓制然後投擲的技巧。畢竟這招並沒有捉住對方的身體，使用難免會有些許的不穩定。是故，菲奧雷也說「這並不是個能夠確保百分之百安全的招式」，如果真要使這招的話，也要盡可能以最快的速度、最大的力量施行。塔爾霍夫有招叫作「Hinder Tretten（後翻）」，據說就是剛巴洛拉的改良技。剛巴洛拉這個名字本身就是「絆」的意思，所以這應該是招用腳絆倒對方的招式。

1

雙方扭抱在一起。這個時候師父的右手越過弟子左臂上方，左手則是從弟子右腕下方鑽過。

2

師父快速移動向前，右腳踏在弟子右腳後跟。

3

轉身將弟子翻過大腿摔投出去。

4 　後翻

這是塔爾霍夫版的招式。師父捉住弟子左腕以確保順利將弟子摔投出去。

擒肘掃腿
Foot Sweep with the Armlock

出典：Auerswald, pl. 27.

採取掃腿攻擊的招式其實形形色色，本項要介紹的是先絞鎖肘關節然後再使出掃腿的凶狠招數。

1

弟子趁師父伸手要捉住自己身軀的時候，用手臂箍住師父雙臂；這時弟子右手抱住師父左肘、左手抱住右肘，絞住師父的雙臂。

2

接著絞住師父手臂往上提。

3

待師父吃痛站直身子的時候出腿去勾絆師父，然後趁師父倒下之際利用自身體重將師父雙臂折斷。

練習用的道具2

2．防具

當時幾乎沒有關於防具的記錄，就連武術指南書插畫中的登場人物也完全沒有穿戴防具類的東西。

從前中世紀的騎士在訓練的時候也會穿著鎧甲，但是後來似乎就漸漸不再穿鎧甲練習了。除了經濟方面的理由以外，穿戴防具看起來很遜也是可能的原因之一。1553年的某位那不勒斯人曾經記載到有群表演闖頭槍的賣藝者，他們將鎧甲穿在衣服底下以避人耳目，頭頂戴的帽子則是有個可以將護目罩放下來的開關。

此外，當時已經會穿著皮衣，或許插畫中的確有使用防具只是看不出來而已，也是可能的理由之一，不過「由於製作武器時已經考慮到安全，因此即便有點危險還是故意不穿戴防具、以免妨礙活動」的可能性還是比較高。

3．其他

其他訓練用道具包括：

木馬：木製的馬，通常附有模擬馬鞍的座位與馬鐙。除練習躍上馬背的動作以外，亦可使用於騎馬戰鬥訓練，因此馬身通常做得比真馬稍低，以免受傷。其次，當時也會利用馬鞍部分練習特技動作、飛越馬鞍的動作，藉以培養敏捷性與平衡感，因此這個道具可以說是現代機械體操鞍馬、跳馬的祖先。

有些木馬會在馬腳部位設置車輪，這是用來進行突擊訓練的道具，以人力拖拉使用。

木樁：從羅馬時代流傳下來的傳統訓練道具，相當於現代的拳擊沙袋。訓練時是以這木樁為敵，再持木劍等武器擊打或是進行攻擊距離的練習。儘管當時圖畫中的木樁看起來固定得很是牢靠，不過經過現代實驗發現，如果沒有留點空間讓木樁可以稍微晃動，將會對練習者手腕造成極大的負擔。

沉動的投槍：為掌握投擲長槍之要領藉此鍛練肩部肌肉。

岩石：當時會透過扛舉或拋擲各種巨岩以鍛練肌肉。

棒：與其說是長短棍類的武器，反而比較像是透過揮擊舞動藉以鍛練手臂肌肉的長棒。

樓梯：當時有則說法建議當碰到雨天等無法在戶外活動的時候，可以透過衝刺上下樓梯來鍛練腿部；換句話說，晴天進行的想必就是長跑之類的訓練了。

祕技
Verporgenes Stuck

出典：Wallerstein, pl. 109. Auerswald, pl. 6, 7.

　　根據瓦爾萊斯泰因抄本記載，這招「不是誰人都能理解的，遂記載於此。是故，稱爲祕技」。原文的解說也寫得不太清楚，雖然有可能是錯誤的，但奧斯華德也有個招式與其相當酷似，故判斷這個招數確實有存在的可能性。有左右兩種版本。

1
師父右手揪住弟子衣領、左手捉住弟子右腋正要使出拋投。

2
弟子右手捉住師父右腕。

3
扭住師父右腕。

4

左手捉住師父右肘往上推。

5

推到一定的高度以後，接著再用手肘或前腕將師父手臂往下押。此舉是使師父右腕保持在彎曲的狀況下使其往內側旋轉，可能只是折臂固定技，也可能是要絞鎖手腕也未可知。

6　其他版本

此圖特別調換攻守雙方以利讀者觀察。奧斯華德版首先是用左手抱住弟子右手、封鎖其動作，然後再用右手將弟子左手肘拽起來、將手臂向內側拽，把弟子的肩膀給卸下來。

胯間鎖腕
Arm Hold between Legs

出典：Talhoffer (1467), pl. 217. Anglo, p. 183 (Egenolff, 1531, sig. L. 4.), p. 183 (Erhart, 1533, fol. 110v)

將對方的單手穿過雙腿中間封鎖其動作的固定技。

1

師父雙手捉住弟子右腕，由外往內扭、往高處吊。

2

接著師父繞到弟子背後，將弟子右腕穿過弟子雙腿中間。

3

師父左手捉著弟子右手往上拉，同時右手則按住弟子頸部封鎖其動作。

4 其他版本

這個版本當中，師父讓弟子坐在右手上面將其抬起來。按在弟子頸部的左手則是向後拉而不是向下押，讓弟子無法使用左手。

第3章

短劍

短劍概說

> 我乃短劍，高貴而熱愛格鬥的武器。唯有深知我之欺瞞與技藝者，方可得知武術之真髓……任何鎧甲任何技藝在我面前都是無力的。
>
> （Fiore dei Liberi）

　　儘管現在經常被搞混，但其實短劍跟短刀（Knife）就實質來說是兩種不同的東西。一般來說，短劍是純粹戰鬥使用的武器，而短刀則是應該分類為日常生活使用的道具。可這既不是說短刀完全無法拿來作戰鬥使用，也不是說短劍的技術無法應用在短刀之上。是故，本書遂將這些短刃一概視為短劍稱呼。

　　從前中世紀時代，無論男女老幼或階級身分，人人都會在日常生活當中隨身攜帶短劍或短刀。除防身用途以外，還可以用來調理食物、整理儀容或是做些簡單的作業，可謂是萬能的生活必需品。

 ## 短劍的語源

　　據說短劍（Dagger，中世紀英語作Daggere）此語是源自意為「突刺・貫穿」的法語「Dague」一詞。「Dague」語源不明，不過有趣的是當時德語作「Degen」（塔爾霍夫稱Tegen）、中世紀義大利語作「Daga」，在這幾個地理條件、文化條件都各異其趣的地方，其用語竟很顯然地也有著相同的起源。

　　像「劍」這個單字就可以分成日耳曼語系（如英語的sword）和拉丁語系（如法語的Epee）兩個系統，從這裡就不難看出「Dagger」這個單字的演變過程有多麼地特殊。

　　其次，「Dagen」在現代德語裡面是「劍」的意思，這是1500年前後不

知爲何「Dagen」的字意從「短劍」變成了「劍」，由「Dolch」這個字取
代成爲「短劍」。

 ## 短劍的規格

　　至於中世紀短劍的刃長，短的僅數公分而已，長的則可達75cm之譜。
長度30～40cm、重量200～400g的短劍最爲普遍。

　　過去的眾家劍士也曾經對理想的短劍刃長發表過意見。菲奧雷與菲利
波‧瓦爾迪認爲短劍應該長到手肘處，也就是說拿著短劍的時候劍尖及於肘
關節的長度（與前臂等長，約30～40cm）爲佳。德國的塔爾霍夫說「刃長
4手」最爲理想。所謂「手」就是以手掌寬度爲基準的長度單位，1手＝約
10cm，也就是說刃長40cm是理想的長度。另一方面，17世紀的英國人斯威
特曼則認爲2英吋（55.8cm）最理想。

　　那麼，刃部又以何種形狀爲好呢？雖然現在普遍認爲短劍屬於雙刃，但
當時的短劍除單刃、雙刃可以說是理所當然的選項以外，甚至還有無刃的、
劍尖爲三角錐狀直到中段才變成雙刃的，可謂是五花八門形形色色都有。不
過劍身形狀倒都是筆直的，沒有像阿拉伯世界的阿拉伯匕首那種彎曲的形
狀。

 ## 短劍的握持方法

　　正如同先前所提到短
劍此語有「突刺‧貫穿」
之意，實際的使用方法也
是以突刺攻擊爲主，而當
時的短劍術最大的特徵，
就是小指頭握最靠近刃部
的「反手握」短劍握持方
法。

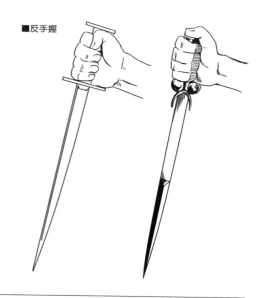

■反手握

■正手握

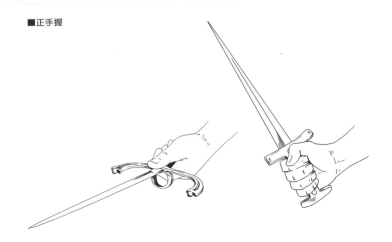

　　現代的短刀術都說大姆指最靠近刃部的「正手握」最為有利，其他以中世紀短劍為主題的實驗也已經證明了正手握法的優勢。那麼，為什麼將短劍術當作實戰武術使用的中世紀時期，使用反手握法的情形會比正手握法來得多呢？

　　其實這與技術性的理由完全無關。原來當時的歐洲是將短劍配帶在右側腰際，左腰際要掛長劍、已經沒有空間再掛短劍，而且為了要在無法拔出長劍應敵的狹窄空間、抑或是突遇奇襲慌忙之間，將短劍掛在右腰比較能夠在狹窄的地方快速將劍拔出。如果用右手將掛在右腰的短劍拔出，自然而然就會變成反手握劍了。

■一般配戴短劍的方法

身體前方　　　　　　身體前方＋腰包　　　　身體側邊

短劍術

　　短劍是中世紀最令人畏懼的武器之一。價格平易近人容易入手，而且攜帶方便容易收藏。它跟長劍還有個不同處，那就是從拔劍到刺出短劍幾乎花不了什麼時間。即便在戰場上，也經常可以看到騎士穿著價格昂貴、以現代來說就是跟一台跑車等值的高價鎧甲，卻被幾百塊就買得到的短劍一擊擊倒。中世紀的人們在人物、地點、時間等各種不同的狀況中最常遭遇到的武器，便是短劍。

　　那麼，實際的短劍術又是個什麼樣的技術呢？當時的武術指南書為短劍的使用技術設想了兩種明顯不同的狀況：我方持短劍以及徒手兩種狀況。現在的傷害事件固然如此，使用短劍的戰鬥在中世紀同樣也是非常突發性、轉眼即逝，受到攻擊的一方往往連短劍都還來不及拔出來。角鬥士武術指南書裡面彷彿複製貼上似地頻繁寫到「當你的手還沒捉到短劍，而對方～過來的時候……」，可謂反映出了當時嚴峻的環境。

　　話雖如此，如果身上沒有帶把短劍的話，那麼面對持短劍的敵人就只有一種戰法：使對方的短劍失效並將其奪取而已。菲奧雷說過「如果判斷對方持有短劍，就應該迅速催動手掌、手臂、手肘對抗。必得使盡全力奪取對方短劍、打擊對方、折斷對方手臂、封鎖對方行動、將其往地面翻摔」；正如這段話所示，所有武術指南書都認為短劍術與摔角術兩者的關係非常密切。甚至我們可以說，所謂短劍術其實就是手裡拿著短劍的摔角術。

身體側邊＋腰包

臀帶（14世紀）

後腰

除此之外，短劍還可以搭配其他武器或防具使用。最常見的使用方法將短劍當作輔助性武器左手持用，不過文獻中也有記錄到其他像是短劍與盾、雙短劍等使用方法。

西爾弗的短劍術

英格蘭短劍術思想頗異於歐洲本土所發展出來的短劍術。根據西爾弗的主張，短劍術的基礎概念包括：

1．短劍術無所謂架式。
2．盡可能避免擒捉對方。唯有在對方負傷的時候，方才使用投擲技。
3．隨時保持移動。
4．隨時避開對方攻擊距離，並攻擊對方進入我方攻擊距離的身體部位。
5．不主動縮短距離。

從以上幾點我們可以推測，西爾弗的戰鬥方式似乎是一方面保持距離，同時以刺拳般的輕攻擊累積傷害。韋爾認為西爾弗的戰鬥法酷似於現代的短刀術，與其他地區傾向使出單一強力攻擊的短劍術頗異其趣。

為何兩者會有如此的不同，韋爾最後做出了一個結論：那是因為西爾弗的短劍術是決鬥用武術，而其他短劍術則是戰鬥用武術。不過，筆者卻認為英式武術本來就是以「安全第一」為準則，原本就有喜歡拉開距離、排斥近身戰的傾向，如果按照這條基本原理作戰，自然而然就會形成這樣的短劍戰鬥方式。

短劍的種類

以下介紹當時使用較為普遍的幾種短劍・短刀：

薩克遜小刀（Saex）

薩克遜小刀堪稱是日耳曼民族——尤其是薩克遜人——代名詞的短刀。就連撒克遜人這個名字便也是由來自這把薩克遜小刀。在歐洲大陸，這把短刀早在5世紀就被當作戰場上的武器與生活日用品廣泛使用，至11世紀漸漸不再受到使用，不過英格蘭卻是一直使用到了15世紀。

一般薩克遜小刀都是單刃，附有簡單的握柄。形狀基本上就像是較細的菜刀，可以推測使用方法也相當類似。長度方面，較小的薩克遜小刀刃身7.5cm，長的則可以達到76cm長。

維京人時代會將薩克遜小刀的刃向朝上、刀身與地面水平掛在胸口前方攜帶。

■薩克遜小刀

短線代表刀刃部位。

護手短劍（Quillon Dagger）

所謂護手短劍乃是統稱具備護手構造之短劍，中世紀、文藝復興時期使用相當廣泛。推測應該是跟作爲主要武器使用的長劍同時製作的，形狀造型就是主要武器長劍的縮小版。

因此我們可以說是理所當然地，護手短劍屬於純軍事用短劍，鮮少有人會在日常生活中隨身攜帶護手短劍。

■護手短劍

西洋匕首

（Poniard / Poignard, Parrying Dagger）

這是問世於文藝復興時期、專作輔助用途使用的短劍，據說是由前述的護手短劍發展而成。現存許多西洋匕首都是與作爲主要武器使用的長劍（尤其是西洋劍）成對製作的。其最大特徵便是橫向伸出的護手部構造，有些使用的是側邊圓弧形護手，有些使用能夠鎖住對方武器的橫叉或鋸齒刃，有些甚至還有機關的護手，種類極爲多樣。

另外，後來跟主要武器（尤其西洋劍）一併使用的輔助性武器都以「Poniard」稱呼，藉以與原來的短劍進行區別。

■西洋匕首

1590年義大利製。全長43cm，刃長30cm，重量500g。

圓盤柄短劍（Roundel Dagger）

圓盤柄短劍是中世紀戰場上使用最為廣泛的短劍。這種短劍問世於1300年～1325年間，一直到16世紀為止都有人使用。當時的武術指南書只要提到短劍，幾乎100%都是圓盤柄短劍。

正如其名「Roundel」（圓盤）所示，其最大特徵便是那圓盤狀的護手。初期短劍原本只在靠近劍身處設有一個圓盤護手而已，但是過沒多久很快又在柄頭部分多了另一個圓盤護手，並從此固定成為圓盤柄短劍的基本造型。據說這個圓盤狀護手的真正作用並不是要保護手腕，而是要避免刺向對方的時候手滑掉。法語稱「Dague a rouelle」，德語稱「Scheibendolch」，都是取自它那極具特色的圓盤狀構造。

這種短劍在1450年前後圓盤變得益發巨大、不便正手握持使用，而劍刃本身也變得更為細長，據說這是為了將短劍送進鎧甲縫隙並且貫穿底下鎖子甲自然而然的演變。至於劍刃種類則是千差萬別，各種劍刃構造都有。

一般認為圓盤柄短劍是種純軍事用途的短劍。

■圓盤柄短劍

睪丸匕首（Ballock Dagger / Bollock Dagger）

睪丸匕首是種劍柄造型極富特色的短劍。法語也與英語同樣，稱為「Dague a cuilettes」。英國維多利亞時代的研究者因為羞於啓齒說出「睪丸」而將其命名為「腎形匕首」，這個名稱如今也仍然相當普遍。

這種匕首首見於1300年前後，直到17世紀末為止都很受歡迎愛用。或許這種睪丸或男性性器造型看起來很詭異，不過西班牙語就會以「睪丸很大」的說法來形容「有勇氣」，因此這種短劍很可能有著類似的涵意。再者，經常可以看見人物將睪丸匕首掛在兩腿中間，這大概是中世紀風格的幽默吧。

這種短劍主要作日常生活防身用，不過騎士

■睪丸匕首

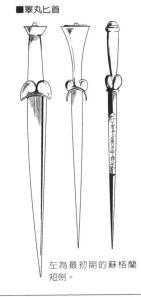

左為最初期的蘇格蘭短劍。

有時候也會在戰場上使用。此外，蘇格蘭的傳統武器蘇格蘭短劍（Dirk）便也是由這個睪丸匕首發展而成。

巴賽拉劍（Baselard / Basilard / Bassler）

　　巴賽拉劍乃以瑞士短劍而聞名。這是據傳發祥於瑞士巴塞爾市[註1]的其中一種短劍，自13世紀後半期以後廣泛受到義大利、德國南部、英格蘭等地的軍民使用。其次，畫家小漢斯・霍爾拜因[註2]常常在作品裡面畫到這種短劍，因此又稱「霍爾拜因短劍」。

　　「工」字型劍柄乃巴賽拉劍的重要特徵，後來這個設計更穿越了時代、受後世流傳繼承。後來納粹德國親衛隊裝備的短劍，也可以歸為巴賽拉劍一類。

■巴賽拉劍

註1：巴塞爾（Basel）：瑞士北部巴塞爾城市半州首府，位於萊茵河畔，比爾斯河及維瑟河口，法國、德國與瑞士交界處，據瑞士萊茵蘭的入口。巴塞爾大學是瑞士的第一所大學。

註2：小漢斯・霍爾拜因（Hans Holbein, the younger）：德國畫家、製圖師和設計師，以素描的精確筆觸，肖像畫的動人寫實主義，特別是那些記錄英王亨利八世的宮廷人物的肖像畫著稱。出生於優越的藝術家家庭，其父老霍爾拜因及其叔西格蒙德（Sigmun）以他們略為保守的後期哥德派繪畫典型而聞名於德國。

短劍的架式

　　短劍的架式其實並不像長劍那般講究。之所以這樣說，是因為短劍作戰就跟摔角同樣，交戰距離和分出勝負的時間都很短，根本就沒有時間在架式上多所講究。這裡僅選出幾個少數被記錄下來的架式進行介紹。

◆ 半『鐵門』式・雙手（Mezana Porta di Ferro, Double）

　　這是個左手握刃、雙臂自然下垂的架式。根據菲奧雷表示，這個架式在穿著鎧甲的狀態下固然有效，可是不穿鎧甲卻沒什麼效果。順帶一提，這架式還有個別名叫作『盾』式。塔爾霍夫的武術指南書也有提到這個架式。

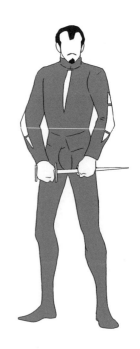

上段架式（Oberhut）

　　將短劍高舉過頂的架式。左腕置於左腿處，抑或是背在身後以免受到攻擊。

『背後』式（Back Guard）

　　這是塔爾霍夫推薦的架式，是將短劍藏在背後、讓對方不知道要從哪個方向攻擊的奇襲用架式。其原理跟白戶三平漫畫裡的「忍法・變移拔刀披霞斬」差不多相同，然而現實世界中究竟有效與否，仍然是個疑問。

格擋
One-Hand Cover and Grab

出典：Vail, p. 43, 44.

　　翻遍眾家武術指南書都只記載到這招擋住從上往下揮擊的防禦招式為「擒腕」，並無詳細解說。傻傻的只懂得正面接下成年男性使盡全力的揮擊，下場不是手腕脫臼就是根本擋不住，可以說是明擺著的事實。於是現代的研究家們便參考日本武道與中國武術代代傳承的技法，而本項所介紹的方法也是其中之一。

1

師父以左腕擋住弟子向下揮擊的力道。

2

迅速翻動手腕，捉住弟子的手腕。

短劍技2

單手下段防禦・瓦爾迪式
One-Hand Cover, Vadi fashion

出典：Vail, p. 52.

這是針對從下方往上刺來的短劍所做的防禦。這招的重點在必須以虎口擋住對方手腕，以手腕吸收對方揮擊的衝擊力道。如果只用大姆指去擋的話，大姆指就會因此而骨折。

1

以手掌擋住從下而上的攻擊，以手腕吸收衝擊力道。瓦萊爾斯泰因抄本將插畫中這種正手握持短劍、從下方刺出的攻擊稱為「義大利刺擊」。

短劍技3

上段雙手格擋
Upper Two-Hand Cover

出典：Vail, p. 48.

這是以雙手接下對方的攻擊。正如前項所述，只要善加利用手掌格擋，即便力道相當強勁的攻擊也是擋得下來的。菲奧雷表示這招雙手格擋是未穿著鎧甲狀態下的最佳防禦方法。

1

以手掌格擋。

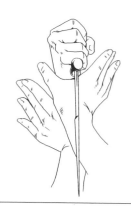

十字格擋
Cross-Hand Cover

出典：Vail, p. 49

　　所謂十字格擋就是前腕交叉擋下對方攻擊的技巧，這個方法可以補足單手防禦時對方手腕仍然能夠滑動的缺點。不過菲奧雷卻表示，這種防禦方法並不適合於未穿著鎧甲時使用；這是因為這種防禦必須使兩手交叉，勢必要在比較靠近我方身體的地方才能擋下對方的攻擊，而當時短劍劍刃普遍在30～40cm間，就算成功擋下對方短劍，劍尖仍然有可能傷及我身。

1

雙腕交叉擋下對方攻擊。

短劍技5

盾牌刺擊
Shield Thrust

出典：Fiore(Getty), 16v. Fiore(Pisani), 12r.

　　這招是趁對方攻擊的時候瞄準其掌心刺擊。菲奧雷表示這招對穿著鎧甲的對手亦頗具效果。

1

師父雙手握住短劍擺出『鐵門』式時，弟子從上向下揮擊短劍。師父瞄準弟子掌心從下往上刺去。

短劍技6

下段斬擊
Counter Cut against Unterstich

出典：Knight/Ringen-Dagger, p. 130. Vail, p. 168.

　　這是以短劍斬擊而非刺擊，可謂相當罕見的一招。

1

師父砍向弟子來自下方的刺擊。

對應法第一：擒腕
First Remedy Master: Wrist Twist

出典：Fiore(Pisani), 6r. Fiore(Getty), 10v. Gladiatoria, 33v. Talhoffer(1459), 61r. Knight/Ringen-Dagger, p. 138. Vail, pp. 62, 63.

　　菲奧雷將短劍術的基本技術稱為「Master」（師父・老師），這些基本技術的應用技術稱為「Scholar」（弟子・學生），基本技・應用技的反制技則是稱為「Counter Master」；所謂「Remedy Master」便是指用來破解攻擊技的技巧。「對應法第一」介紹的是始於左手格擋上段攻擊以後的一連串技巧。本項所要介紹的是以自身手腕為支點旋轉對方反手握持的短劍，藉以奪其短劍的技巧。

1

師父左手反手捉住弟子攻擊中的手腕。

2

接著師父將弟子的手往下帶，翻動手腕使自身手腕從下方轉到弟子手腕上方。如此師父手腕就會變成槓桿推動弟子短劍旋轉，從弟子手中奪取短劍。

3 反制

揚起短劍，脫離師父手腕。

短劍技8

對應法第一・第一應用法：鎖匙固定技
First Scholar, First Master: Key

出典：Fiore(Pisani), 6v. Fiore(Getty), 10v.

這招是在擋下攻擊以後抱住對方手腕、施以鎖匙固定技。相信各位已經相當熟悉，固定時要將對方手腕以近乎直角的角度絞鎖才是。

1

師父以左腕擋下弟子的攻擊。

2

師父左臂捲住弟子右手。

3

箍住弟子手臂以後迅速轉動身
體,此時利用左手前臂將弟子
肘關節向前推押,上臂則將弟
子腕關節附近往後推押,絞住
弟子手臂。

4 反制

見師父手臂捲將上來,弟子左
手握住右手,雙手與師父較
力。

5

合雙手之力順勢向師父使出鎖
匙固定技,短劍往師父背心戳
刺。

對應法第一・第二應用法：鎖匙固定技2
Second Scholar, First Master: Key 2

出典：Fiore(Pisani), 6v. Fiore(Getty), 11r. Dürer, (Dagger), No. 14. Diatoria, 33r. Vail, p. 66.

1

左手捉住弟子右腕，右手捉住弟子右肘。

2

逆時針方向扭轉弟子手肘，攻擊肩膀。

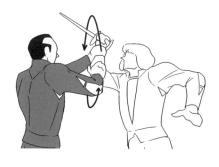

3 其他版本

韋爾則解釋說這招是要將弟子手臂往後押。

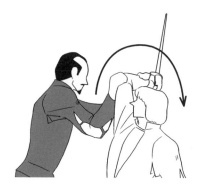

4 反制

見師父捉住手肘，弟子左手立刻捉住劍刃，同時以左手前腕壓住師父右腕，好讓師父無法扭轉自身手肘。

對應法第一・第五應用法：四字固定技
Fifth Scholar, First Master: Figure 4

出典：Fiore(Pisani), 6v. Fiore(Getty), 12r. Vail, p. 67. Knight/Ringen-Dagger, p. 55.

這是先前摔角術介紹過的四字固定技的短劍版本。

1

弟子左手擋下師父攻擊，捉住手腕。

2

右手越過師父手臂捉住自己的左腕。

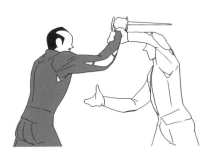

3

右腳踏在師父右腳後跟，將師父手腕往後拗折其臂，同時向後拋投。

4 反制

面對這種拗轉手腕絞鎖關節的技巧，菲奧雷的反制技非常地簡單：師父發現被固定技絞鎖住以後，左手抱住右手合雙臂之力與弟子較力，短劍直接朝弟子刺將過去。

短劍技11

對應法第一・第七應用法：上肩折臂
Seventh Scholar, First Master: Over the Shoulder Armbar

出典：Fiore (Pisani), 7r. Fiore(Getty), 12r. Talhoffer(1467), pl. 182. Knight/Ringen-Dagger, p. 153. Vail, pp. 68, 69.

當我們單手格擋對方攻擊要捉住手腕，對方勢頭較強的時候往往捉不住、手腕就滑開來了，而本項要介紹的就是在捉不住對方手腕的時候可以使用的技巧。

1

師父擋下了弟子的攻擊，卻沒能捉住手腕。

2

師父順勢將弟子的手往下推，然後在最低點雙手捉住弟子手腕。

3

轉身扭轉弟子手臂，扛上肩頭拗折弟子的手臂。

對應法第二・第一應用法：四字固定技
First Scholar, Second Master: Figure 4

出典：Fiore(Pisani), 7v. Fiore(Getty), 13r, 13v. Vail, pp. 72, 73.

　　「對應法第二」解說的是以十字格擋防禦來自上方攻擊以後的一連串招式。此處是在十字格擋之後連接四字固定技；由於十字格擋的姿勢原本就跟四字固定技相當接近，因此發招可以比較快速。

1

以十字格擋接下弟子的攻擊。

2

右手迅速繞到弟子手臂後方、捉住弟子右腕，然後一方面將弟子的手腕往後扳押，另一方面則是以右腕將弟子上臂往上頂，攻擊關節部位。

3

順勢往弟子背後踏出腳步，於攻擊肘關節的同時將其拋投。

4 反制

按照常例，把左手也給用上、雙手與師父較力。將師父的手腕往下押、往回押，以短劍刺向師父。

短劍技 13

對應法第三：翻腿摔投
Third Remedy Master: Over the Leg Throw

出典：Fiore(Pisani), 8v. Fiore(Getty), 13v. Vail, pp. 82, 83.

　　「對應法第三」解說的是如何對付來自下方的反手短劍攻擊。根據菲奧雷表示，這種發自下方的攻擊不知道葬送了多少人的性命，防禦非常困難。以下插圖弟子乃以反手攻擊，不過這招對正手攻擊也同樣有效。

1

擋住弟子來自下方的攻擊，捉住手腕。

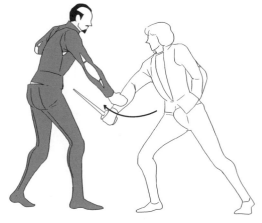

2

順勢將弟子手腕往後拉，左腳踩在弟子右腳後跟、左手將弟子往後扳倒。

對應法第三・第二應用法：折臂技
Second Scholar, Third Master: Straight Armbar

出典：Fiore(Pisani), 8v. Fiore(Getty), 13v. Knight/Ringen-Dagger, p. 152. Vail, pp. 86, 87.

韋爾在面對來自下方的攻擊使用的是以下的招數。

1

擋住弟子攻擊，捉住手腕。

2

順勢將弟子手腕往後拉，扭轉其臂。接著轉身，左手從上方朝弟子肘關節向下押。

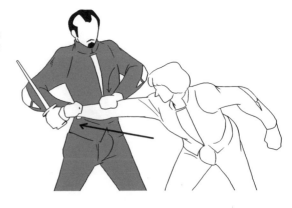

3

左腳踏在弟子雙腳前方、絞鎖
弟子肘關節，並往前摔投。當
然，折斷弟子手臂也是可行的
選項之一。

4 其他版本

菲奧雷的折臂技則是以前腕攻
擊弟子手肘。

對應法第三・第五應用法：鎖匙固定技
Fifth Scholar, Third Master: Strong Key

出典：Fiore(Pisani), 9r. Fiore(Getty), 14r. Talhoffer(1467), pl. 172. Vail, pp. 90, 91.

　　「Strong Key」乃菲奧雷的命名。根據他的說法，這招連穿著鎧甲的敵人都殺得死，而且敵人絕對無法逃過這個招式。不過所謂殺得死，其實也不是指利用這招本身的威力殺人，而是說使用這招便能任意攻擊對方的要害。

1

右手擋下弟子攻擊，捉住手腕。

2

仍舊捉著手腕前進一步，將弟子手腕推往左側。此時要注意別讓弟子的手臂伸直。

3

左手從弟子的右臂底下鑽過。

4

轉身將弟子手臂往下押，同時利用肩膀和手將弟子的前腕往上扳，攻擊弟子的手臂。菲奧雷插畫中師父舉起單手，想來應該是要在絞鎖弟子手臂以後攻擊弟子的脖頸。

短劍技16

對應法第四：腋揣折臂技
Fourth Remedy Master: Armpit Trap

出典：Fiore(Pisani), 9v. Fiore(Getty), 14v. Talhoffer(1467), pl. 175. Vail, pp. 76, 77, 92, 93.

「對應法第四」是在雙手擋住上方攻擊以後所使出的招式。

1
雙手擋下弟子攻擊。

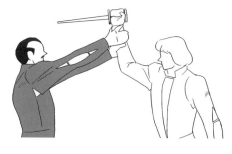

2
執住弟子手腕往下扭，同時朝順時針方向轉身。

3
揣住弟子手臂將腕部向上扳，用腋下固定弟子手肘。

4
順勢往地面壓，折斷弟子手臂或將其壓制在地。

對應法第四・第一應用法：上段鎖匙固定技
First Scholar, Fourth Master: Upper Key

出典：Fiore(Pisani), 9v. Fiore(Getty), 14v. Talhffer(1467), pl. 178. Vail, p. 95.

這是「短劍技10」的變形，以雙手捉住對方使其無法逃脫。

1

擋下師父攻擊後，將師父手腕往後上方推去，使師父手肘彎曲。

2

仍繼續將師父的手腕往後推押，再以右腕捉住師父右腕後側。從原書的插畫來看，弟子已經改變了手勢。

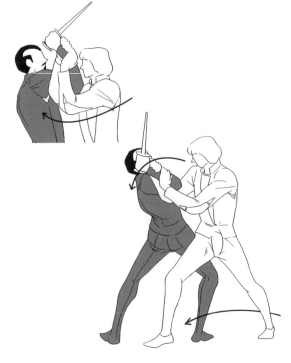

3

轉身絞鎖師父手腕。

短劍技18

對應法第四・第二應用法：四字固定技
Second Scholar, Fourth Master: Figure 4

出典：Fiore(Pisani), 9v. Fiore(Getty), 14v. Vail, p. 94.

　　與前項同樣都是「短劍技10」的變化版本，菲奧雷還曾經特別強調這招威力之強大。另外韋爾則說瓦萊斯泰因抄本乃是將這招當作對付拳擊的反制技使用（Wallerstein, pl. 137.）。

1

擋下師父攻擊並一如往常地往後上方推去，將師父的手肘彎曲。

2

弟子右手仍然捉著師父手腕，放開左手從師父右腕後方捉住自己的右腕。

3

右腳踩在師父右腳後跟，絞鎖師父手臂然後選擇要使用拋投還是將手臂折斷。

對應法第五：折腕
Fifth Remedy Master: Elbow Smash

出典：Fiore(Pisani), 10r. Fiore(Getty), 38r. Meyer, p. 246, A. Vail, p. 111.

「對應法第五」與先前招數有些許不同，講的是被對方揪住衣領並持短劍刺來時的對應方法。本項要介紹的是如何將對方揪衣領的那隻手折斷的招式。

1

師父左手揪住弟子衣領，眼看就要刺過來。

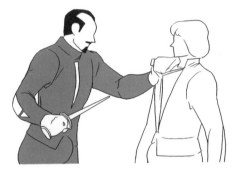

2

弟子左手捉住師父左腕向後拉，將師父手臂拉直。

3

利用前腕毆向師父肘關節，折斷師父的手腕。

短劍技20

對應法第五・第二應用法：掃
Second Scholar, Fifth Master: Wiping Away

出典：Fiore(Pisani), 10r. Fiore(Getty), 38v. Vail, p. 114.

　　這是個教人如何將揪住我方衣領的手給甩開的招數。這招跟「摔角技28」同樣，能夠將槍頭從槍柄上給卸下來（西洋長槍等武器不像日本是以柄舌將槍頭插入槍柄，而是利用釘子固定口袋狀的插管，所以卸下來也比較容易）。另外韋爾也說到，當我們遭到對方從正面絞住頸部的時候，這招也可以有效地將對方的手給甩開。

1

師父揪住弟子衣領。

2

雙手互握，舉到師父揪住衣領
那隻手的手背後方。

3

使盡全力雙手將師父的手從右
往左掃開。

對應法第五・第九應用法：折臂技

Ninth Scholar, Fifth Master: Armbar

出典：Fiore(Pisani), 11r. Fiore(Getty), 15r. Vail, p. 115.

1

師父揪住衣領。

2

弟子左手捉住師父手腕，左手朝手肘上推、將師父手臂伸直。

3

保持師父手臂伸長的姿勢將其向下扭轉，180度向後轉身。轉過身去就會來到短劍刺不到的位置。

短劍技22

對應法第五・第十一、十二應用法：奪取短劍
Eleventh, Twelfth Scholar, Fifth Master: Disarm

出典：Fiore(Pisani), 11r. Fiore(Getty), 15v. Vail, p. 116.

1

師父揪住弟子衣領。

2

雙手捉住師父從下方攻擊而來的手腕。

3

左手仍然捉著師父手腕，右手捉住短劍的劍刃，
然後向內側旋轉。

4

奪取師父的短劍。可以直接順勢刺向師父，也可
以將短劍換到左手以後再使出刺擊。

對應法第六・第一應用法：盾牌格擋
First Scholar, Sixth Master: Shield Block

出典：Fiore(Pisani), 11r. Fiore(Getty), 16r. Vail, p. 130.

　　「對應法第六」是右手持短劍劍柄、左手握劍刃藉以防禦對方攻擊的一連串技巧。本項介紹的是「對應法第六」以及其應用方法。菲奧雷則說到也可以使用「短劍技17 對應法第四・第一應用法」。

1

雙手持短劍擋住弟子攻擊。

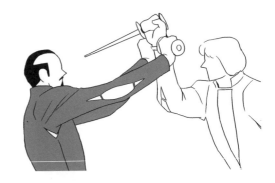

2

左手捉住弟子右手往前推，迅速朝弟子刺去。

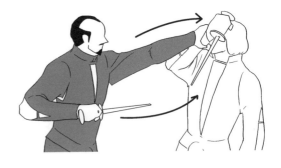

短劍技24

對應法第六・第六應用法：雙手奪短劍
Sixth Scholar, Sixth Master: Single Dagger Disarm, Double-Handed

出典：Fiore(Getty), 16v. Talhoffer(1467), pl. 182. Wallerstein, pl. 47. Knight/Ringen-Dagger, pp. 134, 135.

這是種以我方短劍壓制對方、奪其短劍的招數。奈特表示使用這招必須在向對方手腕施加壓力的同時迅速採取動作。

1

弟子擋下師父攻擊。

2

弟子前進一步，將師父手腕往回押，右手置於師父手腕上方。

3

用右手和柄頭勾住師父手腕，左手則繼續推押。以自身短劍劍刃為槓桿轉動師父短劍。

4

如果已經將短劍扭轉到底師父卻還不撒手的話，則左手將師父短劍向下押，奪取短劍。

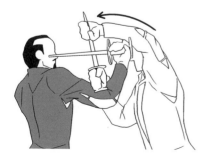

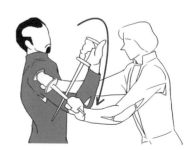

對應法第九・第六、第七應用法：胯間鎖腕
Sixth, Seventh Scholar, Ninth Master: Between the Legs Arm Hold

出典：Fiore(Pisani), 12v. Fiore(Getty), 18v.

這是將「摔角技63」應用在短劍術所得來的招數，是將對方手腕穿過胯下，將對方的手腕限制住。

1

擋下弟子的攻擊。

2

手腕被捉住的弟子怕受到反擊，遂將重心壓低、將握著短劍的手往回抽。

3

師父順著弟子的動作將弟子的手往下拉，自己則移動到弟子背後。

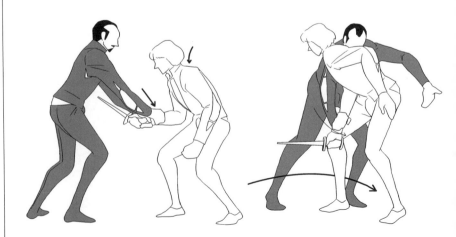

4

將弟子右手壓到兩腿中間，左手捉住弟子右手。

5

按著弟子右手並完全繞到背後，右手捉住劍刃將短劍奪取過來。

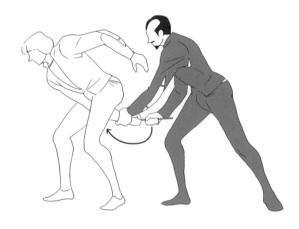

6 其他版本

菲奧雷版本中師父捉的不是劍刃而是弟子的腳，將弟子摔倒。他還說沒有反制技可以破解。

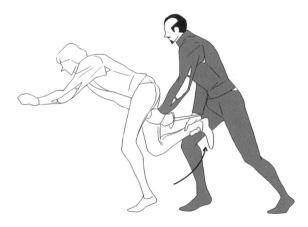

單手奪劍
Single Dagger Disarm, One-Handed

出典：Wallerstein, pl. 45. Talhoffer(1459),64r. Talhoffer(1467) pl. 170. Knight/Ringen-Dagger, pp. 132, 133. Vail, pp. 135, 136.

　　這招是「短劍技24」的單手版本。這是以自身短劍當作把手使用奪取對方的短劍，是個非常華麗卻又頗具效果的招數（似乎並不如雙手版來得安全）。韋爾是在押住對方手腕的狀態下使用這招。其次，這招所提到的『水平』式應該是個反手橫握短劍的姿勢，不過光是短劍橫握是無法擋住對方攻擊勁道的，因此現在普遍認為這是個將短劍劍刃緊貼著前腕的姿勢。

1

師父以『水平』式擋下弟子攻擊。

2

師父一方面保持雙方短劍接觸，一方面將自身短劍捲到弟子手腕上方。

3

師父捲劍以後形成以短劍勾住弟子手腕的狀態。

4

師父以扳動把手的要領向上推押、扭轉弟子短劍將其奪取。瓦萊斯泰因抄本則不作向上推押，而是用短劍勾住弟子手腕以後用力向後拉，在奪取短劍的同時折斷弟子手腕。

5

從相反方向的觀察圖。

短劍技27

變形鎖匙固定技
Upper Key

出典：Talhoffer(1459), 63v. Talhoffer(1467), pl. 172.

　　從這裡便不難發現歐洲武術是何等地重視鎖匙固定技。筆者的印象中當歐洲武術與人扭打纏鬥的時候，若對方手腕伸得較直就會使用折臂技，若是比較彎曲就會使用鎖匙固定技，這個二選一的選擇題似乎是當時近身戰鬥的基礎。

1

擋下弟子攻擊。

2

保持弟子手臂彎曲並向下扭，右手從弟子手臂下方穿過。

3

右手固定住弟子上臂，左手揪住弟子腕部施以絞鎖。

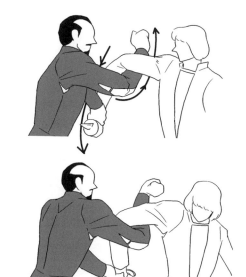

擒肘腰投
Hip Throw with Elbow Lock

出典：Talhoffer(1459), 65r. Talhoffer(1467), pl. 173, 174. Knight/Ringen-Dagger, pp. 144, 145.

這也是鎖匙固定技的一種，是在絞鎖固定對方肘關節的同時施以摔投。

1

右手卸開弟子攻擊。

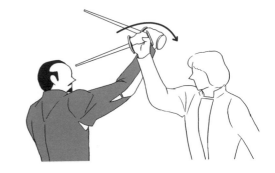

2

師父以劍刃繞過弟子手臂，並順時針方向揮擊短劍以誘導弟子攻擊。

3

繼續捲動短劍，待短劍穿過弟子手臂下方以後，左手捉住劍刃。

4

瞬間轉身、左腳踏在弟子前方，同時右前腕押著弟子前腕，以短劍將弟子上臂往前扳，再以左臂從弟子肩頭往下押，藉此絞鎖弟子手臂、向前摔投。

5 反制

讓我們將時間倒退稍許，回到師父正要圈繞住弟子手臂的時候。

6

弟子快速轉身化解師父關節技，左手捉住短劍劍刃。武術指南書雖無明確解釋為何要如此捉住劍刃，猜想此舉是為了準備全力從師父手中奪取短劍。

抬膝摔投
Knee Lift

出典：Talhoffer(1459), 66r. Talhoffer(1467), pl. 173. Wallerstein, pl. 50, 55. Knight/Ringen-Dagger, p. 137.

　　這是摔角技當中相當常見的抬腳拋投的短劍版本。這招是用短劍勾住對方大腿往上抬然後投擲，如果被一把白晃晃的短劍抵在腿上，想來也沒什麼人敢出力抵抗，所以使用這招或許會比摔角技的抬腳拋投來得更順利簡單也未可知。角鬥士武術指南書也記載有個幾乎相同的招數。

1

擋下弟子攻擊，捉住手腕。

2

順勢將弟子手腕往回推、破壞弟子身體平衡，右手短劍勾住弟子的腳。圖中勾的是左腳，其實勾左腳右腳都無所謂。

3

抬起弟子的腳向後摔投。就算沒能把腳抬起來，至少也能封鎖弟子腳部的動作，然後再直接施以拋投技。

穿刺短劍1

　　歐洲戰鬥術在進入16世紀以後迎向了一個極大的變動期：在義大利刺劍以及西洋劍問世的同時，將短劍作輔助武器與長劍並用的戰鬥方法也誕生了。此時所使用的短劍叫作穿刺短劍，或以西洋匕首等名稱呼之。

　　這個時期，德國出現了一種彷彿故意將護手削掉一半的短劍。這種武器稱為國土傭僕（註1）短劍，握持時可以用大姆指扣住劍刃，因此使用起來更加牢靠；換句話說，也就是比較耐得住敵方武器的衝擊力道。

國土傭僕短劍。瑞士或法國製。16世紀初。

　　長劍短劍並用的戰鬥方法肇始於15世紀末，1520年前後在義大利與德國極為興盛，甚至我們可以說這股風潮是乃以義大利的波隆那（註2）為其中心也並不為過。

　　講解長劍短劍並用戰鬥法的第一部解說書籍，便是1536年出版的亞奇·馬洛索的作品，他在書中將自己使用的短劍稱為「波隆那式短劍（Pugnale bolognese）」。其最大特徵便是朝著側環向內彎曲的護手，可以在我們用側環接下攻擊以後牢牢地鎖住對方的劍刃。

波隆那式短劍。北義大利製。1540～1560年。

　　側環是可以在受到對方攻擊時防止手指受傷的發明，是持短劍安全地防禦對方攻擊所不可或缺的設計。為避免對方瞄準側環刺擊穿過側環中央，後來才又多了塞住側環內側圓孔的板材設計。

　　波隆那短劍的這種設計後來也影響到了國土傭僕短劍，而有名為「殼」的護手設計取代原本的側環與護手，可以保護手指與手腕。另外這個「殼」還有許多深溝，可以卡住對方的刀劍。

改良型國土傭僕短劍。德國製。1540～1560年

（下接P.324）

註1：國土傭僕（Landsknecht）：15世紀晚期到16世紀歐洲（尤其是德國）的長槍傭兵與步兵支柱。在歐洲文藝復興時期素有萬用傭兵之稱。德文Land為國土，Knecht為僕人。

註2：波隆那：請參照P.41譯註。

剪刀固定技
Scissors

出典：TAlhoffer(1459), 66v., 67r. Wallerstein, pl. 46. Knight/Ringen-Dagger, pp. 140-142. Vail, p. 148.

這是先用十字格擋擋下對方攻擊然後再固定並絞鎖其手腕的招數，能夠給對方帶來相當大的痛苦。

1

十字格擋將弟子攻擊擋下。

2

右手短劍越過弟子右腕上方。

3

左手捉住短劍劍刃。右圖是從
師父角度看過去的正視圖。

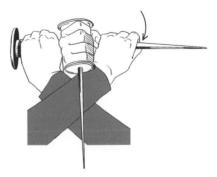

4

雙手下押，絞鎖弟子手腕。

5　反制

這是固定手肘的反制技。另外奈特也曾經介紹將短劍換到左手攻擊的方法。

6

師父搶在弟子發招前將短劍劍刃插入弟子雙臂中間，左手握住劍刃。

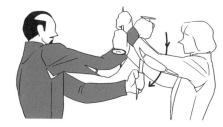

7

轉身右手押住弟子左腕，同時短劍劍刃將弟子右肘往上扳、絞鎖手腕，將弟子往前摔投。

喉輪投
Backward Throw

出典：Gladiatoria, 41v. Talhoffer(1467), pl. 181. Knight/Ringen-Dagger, pp. 74, 75. Vail, p. 150.

　　這是個捉住對方持劍手腕將其向後摔投的招式，許多武術指南書都有提到。韋爾對這招評價極高，他認為這招用在體型佔有壓倒性優勢的對手也相當有效，威力很是強大。其次，也可以將單純的按住喉頭切換成朝喉頭或下顎的拳擊與掌打。韋爾還說1942年美軍徒手格鬥教戰手冊與奧斯華德的武術指南書也有記載到類似的招式。

1

擋下弟子攻擊，捉住手腕。

2

將弟子右手往後拉，右手捉住喉頭。

3

鎖住喉嚨，右腳踏在弟子背後將其拋投。

4 其他版本

塔爾霍夫版恰恰相反，是在我方攻擊遭擋下以後
當作反制技使用。

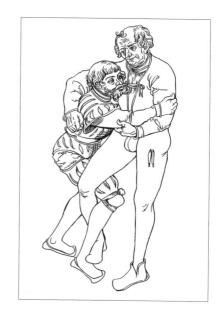

5 參考

這是韋爾所謂的奧斯華德版喉輪投。韋爾說這
招腳部動作跟柔道的「大外刈」相同，筆者卻
認為這招感覺起來與其說是「刈」倒不如說是
「絆」。順帶說明，圖中施展招數的便是作者
馮·奧斯華德（當時77歲）。

勾頸
Neck Hook

出典：Gladiatoria, 44v. Wallerstein, pl. 48.

　　這招是捉住並將對方手腕帶到後頸部、勾住脖子往前將對方扯倒的招式。菲奧雷的半劍術也有相同的招數，他還表示這是招能夠確實打倒敵人的招式。

1

使用盾牌格擋、雙手擋下弟子攻擊。

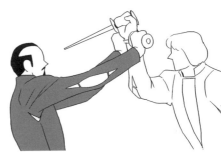

2

師父直接將弟子的手腕往後方押。

3

師父用短劍勾住弟子的脖子。

4

短劍往前拉，把弟子往前拉倒。

5 其他版本

這是手中沒有短劍的版本。右手擋下弟子攻擊將其押往後方，左手繞到弟子後頸部將弟子往前扯倒。

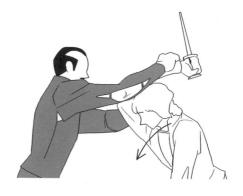

旋轉佯攻
Feint: High-to-Low

出典：Wallerstein, pl. 51. Knight/Ringen-Dagger, p. 136.

反手持短劍揮擊時，手腕將會劃出一個半圓形的弧線。於是乎，如果在短劍揮擊到一半的時候轉身的話，就可以切換成為從下往上刺擊的動作。這是個不需停下腕部動作便可改變攻擊方向的招式。

1

師父從上方施以攻擊。弟子舉起手腕防禦。

2

見到弟子如此動作，師父開始轉身。

3

透過轉身將短劍軌跡從上段揮擊切換成下段刺擊，順勢刺向弟子。

短劍技34

空中奪短劍
Dagger Disarm against the French Thrust

出典：Wallerstein, pl. 56. Knight/Ringen-Dagger, pp. 128, 147.

筆者在本章開頭曾經介紹到瓦萊爾斯泰因抄本將順手持劍、由下往上的刺擊稱爲「義大利刺擊」，至於同樣以順手持劍、從上往下的刺擊則是稱爲「法國刺擊」。本項要解說的，便是如何防禦這法國刺擊的方法。這招是要用空手捉住對方劍刃將短劍扭下來這種尋常難以想像的方法奪取短劍。第一章裡面也曾經寫到，重點就是動作要迅速、避免短劍捉在手中的時候有所動作，還有就是抱定某種程度的割傷「總比被殺死的好」心態豁出去。

1

弟子以「法國刺擊」攻擊，師父左手捉住其劍刃。

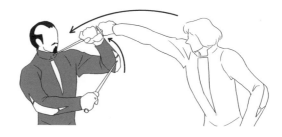

2

師父立刻交叉雙手，左手轉動弟子短劍、右手短劍則將弟子右腕往左押，奪下短劍。

連續攻擊
Wrist Hook, Pommel Strike, High-High

出典：Meyer, p. 235, 3.1r, 3.1v, 3.2r. Vail, pp. 149, 150.

　　梅耶的最大特徵便是有別於其他短劍術，會施以連續性的攻擊，至於為什麼梅耶特別偏好喜歡這種連續攻擊則是不得而知。韋爾與現實生活持短刀等武器的傷害事件比較以後作出了一個結論，認為梅耶構思出來的是套更貼近於現實的招數。不過從長劍章節我們也可以發現，梅耶的招數普遍都有招式繁複的特徵，與其說這比較貼近現實，倒不如說是他個人（或是當時的）偏好吧。

1

弟子發動攻擊。

2

師父擋下弟子攻擊，以劍刃固定住弟子手腕。

3

接著將弟子手腕往右側急拉。

4

拉過弟子手腕以後，迅速以柄頭毆向弟子下顎。

5

倘若此時弟子舉起手腕，則立刻將手腕抽回。

6

然後再從弟子手腕上方朝其施以顏面刺擊。

7

再度抽回短劍朝弟子顏面第二次攻擊。

折肘
Elbow Break

出典：Meyer, p. 236, 3.3r. Vail, pp. 140, 141.

　　這是菲奧雷「短劍技8 對應法第一」的另一版本。根據韋爾表示，這招擁有足以剝奪對方戰鬥能力的強大威力，他還說這招打擊技能將對方的肘關節往相反方向拗折達45度以上。

1
擋下弟子攻擊，捉住手腕。

2
扭轉弟子手腕並向後將其拉直。

3
以柄頭朝肘關節下方毆擊。韋爾還在這招後面補上一記頸部攻擊。

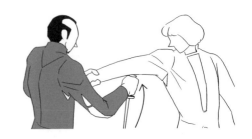

第4章

半劍

半劍與鎧甲概說

拔劍雙持之際，能使長劍愈強、刺擊脫胎換骨。

（Johannes Liechtenauer）

皮革‧腕甲‧眼睛。找出縫隙。
牢記於心，以各種武器。先行找尋身體的空隙。

（Johannes Liechtenauer）

 半劍的歷史

　　半劍乃是因應14世紀起鎧甲變得愈發嚴密厚重而於14世紀中葉發展出來的刀劍使用方法，是種右手握持劍柄、左手握持劍刃戰鬥的姿勢。握住劍身不但能夠穩固地擋下敵人的攻擊，還能準確地將劍尖送進鎧甲僅有的細小接縫中。半劍術的特徵在於它乃是以刺擊作為主要的攻擊方法，其他還包括以劍尖或柄頭勾住對方身體、利用劍身當作槓桿使用等，不像長劍反而比較像是長槍或短棍的使用方法。

　　半劍術即便並未穿著鎧甲仍然同樣有效。它的攻擊距離雖短，卻能在以尋常握劍方法無法作戰的近身戰當中發揮威力。另外，當我們使用半劍術作戰的時候，劍的形狀也會變成一個很重要的因素，例如中世紀初期那種平行劍刃的劍身就稍嫌太寬，改以半劍握持會比較難以施展開來。

 關於鎧甲

　　盡可能追求輕量化、活動方便與高防禦力而集結當時最高等級的技術與智慧所打造而成的鎧甲，裝備著這種鎧甲的戰士將是中世紀戰場上所能遭遇到的最恐怖的敵人。此前的鎧甲乃以連接金屬環的「鎖子甲」為主流，自從14世紀將金屬板以鉚釘固定於帆布的「板甲衣（Coat of Plate）」問世以後，使用金屬板的鎧甲開始迅速竄起發展，15世紀以後方得以鋼鐵板材包覆

全身。

　　鎧甲經常被說是「笨重而容易妨礙活動」，其實當時的鎧甲大致都在20～35kg，考慮到現代士兵裝備總重約在40kg左右，其實鎧甲反而還比較輕（而且鎧甲的重量分散於全身的各個部位，所以體感重量會比實際重量還要輕）。再者，製作得當的鎧甲幾乎不會對裝備者的身體活動造成任何限制，關節部位鎧甲的可動範圍不但比實際人體還要大，甚至還有文獻曾經記錄到有人曾經在穿著鎧甲全副武裝的狀態下空翻、不踩馬蹬便躍上馬背（現在也有人實驗證實了這點，絕非記錄誇大），奔跑的速度也跟沒穿鎧甲的人沒什麼差別。

　　那鎧甲就沒有缺點了嗎？倒也不是。鎧甲的主要缺點包括快速消耗體力（即便擁有超人般的體力，裝備鎧甲戰鬥估算只消5分鐘就會達到體力的極限；尤其每次移動腳步都要將其抬起的腳部鎧甲的重量，正是大量消耗體力的主要原因）、通風不佳以致呼吸困難，另外熱氣聚積於鎧甲內部難以消散，只一眨眼工夫內部就是三溫暖狀態了。舉例來說，英國國王亨利五世胞弟約克公爵艾德華乃戰死於阿讓庫爾戰役（註），當時他周身遍尋不著任何外傷，推測應該是因為通風性不佳的頭盔與鎧甲，再加上受到密集的士兵推擠而窒息死亡的（筆者也不排除熱中暑的可能性，儘管這場戰役是發生在10月）。

　　現代人往往以為穿著鎧甲的騎士就好像現代所謂的戰車一樣，其實這跟當時的想法出入頗大。雖然菲奧雷也曾經說過，不穿鎧甲戰鬥只消有一次失誤就會喪命，穿著鎧甲戰鬥則失誤幾次還是能夠繼續戰鬥，可是當時的人們其實將鎧甲看作是「萬一沒能擋下對方攻擊時的保險」，就算全身穿著鎧甲，也不會無視於對方攻擊急攻冒進。

義大利式與哥德式

　　接下來且讓我們來看看15世紀的鎧甲。這個時代的鎧甲最為有名，在現代只要提到歐洲的鎧甲，所指的通常都是此一類型。當時的鎧甲有哥德式（亦稱德式）與義大利式兩個大潮流，本書為方便讀者利用鎧甲區別師父與弟子，遂令師父穿著義大利式、弟子裝備哥德式鎧甲。

註：阿讓庫爾戰役（Battle of Agincourt，1415.10.25.）：百年戰爭中期英國對法國的一次
　　戰役，英軍經過浴血戰鬥取得勝利。

義大利式鎧甲

　　所謂義大利式鎧甲是指以米蘭爲中心製作的鎧甲，渾圓弧線與簡樸的外觀給人留下深刻的印象。接下來讓我們來看看它有什麼其他特徵：

　　1．以皮帶與扣環連接胸襠與腹襠，提高可動性。

　　2．通常只是在靴子貼上鎖子甲，而不使用保護腳背的防具「腳甲（Sabaton）」。這是因爲義大利的重騎兵相當發達，腳部有馬蹬防禦已經足夠，故而省略。

　　3．肩襠極大。下面這副插圖算是還好的，現存的鎧甲當中亦不乏有肩襠巨大到甚至與背甲相互重疊。即便如此地巨大，也不會妨礙到手臂的活動（不過重量倒是挺重的）。

　　4．追加裝甲頗爲完整齊備。插畫中在左肩前方裝備了名爲「Guard Brace」的追加裝甲，其他像是在肘部追加裝甲也頗爲普遍。在女弟子的插圖（請參照P.320）當中，左肘就設有追加裝甲。這類裝甲一般都是用針固定住。

　　5．左右不對稱性，這也是義大利式的特徵之一。當時的鎧甲左半身是用於防禦、右半身則是負責攻擊，因此左側的設計是以防禦性能爲最優先，右側則是以活動性爲優先。固定鎧甲的扣環同樣也是沿用這樣的概念，左側使用的是鉸鏈，而右側則是使用皮帶。如此區分乃是沿襲自從前的傳統，或許是對應於單手武器騎馬戰鬥所應運而生的設計也未可知。

　　插畫中的是種名爲「歐式雙層護面頭盔（Armet）」類型的頭盔，在義大利式鎧甲當中相當常見。這是個可以完全包覆頭部、構造相當複雜的頭盔。後腦勺有個圓盤狀的金屬件，它的作用是要用來保護綁在腦後的皮帶，而這條皮帶是用來固定防禦顏面下半部與頸脖處的防具。

　　義大利式鎧甲在從前的整個西歐地區很受歡迎，各地所使用的不是來自義大利的輸入品，就是當地仿製的拷貝品。

■義大利式鎧甲

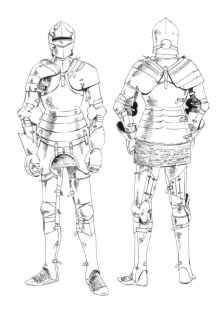

哥德式鎧甲

　　哥德式鎧甲是以義大利式鎧甲為基礎，然後再因應德國（神聖羅馬帝國）地區的要求而發展演變而成的鎧甲。其纖細而充滿銳角的造型極富特色，奧格斯堡與紐倫堡等地便是以此類鎧甲的重要生產據點而聞名。除此之外，哥德式還會在鎧甲的邊緣部分添加百合花或隆起線條的造型，高度裝飾性也可以說是它的另一個特徵；此舉之用意或許是想要與當時佔據主流地位的義大利式鎧甲對抗，藉以開拓市場也未可知。且讓我們依序看看哥德式鎧甲有什麼其他特徵：

　　1・以鉚釘連接胸襠與腹襠。義大利式鎧甲為追求可動性而以皮帶連接，同時卻也有萬一戰鬥中皮帶斷掉則腹襠就會掉落的缺點。哥德式鎧甲在某種程度上犧牲了可動性，而克服了這個缺點。另一方面，哥德式的臂甲就不像義大利式是一體的，而往往是分成上臂部與前腕部兩個部位。

　　2・為提高可動性，哥德式比義大利式使用了更多的蛇腹紋重疊構造，然則這樣的改良卻會使鎧甲變得脆弱。原來當時的鎧甲製造非常精巧，關節部位的板材若是受到衝擊變形，該部位往往就會勾住、卡住無法動彈，因此哥德式鎧甲遂增加可動部位使活動變得更加容易方便，不過相反地也比較脆弱、無法承受來自外部的衝擊。

　　3・為增加可動性，哥德式鎧甲以金屬板材覆蓋的面積要比義大利式來得少。板材厚度同樣也比義大利式稍薄，此舉固然減輕了重量上的負擔，卻也使得其防禦性能略遜於義大利式鎧甲。由於哥德式鎧甲的問世時期正值戰鬥形式從騎馬作戰轉移至徒步作戰的時期，是故很可能是為對應如此變遷而盡可能降低使用者疲勞的舉動。

■哥德式鎧甲

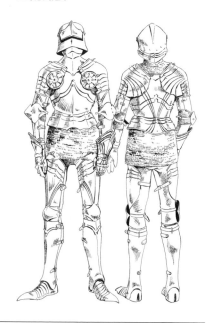

　　4・哥德式鎧甲的整體造型有別於義大利式，近乎左右對稱。這應該也是因為後來徒步使用雙手用武器的作戰方式成為主流，從前那種「左半身防禦、右半身攻擊」的思想愈漸式微所致。

　　插圖所描繪的是種名叫「長尾盔

（Sallet）」的頭盔。其構造比歐式雙層護面頭盔來得簡單，戴起來也比較輕鬆，因此後來在歐洲搏得了爆發性的人氣。

　　綜合前述內容，我們可以說義大利式是以騎馬戰鬥為前提而比較重視防禦的鎧甲，設計時已經將可能會遭受到某種程度的打擊也給考慮在內。相對地，哥德式則偏重徒步戰鬥，即便犧牲些許防禦力也要增加機動性、藉以閃躲或格擋對方的攻擊。

 ## 擊破鎧甲的戰鬥方法

　　關於如何擊破鎧甲，當時提出的解決方法有二，即從硬體面與軟體面兩個面向進行改善。

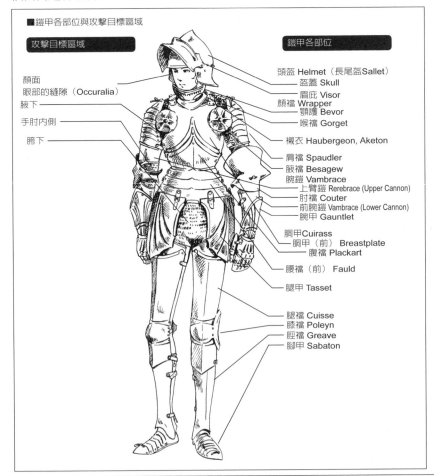

■鎧甲各部位與攻擊目標區域

攻擊目標區域

鎧甲各部位

顏面
眼部的縫隙（Occuralia）
腋下
手肘內側
胯下

頭盔 Helmet（長尾盔Sallet）
盔蓋 Skull
眉庇 Visor
顏襠 Wrapper
頸護 Bevor
喉襠 Gorget
襯衣 Haubergeon, Aketon
肩襠 Spaudler
腋護 Besagew
腕鎧 Vambrace
上臂鎧 Rerebrace (Upper Cannon)
肘襠 Couter
前腕鎧 Vambrace (Lower Cannon)
腕甲 Gauntlet
胴甲 Cuirass
胴甲（前）Breastplate
腹襠 Plackart
腰襠（前）Fauld
腿甲 Tasset
腿襠 Cuisse
膝襠 Poleyn
脛襠 Greave
腳甲 Sabaton

　　所謂軟體面的改善，就是指改良既有的武器使用法。德式武術將對付鎧甲的戰鬥術稱作「Harnischfechten」以為區別。根據瑞恩格克的解釋，本章開頭所引用的讀起來像是暗號密碼的文章（皮革・腕甲～），第一行說的是應該攻擊的部位，第二行說的則是攻擊的方法。簡單地說，無論武器作如何形狀都應該避免傻傻地只想將其從正面擊碎，而應該以突刺瞄準鎧甲連接處等縫隙或關節部位的內側進行攻擊才是。換句話說，當我們面對裝備鎧甲的對手時，應該要攻擊顏面（尤其是眼部縫隙）、腋下、手掌、腕甲內側（從胸甲的布料部分往手腕處攻擊）、膝蓋後方、胯下、手腳各個關節的內側。

　　另一方面所謂硬體面的改善，就是指開發新型武器以及改良既有武器。例如長柄大斧、釘頭錘等不需破壞鎧甲便能給對方造成傷害的武器之問世，開發威力更加強大的雙手持用武器，抑或是將劍尖做得更細、提高刺擊威力等，均屬此類。

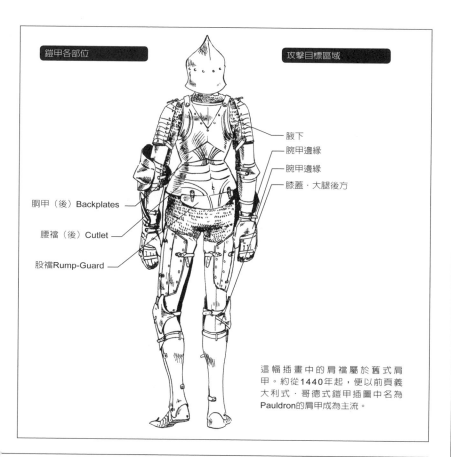

鎧甲各部位

攻擊目標區域

腋下
腕甲邊緣
腕甲邊緣
膝蓋・大腿後方

胴甲（後）Backplates

腰襠（後）Cutlet

股襠Rump-Guard

這幅插畫中的肩襠屬於舊式肩甲。約從1440年起，便以前頁義大利式・哥德式鎧甲插圖中名為Pauldron的肩甲成為主流。

半劍的架式

 ◆ 『偽十字』式（Posta di Croce Bastarda）

　　這是個把長劍擺斜的架式，雙手掌心向下握劍。同樣是這個長劍擺斜的姿勢，也有人將插畫的姿勢解釋爲將長劍擺在身體前方的德式『第三』式。這個架式可以迅速卸開對方攻擊，適合立刻發動反制攻擊。

 ◆ 『真十字』式（Posta di Vera Croce）

　　這是個持劍背對敵人的姿勢。背對敵人意在誘敵，接著再卸開對方攻擊施以反擊，是個以防禦爲主的架式（這幅插圖中的敵人位於右側）。

上段『毒蛇』式（Posta Serpentino lo Soprano）

　　這是最基本的攻擊架式。此架式是將迅雷不及掩耳的刺擊比喻成毒蛇出擊，故名。與德式半劍術的『第一』式相同。

 ### 『第二』式（The Second Guard）

　　以下解說的是德式武術的架式。這是個將劍往回收、劍尖指向對方顏面的架式，相當於長劍技的『鋤』式。

 ### 『第三』式（The Third Guard）

　　這是個將劍擺在身體前方打橫的架式，相當於長劍技的『愚者』式。

 ### 『第四』式（The Fourth Guard）

　　這是從『第二』式將劍柄提到胸口高度所形成的架式，相當於長劍技的『屋頂』式。就某個層面來說這是個相當特殊的架式，使用法與騎馬作戰抱著騎兵長矛的姿勢相當類似。舉例來說，可以先以『第二』式刺向對方，接著再切換到『第四』式將劍牢牢捉住，運用全身的重量突破對方的鎧甲。

穿刺短劍2

　　隨著西洋匕首本身及其使用法的推展普及，其他短劍的形狀也開始慢慢產生變化；例如睪丸匕首的圓球部分就延長形成了護手構造，或者是在圓球下方的部分多了個護手狀的突出物。

　　至於形狀原本跟長劍頗為類似的護手短劍則是多了側環構造，或是護手末端變得往劍尖方向彎曲翹起，從而形成了S字型的護手。據說此類短劍於16世紀前半期最為流行，有各種形形色色的形狀。

　　右圖（上）護手末端設有鈕扣型的突起物，當我們接下對方的劍擊以後只消扭動短劍，這個鈕扣狀突起物就會發揮鐵鉤的效果，妨礙敵人將劍拔出抽回。另外按照前述方法將對方的劍鎖住以後，還可以將對方的劍當作軌道使勁向前推、順勢砍向對方。

　　其他還有類似右圖（中）這種經過特殊進化的短劍。這把短劍擁有用來限制對方長劍動作的「腕」的構造。

　　後來隨著西洋劍術愈趨特化、偏重於突刺，短劍也不得不隨之有所改變。從此短劍就不太需要擁有足以承受斬擊的強度，另一方面為應付精緻而且高速化的西洋劍，西洋匕首遂從此愈趨輕量化。刃寬變細的同時刃厚卻變粗，使得短劍也漸漸變成了一種突刺專用的武器。西班牙的短劍較不著重勾住對方的劍，反而是以有效地卸開對方攻擊為主要目的，因此形成了直線形的長護手以及將整個手都給包覆起來的「殼」。

西洋匕首。
法國製。
1600年。

西洋匕首。
義大利製。
1560～
1570年。

西洋匕首。
西班牙製。
17世紀初。

半劍技1

勾頸
Neck Hook

出典：Fiore(Getty), 34r. Fiore(Pisani), 26r.

　　與「短劍技32」是同樣的招式，菲奧雷表示這招可確實將對方扯倒，適合在雙方距離太近的時候使用。

1

雙方在戰鬥中太過接近。

2

師父左腳踏在弟子右腳後跟，以劍勾住弟子脖子後方，然後順勢將弟子翻過腳部將其摔投。

鎖匙固定技
Strong Key

出典：Fiore(Getty), 33v, 34v. Gladiatoria, 10r. Knight/Armoured, p. 78.

　　本項解說的是從交纏狀態下切換至關節技的兩種方法：一種是普通的鎖匙固定技，另一種則是以劍爲槓桿絞鎖關節的招數。角鬥士武術指南書收錄了許多這個招式的變化版本。角鬥士武術指南書與奈特是將這招當作反擊敵人由下往上刺擊的反制招式使用。

1

雙方處於交纏狀態，弟子正要將師父的劍尖往旁邊推。

2

師父迅速踏出腳步，左手繞過弟子手臂上方插進弟子腋下，然後用左臂箍住弟子手臂將其折斷或者摔投。

3 其他版本

此處再次從交纏狀態開始講起。弟子將劍插進師父的劍與右腕中間。

4

弟子以順時針方向轉動長劍，絞鎖師父手腕。

『眞十字』式的攻擊
Cross Guard Play

出典：Fiore(Getty), 33r. Fiore(Pisani), 25v.

　　『眞十字』是個靜待對方攻擊再施以反擊的架式。本項所要解說的乃是這個架式最一般的使用方法。

1

師父擺出『真十字』式，弟子則採『鐵門』式。菲奧雷主張，除了半劍術以外，『鐵門』式是唯一穿著鎧甲也能發揮效果的架式。

2

踏步迎上，將弟子刺擊卸往一旁。

3

將弟子劍尖往旁邊卸的同時，亦將我方劍尖往弟子的顏面或胸口送。

半劍技4

『真十字』式的反制技
Counter to the Cross Guard Play

出典：Fiore(Getty), 35r.

1

師父以『真十字』式正要卸開
弟子的劍擊。

2

弟子左手撒劍捉住師父右肘。

3

推動手肘將師父轉過身去，攻
擊其背心。菲奧雷認為這招對
穿著堅固鎧甲者頗為有效。

從『第一』式使出反制技

A Defence from the First Guard

出典：Ringeck/Tobler, p. 320. Knight/Armoured, pp. 66, 67.

　　以下乃就德式半劍術進行解說。這招主要是將對方的劍押橫藉以阻擋來自下方的攻擊，奈特則是利用我方前腕碰撞對方前腕阻擋對方的攻擊（根據Tobler解釋）。

1

師父以『第二』式瞄準擺出『第一』式的弟子腋下醞釀攻勢。

2

見師父向上刺擊過來，弟子將劍插進師父的劍與右手中間，擋下師父的攻擊。

3

弟子迅速切換成『第二』式，把師父的劍往下押。

4

押住師父的劍限制其行動，同時朝師父右腋刺擊。

半劍技6

抽劍換邊
Zucken

出典：Ringeck/Tobler, pp. 321, 322.

這招乃Tobler的解釋。

1

弟子卸開師父攻擊。

2

師父抽劍換邊。

3

朝弟子腋下刺擊。

4

切換至『第四』式、將劍柄抵在胸前，然後運用
體重一口氣向前推押。

反擒劍
Freeing the Sword

出典：Ringeck/Tobler, p. 325

前們我們也看到了，突然間捉住對方武器往旁邊撥這種動作在中世紀武術其實並不罕見。本項就要介紹當對方捉住我方的劍時的應對方法（根據Tobler解釋）。

1

雙方互相捉著對方的劍刃。

2

師父撒手放開弟子的劍，握住自己的劍刃。

3

劍尖繞過弟子手腕上方、以劍刃壓制弟子手腕，掙脫弟子掌握以後朝下腋下刺擊。

半劍技8

反擒劍2
Freeing the Sword 2

出典：Ringeck/Tobler, p. 326. Knight/Armoured, pp. 62, 63.

　　本項解說的是當長劍的中央部位遭對方擒捉住時的對應方法（根據 Tobler解釋）。

1

弟子左手捉住師父長劍的中央附近。

2

師父旋轉劍身，將劍柄運到弟子左手上方。

3

以劍柄將弟子手腕往外側推押，硬從弟子手中把劍給扯過來。此時長劍自然就會來到『第二』式的位置，師父可以順勢朝弟子腋下刺擊，或以柄頭敲擊。

回刺
Counter Thrust

出典：Ringeck/Tobler, p. 328. Knight/Armoured, p. 79.

　　本項所介紹的是由兩個招式組合而成，兩者都是講解如何從『第二』式的狀態破解『第一』式。這兩招分別是在短劍與長劍的章節都曾多次提及的技術（根據Tobler解釋）。

1

師父採『第二』式，弟子以『第一』式正要發動攻擊。

2

迅速刺向弟子手掌。

3 其他版本

見弟子就要使出刺擊，師父趕緊將劍尖刺向弟子手腕上方、阻止弟子刺擊。

4

立刻將弟子手腕往下押，朝腋下刺擊。

半劍技10

破解『十字』式
Second Guard Counter to the Displacement

出典：Ringeck/Tobler, p. 331.

　　這招是當對方卸開我方攻擊以後所使用的反制技。正如其名所示，菲奧雷也將這招定位為破解『十字』式反制技的招式使用（根據Tobler解釋）。

1

面對師父的刺擊，弟子踏出右腳並以兩手間的長劍接下攻擊。接著弟子可以直接用柄頭勾住師父的頸部或手臂將師父扯倒。

2

師父將劍往弟子右手處滑去，順勢向下推押。師父這麼一滑，弟子就只能以單手而非雙手的力量抵抗，可以輕鬆地將其壓制。

3

朝弟子顏面刺擊。

奪劍
Sword Taking

出典：Ringeck/Tobler, pp. 333, 334. Knight/Armoured, pp. 82, 83.

　　長劍章節也曾經解說到類似的招式。這招並非從上往下壓制劍柄，而是由下往上推押藉以奪取對方武器的招數。

1

雙方以『第二』式進入交纏狀態。

2

左手一把握住敵我雙方的兩把劍刃。

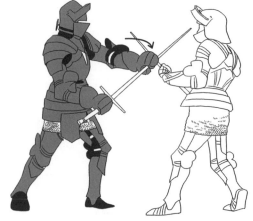

3

師父踏出右腳，同時將劍柄往
弟子手腕下方送。

4

從弟子手腕下方往上推押，奪
得武器。

拱足後翻
Back Lever Throw

出典：Ringeck/Tobler, pp. 335, 336. Knight/Armoured, pp. 63-65.

這招是同名的「摔角技39」的應用技。這是招非常適合應用在各種武器上的應用技巧（根據Tobler解釋）。

1

師父從『第二』式發動攻擊，弟子將師父攻擊往右側卸去（從師父的角度看去則為左側）。

2

師父不與弟子較力，故意任由弟子將長劍往旁邊卸，同時右腳踏在弟子左腳後跟、柄頭勾住弟子頸部。

3

柄頭勾住弟子頸部向後方扳投。

4 反制1

見師父以柄頭勾住頸部，弟子
左手撒劍捉住師父左手（為方
便觀察，插圖改採相反方向視
點）。

5

將師父左手向下推押，同時拉
扯師父身體將其往前方摔投。

6 反制2

這個版本中，弟子見師父伸出
柄頭來勾，立刻轉身脫開師父
的劍，同時將劍尖指向師父鎧
甲的縫隙。

勾膝摔投
Knee Hook

出典：Gladiatoria, 8r,8v.

　　勾抬或扛起對方腳部使出摔投的招式，在摔角裡面是極爲普遍的招式。就當時的武術來說，所有武器無不是環環相扣，半劍術會使用摔角術的應用技巧自然也是理所當然的事情。本項介紹的是以劍扛起對方膝蓋的招式，與「短劍技29」也很相似。

1

弟子抬起手臂誘使師父攻擊。

2

若師父果真攻來，則左腳向前踏步並且以與『真十字』式（半劍技3）相同的要領撥開師父的劍。

3

順勢持劍從外側勾住師父的膝蓋。

4

將劍往回拉，扛起師父的膝蓋。

半劍技14

刺擊腕甲內側
Thrust into the Gauntlet

出典：Gladiatoria, 26v.

　　腕甲內側是鎧甲的其中一個弱點。鎧甲非得將腕甲的邊緣做寬以確保手腕活動方便，只要朝這裡刺擊，便能刺中再無其他防護的手腕。尤其初期的腕甲邊緣特別大，特別容易瞄準。

1

雙方進入胸口幾乎快要貼在一塊兒的近身作戰。這時弟子先把劍抽回來，小心地將劍刺進師父腕甲內側，然後再順勢將劍往前送，並且利用師父躲避劍尖的動作讓師父轉過身，攻擊師父背心。

捉劍
Grabbing the Sword

出典：Ringeck/Tobler, p. 323.

　　即便是在所有捉住敵方武器的招式當中，本項介紹的也要算是相當大膽的招數，給人非常硬幹而粗暴的印象（根據Tobler解釋）。

1

師父朝弟子顏面刺擊。

2

弟子纏住師父攻擊將其卸開，
往師父顏面刺回去。

3

趁弟子尚未使出刺擊以前，師
父左手捉住弟子的劍往旁邊推
去。

4

左手仍然捉著弟子的劍，右手
的劍則朝弟子胯下刺去。

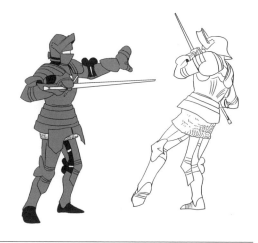

5

如果弟子突然間選擇跳開，則
師父就撒手放開弟子的劍，趁
弟子體勢未穩之際「尋隙攻
擊」。

奪劍2

Disarm against an Unterstich

出典：Talhoffer(1467), pl. 66, 67. Knight/Armoured, pp. 97, 98, 100.

　　當我們在卸開對方的同時，也可以利用其動能以柄頭毆擊對方的左前腕、將對方的武器奪取過來。奈特則是將這個招式當作對付上段刺擊的反制技使用。

1

以雙手中間部分卸開師父刺擊。

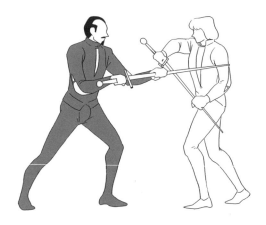

2

利用卸開長劍的勢頭，以柄頭毆向師父的左腕。

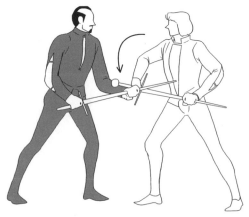

3

弟子以右手劍柄勾住師父手腕
用力往回扯，奪取師父的劍。
視雙方武器的位置，可以像插
畫那樣一邊用我方的劍撬開師
父的劍、另一方面利用劍柄押
住師父手腕，藉此奪得長劍。

4 其他版本

此版本乃是在卸開師父攻擊以
後順勢以柄頭毆擊師父顏面。

中世紀的決鬥

　　1386年，騎士尚‧卡魯日（Jean de Carrouges）以強姦自己妻子瑪格麗特的罪名向另一名騎士傑克‧勒格里斯（Jacques le Gris）提出告訴，最終獲准舉行決鬥審判。

　　這場決鬥是由騎馬的長矛攻防揭開序幕。雙方抱著長矛來回正面衝刺，直到第三巡的時候雙方的長矛都已碎裂，於是決鬥便改爲馬背上的斧頭對戰。雙方均試圖以機動性佔得有利的位置，後來勒格里斯逮住卡魯日、雙手使出了渾身的一擊。

　　急迫間，卡魯日雖得以盾牌擋下了斧頭的直擊，卡魯日的坐騎卻被因盾牌而改變軌道的斧頭給砍中了馬脖子，當場死亡。好在卡魯日並沒有被潰倒的馬匹給壓在底下，得以成功著地。

　　勒格里斯又再衝向卡魯日，欲以斧頭前端的尖刺刺穿對方，已經重整態勢的卡魯日立刻一躍避開馬匹的前進方向，同時以斧頭尖刺刺向勒格里斯坐騎的腹帶後方。豈料這招刺得太深，斧頭在馬匹衝刺力量的拉扯下竟然脫手而出。

　　雙方都失去了馬匹，遂持長劍改採徒步戰鬥。戰鬥固然極爲激烈，不過雙方都是在鎧甲防護做得相當完備的狀態下戰鬥，遲遲沒能分出勝負。

　　正當雙方都已經很疲勞的時候，終於勒格里斯的劍貫穿了卡魯日的大腿。勒格里斯見一擊刺中，拔劍便立刻向後跳開。這時的他大概以爲卡魯日會當場潰倒吧！豈料卡魯日不僅並未潰倒，反而還縱身奔向勒格里斯、捉住勒格里斯頭盔頂蓋用力往回扯，將勒格里斯摔倒在地。

　　卡魯日佔得壓倒性優勢以後，遂站開步伐催動長劍從上方攻擊勒格里斯要擊破他的鎧甲，可是鎧甲卻打不破。正在苦惱的時候又見到勒格里斯長劍從下方刺來，卡魯日便決定要改變戰略。

　　他先將勒格里斯的長劍擊落並以膝蓋壓住其胸口，然後以劍尖不斷往勒格里斯刺去，可是仍然沒有成功。於是他便翻轉長劍，開始以柄頭毆向勒格里斯的頭盔。

　　正毆擊間，勒格里斯頭盔護目罩的固定件終於被打爆了。卡魯日見狀便挑起勒格里斯的護目罩，拋棄妨礙動作的長劍、亮出了短劍。

　　卡魯日要勒格里斯快快認罪，勒格里斯拒絕且堅稱自己無罪，於是卡魯日便撇下一句「那你下地獄去吧！」，短劍從下巴往腦袋送，就此結果了勒格里斯的性命。

第5章

殺擊

殺擊概說

以柄頭守護己身，摒除恐懼以雙手擊打。

（Johannes Liechtenauer）

 ## 何謂殺擊

殺擊亦稱雷擊（Tunrschlag），乃長劍的使用技法之一。殺擊是將長劍顛倒、雙手握持劍刃部位，以劍柄毆擊對方、以護手勾絆對方為主要使用方法。

上下顛倒反握之最主要目的在於移動長劍的重心，使配重更接近於斧頭或棍棒類武器，藉以強化打擊能力，而這也是長劍的所有使用方法當中打擊能力最強大的招式。與此同時，這個名字同樣也暗示著它蘊藏著無比的威力。理查特納爾把這招稱作「破甲衝」（Schlachenden Ort），而這個單字也是用來指稱長劍柄頭的用語。

這個招式對穿著鎧甲的敵人特別有效，跟另外一種攻破鎧甲的技法半劍術搭配起來相當理想，相反地卻極不適合用在未著鎧甲的戰鬥當中。話雖如此，塔爾霍夫等人的武術指南書卻是以未裝備鎧甲的狀態描繪殺擊，或許亦可將殺擊作奇襲使用也未可知。

殺擊的招數本身似乎都相當單純簡單，以致武術指南書當中介紹殺擊的招式倒不如其反制招式來得多。

 ## 殺擊的目標

理查特納爾主張應該瞄準最接近自身的部位展開殺擊，換言之也就是對方的前腕或小腿等部位。關於這點，托布勒說因為殺擊算是種動作稍嫌遲緩的招式，而理查特納爾的這個說法可能是為了要盡可能減少在攻擊途中遭到

對方反擊的可能性而採取的戰略。至於長劍術所禁止的腿部攻擊，推測可能是因為殺擊基本上是以全副武裝狀態為使用前提，即便攻擊對方腿部會使得頭部變得毫無防備也無所謂，所以殺擊才會有腿部攻擊。此外，許多文獻也經常看得到使用殺擊朝倒地的敵人給予致命一擊的描寫。

　　最後要說到的是，以現代複刻重製的劍使用這些招數，可不是個聰明的舉動。這是因為，複刻重製的劍為降低成本而往往會以軟鋼鑄造護手或柄頭等零件（當時是使用與劍刃相同品質的鋼材鍛造製作的），這些零件有可能會耐不住衝擊力道而變形。

對劍術的誤解

　　筆者常常聽見別人說「中世紀的劍術很簡單啊，只要以蠻勁揮舞就好」。相信讀過這本書便不難發現，中世紀的劍術其實一點也不簡單。那麼，為什麼這種錯誤的觀念會成為普遍人對中世紀劍術的印象呢？

　　關於這個問題，就要追溯到19世紀維多利亞時代的英國。當時本來就對各種知識學問都相當關心，再加上考古學等學術的發達，使得維多利亞時代成為了一個對中世紀特別感興趣的時代（武器與鎧甲的分類與名稱甚至各種混亂的狀況，幾乎都是來自於這個時代）。

　　當時有個普通常識，那就是所有事象都會從較低等的單純而原始的狀態，發展成為較高等的複雜而洗練的狀態。如果根據這個常識來思考，那麼武術的歷史同樣也是從徒手或持棍棒互毆，沿著所謂「進步」的道路發展最終成為最高的究極武術──近代劍擊術。

　　那麼，彼等所謂「進步」究竟為何？答案就在筆者開頭所舉的例文當中。那就是「蠻勁」和「揮舞」這兩個關鍵詞。

　　「蠻勁」是「技術」的相反詞，當時的眾多研究者認定，在終極武術──劍擊術的華麗「技術」尚未完成以前的其他武術，全都是只依靠與「技術」相反的「力量」而為的武術，這可以說是當然的事情。

　　那麼「揮舞」這個詞又如何呢？西洋劍擊術乃是以刺擊為主要攻擊手段的武術，因此他們就得到了一個理論性的結論（更正確地說，他們非得如此下結論不可），認定在「刺擊」這種「優越」攻擊法尚未誕生以前的武術，都是以「揮舞」這種「劣等」攻擊方法為主的武術。後來這個結論形成固定觀念，這才流傳至今。

正面毆擊
Oberschlag

出典：Ringeck/Tobler, p. 358. Knight/Armoured, p. 114.

　　這是殺擊的基本招式。從半劍術的『第一』（抑或上段『毒蛇』）式將劍身挪到右手向下擊打，也可以是說是半劍後續的連續技。

1

師父擺出『第一』式。

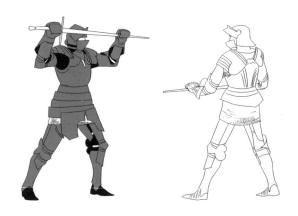

2

右腳前踏並朝弟子左腕毆擊。

殺擊技2

撈
Unterschlag

出典：Ringeck/Tobler, p. 359. Knight/Armoured, p. 115.

　　這是個從下往上的打擊技，相當於長劍技的「砍擊向上」。跟前述「正面毆擊」同樣都是接在半劍術後面使用的、類似奇襲的技巧。

1

師父擺出『第三』式。

2

向前踏出腳步的同時，右手從劍柄挪到劍身、從下往上揮擊毆向對方。

扯
Dragging down

出典：Talhoffer(1467), pl. 37, 38. Knight/Armoured, pp. 116, 117.

　　這招講的是當我方殺擊遭對方格擋下來以後的應對方法。當然了，格擋這方勢必要以劍身側面接下攻擊才行，否則己方的劍就會因為格擋而發生的衝擊力道而吃進自己的手掌裡去。

1

師父正要使出殺擊。

2

弟子擋下師父的攻擊。

3

師父用護手勾住弟子的劍，順
勢將弟子的劍往下扯。

4

一旦把弟子的劍扯下來以後，
立刻反過來把劍向前送，以柄
頭毆擊弟子顏面。

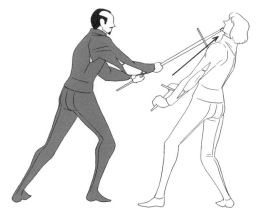

5 其他版本

師父見弟子擋下殺擊以後拋下
劍來，伸手抱住弟子的兩腿內
側、用頭頂住弟子身體向前
推，將弟子摔倒。

對付殺擊的反制摔投
Unarmed Wrestling against the Mortschlag

出典：Talhoffer(1467), pl. 29, 63-65.

當長劍脫手抑或是無暇拔劍的時候，衝進對方懷中將其摔倒。這招是從側邊扛起對方的身體，是招相當有趣的摔投技。塔爾霍夫的圖29介紹到的雖然是使用相同的摔投方式，卻只是當作普通摔投技使用。

1

弟子長劍脫手落地，師父見狀正要追擊。

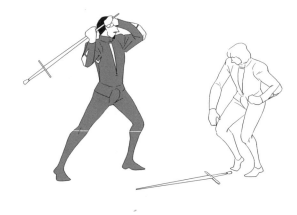

2

弟子盡可能地壓低身體從底下鑽過師父的攻擊。這時候弟子不是筆直地往師父衝撞，而是斜向朝師父身體外側（圖中為師父右側）撲去。

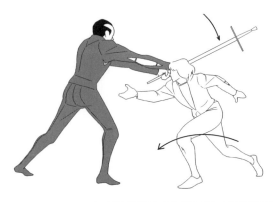

3

弟子右手越過師父手臂捉住頸
部，同時左手則是從外側抱住
師父的右腿。

4

右手將師父身體往前扯、左手
抬起師父腿，把師父給扛起
來。

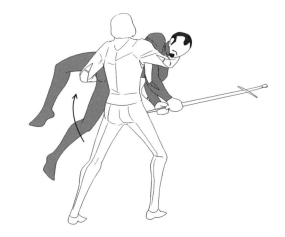

奪劍1

Disarm against the Mortschlag 1

出典：Ringeck/Tobler, p. 354.

這招與「殺擊技3 扯」同樣，講的都是擋下對方殺擊以後的應對方法。

1

師父擋下弟子殺擊。

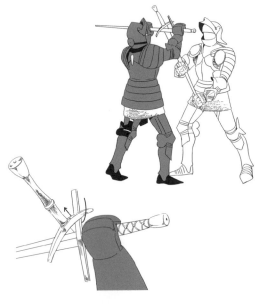

2

以護手勾住弟子的護手。瑞恩格克雖然以「將柄頭越過敵劍上方」形容這個動作，但他想表達的似乎並不是以柄頭從上方越過弟子的劍，而是「傾劍勾住護手」。

3

師父將勾住的劍往右後方拉，奪取敵劍。

殺擊技6

奪劍2
Disarm against the Mortschlag 2

出典：Ringeck/Tobler, p. 355.

與前一招同樣是以護手勾住敵劍將其奪取的招式。

1

擋下弟子的殺擊。

2

師父踏出右腳，同時將劍柄鑽過敵劍下方、勾住敵劍的護手。

3

順勢拔劍脫出弟子之手。

頸部毆擊
Der Hall□ Schlag

出典：Talhoffer(1459), 91r. Talhoffer(1467), pl. 58.

塔爾霍夫乃是將這招定位為半劍術的反制技介紹。這招是利用半劍術攻擊距離較短這個缺點，從對方攻擊範圍之外施以殺擊毆打。

1

師父擺出半劍術的『第二』式。

2

師父使出刺擊。弟子撤回左腳退出師父刺擊攻擊範圍之外，同時以殺擊毆向師父頸部。

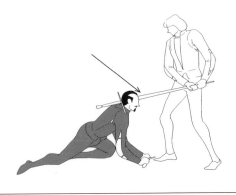

3

亦可視狀況以護手勾住師父頸部，將師父往前扯倒在地。

第6章
武裝格鬥術

武裝格鬥術概說

 何謂武裝格鬥術

武裝格鬥術德語作「Kampfringen」，這個技術可以說是戰場上保護自身的最後一道防線。招數本身其實跟未裝備鎧甲狀態下的摔角術幾乎沒什麼差別；真要說有什麼差別的話，頂多就是沒什麼寢技，而且武裝格鬥術又多了些在糾纏狀態下使用短劍的技術而已。

鎧甲的名稱

對當時的武器防具、尤其對鎧甲特別有研究的讀者，相信都知道鎧甲有分「板甲（Plate Armor）」、「板鎖甲（Plate Mail）」、「鎖子甲（Chain Mail）」、「鱗甲（Scale Mail）」和「綴甲（Lamellar armor）」等種類。那麼，當時是如何稱呼這些鎧甲的呢？

其實上述名稱全都不是當時的稱呼，而是維多利亞時代的學者就鎧甲形式進行分類的時候，為求方便區分所取的名字。當時的分類方法是：有「板」字的，就是使用鋼鐵板材的鎧甲。鎖子甲是將金屬環串連起來編成的鎧甲。鱗甲是將小塊的板材縫在布料上製成的鎧甲。綴甲則是將許多小塊的板材編在一起製成的鎧甲（日本的鎧甲亦屬此類）。

那麼當時又是如何稱呼呢？譬如「Chain Mail（鎖子甲）」當時便僅以「Mail」稱呼。不知道為何原因，維多利亞時期的學者後來就把這個「Mail」當作指稱全部「鎧甲」的用語使用了。

再說到那些不屬於「Mail」的鎧甲又該作如何稱呼呢？當時直接稱呼為「Harness」，而這似乎是歐洲共通的名稱，法國稱為「Harnois」，德國則稱「Harnisch」。

鎧甲（板甲）的價格

1441年曾經有記錄指出英格蘭騎士約翰‧克萊西爵士以8英鎊6先令8便士（2000便士）的價錢購買自己要穿的米蘭製現成的鎧甲，以5鎊（1200便士）～6鎊16先令8便士（1640便士）的價格購買護衛用的鎧甲。作為參考的標準，15世紀長弓兵的日薪是6便士，裝甲兵（中士以上的重武裝兵，乃指從高階平民士兵以至騎士階級、貴族階級）的日薪則是12便士，因此騎士用鎧甲要等於裝甲兵約莫半年份的薪水。

還有個案例可供參考，文獻記錄到1471年有位名叫約翰‧巴士頓爵士的騎士手肘遭十字弓射傷，而他的兄長派遣醫生前來為他治療。醫生照顧約翰的傷勢直到痊癒整整兩個禮拜，費用竟然高達驚人的5鎊（竟然等於1名裝甲兵100天的收入）。約翰曾經抱怨說費用太貴（最後也被搞得身無分文），這恐怕是醫生獅子大開口（又或者是包含旅費、危險津貼等費用）所致。

接下來讓我們來看看鎧甲的材料——鋼鐵的價格。1磅重（453g）鐵的價格，1400年是0.84便士，1500年是0.44便士（不知為何1400年的鐵價是其他年代的兩倍），至於鋼的價格，每磅在1400年是1.60便士，1500年是1.20便士。這也就是說，克萊西的鎧甲售價若以1400年的市場價格計算就會等於1250磅（566.25kg）的鋼。實際上鎧甲是約莫25～35kg的鋼材與皮革，是終端價格將近原材料費用20倍的高附加價值產品。

最後請容筆者提醒，克萊西購買的這些鎧甲是「現成」的鎧甲（雖然多少都有做過某種程度的修改使其貼近購買者的體型），也就是所謂的「次級品」。訂做的鎧甲很可能要再貴上幾倍，更別提綴以各種裝飾、由熟練工匠監督打造的「超一級品」，搞不好價格會高達數十倍之多。高級鎧甲的價格，有時候甚至可以等同於一支小規模的軍隊。

雖然沒有直接性的關聯，姑且也將鎧甲製作所需時間記載於此。加萊市（註1）在1473年當時仍然是英格蘭的領地，隸屬於該市求備隊的騎士約翰‧巴士頓爵士（就是本節開頭介紹的那位巴士頓先生，時間已經過了兩年）跟布魯日（註2）的鎧甲工匠簽訂打造新鎧甲的契約，後於1475年1月為領取鎧甲與馬匹而前往法蘭德斯地區（註3）。從這裡我們可以計算出來，鎧甲的製作期間從下訂單到取貨大概要花上1年數個月的時間。

註1：加萊市（Calais）：法國北部北加萊大區加萊海峽省工業港口，臨多佛海峽，距英國多佛34公里（21哩，是距英國最近的渡口）。

註2：布魯日（Brugge）：比利時西北部西法蘭德斯省省會，位於北海港口澤布呂赫以南16公里。

註3：法蘭德斯地區（Flanders）：中世紀時歐洲西南一低地國家；包括今法國境內之諾爾、比利時的東法蘭德斯和西法蘭德斯及荷蘭境內的澤蘭，此名稱源自8世紀，意為「低地」或「洪泛地」。

翻腿摔投
Throw over the Leg

出典：Ringeck/Tobler, pp. 306, 307.

　　此處介紹的是普通摔角技當中相當常見的招式。瑞恩格克是以穿著鎧甲的狀態介紹這招摔角技，其最大特徵就是用雙腳固定夾住對方的腿；由於穿著鎧甲的時候雙腿無法張得太開，因此以雙腳固定對方腿部很可能是針對這個特點的對策也未可知（根據Tobler解釋）。

1

正當敵我互捉僵持的時候，師父注視著弟子與前腳同側的手臂（圖中為左臂），接著右手伺機從外側毆擊弟子左腕、推到側邊。

2

腳步踏在弟子右腳後跟，把弟子摔倒。

3 其他版本

這個版面裡面，師父是用雙腳夾住弟子左腳、斷其退路，然後用左手毆擊弟子的顏面、頭部。

4

趁弟子還沒從衝擊中回過神來，師父雙手將弟子往後方拋投。

翻腿摔投2
Throw over the Leg 2

出典：Ringeck/Tobler, p. 308.

　　這招恰恰與「武裝格鬥術1 翻腿摔投」左右顛倒。瑞恩格克說當對方躲開我方的第一波絆腿摔投的時候，可以迅速切換而這招將對方拋投出去。後來托布勒作出結論表示這招連同前面介紹的招式，便相當於筆者在普通摔角技章節所介紹到的「三格鬥」的第二招「摔角技5」（根據Tobler解釋）。

1

左腳踏在弟子右腳後方，雙手將弟子身體往後推倒。

2 　其他版本

這幅插圖中，師父是以雙腳夾住固定弟子右腳、向後將其摔投。

武裝格鬥術3

祕技1：翻腿摔投
Verborgnen Ringen 1: Throw over the Leg

出典：Ringeck/Tobler, p. 310.

　　所謂祕技其實指的是瑞恩格克著作中所提及的一連串招數。這些招式是以攻擊破壞對方的關節爲主、非常具有破壞力，爲免讓尋常人得知所以才要祕而不宣（根據Tobler的解釋）。

1

弟子捉住師父雙手。師父右手擊打弟子左腕、將弟子手腕往旁邊撥去。

2

雙手捉住弟子左腕、拉到胸口。

3

右腳踏到弟子左腳後跟，一方面左手拉著弟子手臂，右手則是將弟子身體往後推將其摔倒。

祕技2：折臂摔投

Verborgnen Ringen 2: Throw with Straight Armbar

出典：Ringeck/Tobler, p. 311.

這招是使出折臂固定技，在絞鎖手臂讓對方吃痛的同時將其摔投（根據Tobler解釋）。

1

弟子雖然捉住師父手腕，卻沒能牢牢捉穩。

2

師父見狀伸出右手捉住弟子右
腕往前拉扯，將弟子手臂拉直
以後，左手再捉住弟子右肘。

3

接著左腳踏在弟子右腳前方，
右手仍然拉著弟子手腕，左手
則是將弟子手肘往下押，於絞
鎖弟子的同時將其摔投。

4 其他版本

這個版本是利用整個胸口壓制
弟子手肘，絞鎖折斷弟子手
臂。鎧甲胸襠部分是圓形的，
可以發揮鐵砧的效果將手臂折
斷。後來鎧甲的胸襠愈來愈突
出、角度愈來愈陡，作折臂使
用時效果也就更為理想了。

祕技4：旋轉折臂固定技

Verborgnen Ringen 4: Turn-out Armbar

出典：Ringeck/Tobler, p. 313.

　　這是當對方捉住我方身體的時候，轉身扳折對方手臂的招式（根據 Tobler解釋）。

1

弟子趨前伸手捉向師父右腹。

2

師父立刻逆時針方向轉身，右腕擊向弟子左肘、扳折其臂。

武裝格鬥術6

祕技5：折膝
Verborgnen Ringen 5: Knee Break

出典：Ringeck/Tobler, p. 314.

　　鎧甲狀態下的殺打跟普通摔角的殺打略有不同，不同處就在於因為有鎧甲防護，原本只是為製造對方空隙破綻的打擊技幾乎收不到任何效果。是故，鎧甲狀態下使用的殺打，自然也就以能夠直接造成對方傷害的招式為主（根據Tobler解釋）。

1

踩踏弟子膝蓋將其折斷。鎧甲幾乎每個部分的可動範圍都跟人體關節差不多甚至更大，可以利用這點來折斷弟子膝蓋、給予打擊傷害。

祕技7：拗指
Verborgnen Ringen 7: Finger Break

出典：Ringeck/Tobler, p. 316.

　　這招會因腕甲的類型而異。當時的腕甲分成五指與連指（僅大姆指獨立）兩種類型。如果五指腕甲自然能夠使用拗指技，至於連指腕甲則是難以捉住手指，就算要強行拗折也難以抵抗四支指頭合起來的力量，因此極難以拗指技攻擊。像這種連指類型的腕甲，就可以捉住腕甲的袖口部分限制對方手腕的動作（根據Tobler解釋）。

1

捉住手指往相反方向拗折。

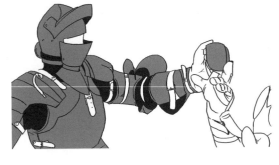

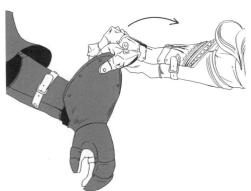

2 其他版本

捉住腕甲袖口部分，如此便能限制弟子的動作。

武裝格鬥術8

以掬足摔投破解殺擊
Leg Lift Throw against Mortstöβe

出典：Gladiatoria, 30v.

　　這招是提供我們判斷當時鎧甲防禦力如何的理想材料。雖然說殺擊是種專門鑽研如何以長劍擊破鎧甲的技術，可是只消舉起手臂便可以將殺擊阻擋下來，可見當時肯定對鎧甲的防禦力很放心。

1

弟子將師父的武器全數擊落以後，欲以殺擊給予致命一擊。

2

師父雙腕交叉擋下弟子殺擊，朝弟子前進。

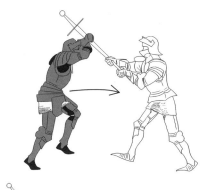

3

師父快動作鑽進弟子手臂底下，右手抬起弟子左腳、左手推押弟子胸膛將其往後摔投。

翻腿摔投
Throw over the Leg

出典：Gladiatoria, 32v.

1

師父伸手捉向弟子。

2

弟子左手推送師父右肘，將師父手臂別到旁邊去。

3

瞬間踏出腳步、右腳踩在師父右腳後跟，然後右臂圈住師父身體將其往後摔投。

武裝格鬥術10

吊投
Body Lift

出典：Gladiatoria, 33r.

這是個抱住對方身體、抬起單腳將其拋投的摔投技。原文裡面記載爲「扛」，可能當時是將其分類爲肩車那種將對方扛起來以後再摔到地面的摔投技。

1

雙方正糾纏當中，弟子左腕將師父右肘往內側推押。

2

迅速以右臂圈住師父身體，向下施壓讓師父的身體往前倒。

3

師父前傾以後，左手捉起師父的右腳踝。

壓制
Pin Hold 1

出典：Duelling, p. 119.

　　本項以下所要介紹的是寢技的解說。儘管名為寢技卻也並非單純壓制對方而已，應該說是壓制對方直到抽出短劍給予致命一擊的技巧，因此此類寢技看起來可能會比柔道的寢技來得簡單的多。又，這些寢技乃是出自於馮‧丹茲比所引用的馬丁‧芬多費茲的招式。作品本身成書於1452年，至於招式則是應該更加古老、最早甚至可以追溯到14世紀後期。

　　芬多費茲還說到當我們在壓制敵人的時候，應注意隨時處於對方的右手邊。當時習慣將短劍裝備於腰際右側，身處對方右側不但能夠妨礙對方拔出短劍，甚至還可以將短劍搶奪過來。

1

師父已經扳倒了弟子。師父將右膝置於弟子兩腿中間，並以左手或左腕抵住弟子的喉嚨，然後拔出弟子的短劍而非自身短劍給予弟子致命一擊。這個時候，原作當中警告曰弟子有可能突然拔出短劍反擊，所以壓制弟子時千萬不要慌了手腳。

武裝格鬥術**12**

壓制2
Pin Hold 2

出典：Duelling, p. 120.

　　這招是壓制對方手腕，並沒有鎖住對方的雙腳，因此必須盡早斷絕對方的呼吸氣息。這招有分左右兩種版本。

1

雙腳夾住仰天倒地的弟子手臂，左手押住弟子的另一隻手臂封鎖其動作，以短劍結束其性命。

武裝格鬥術**13**

折腕
Armbreak

出典：Duelling, p. 121.

　　這招有兩種版本。

1

弟子臥倒在地的時候用膝蓋壓住其手肘，將手腕往上扳。另一個版本則是直接一屁股坐在弟子身體上，拉扯其手腕往上扳折。

遮眼
Blinding

出典：Duelling, p. 120.

　　這應該是個非常古老的招數。之所以如此說，是因爲這招裡面提到的褂衣（Geworffen），在《Duelling》問世當時已經幾乎看不到了。所謂褂衣是種穿在鎧甲外面的衣服的一種，首見於12世紀末，到14世紀晚期以後開始愈來愈少人使用。是故，我們可以推測這個招數是在褂衣受到廣泛使用的兩百年間所開發出來，然後才傳承直到《Duelling》執筆的15世紀中期。又，這招也是《Duelling》解說的所有招式當中最「骯髒」的一招，是個早已經跟技巧沒什麼關聯的招式。

　　插圖中師父穿的其實是種比較類似斗篷的褂衣，主要是以15世紀義大利爲中心受到穿著使用。現在，座落於佛羅倫斯的卡斯塔尼奧（註）肖像，以及倫敦國家美術館收藏的『聖羅馬諾之戰』（The Battle of San Romano）都有畫到這種褂衣。

1

把師父推倒以後，弟子割下師父褂衣塞進頭盔的窺視縫、遮蔽師父的視線。根據原文記載解說，割下來的褂衣如果有沾到污泥則效果更佳。或者將師父拋投的時候，可以順便以泥土或灰塵遮蔽師父的視線。又或者也可以在將對方拋投出去以後，再以短劍掏挖旁邊的泥土塗在對方的臉上。

註：卡斯塔尼奧（Andrea del Castagno，1421？～1457）：義大利早期文藝復興有影響的畫家，其作品以人物形象的自然主義處理手法著稱。

壓制3
Pin Hold 3

出典：Gladiatoria, 56r.

1

師父左腳置於仰天倒地的弟子
雙腿中央、騎在弟子身上，左
手壓住弟子的喉頭，然後用短
劍給予致命的一擊。

駱駝固定技
Camel Clutch

出典：Gladiatoria, 56v. Duelling, p. 121.

　　駱駝固定技是職業摔角的常見招式之一，是將趴在地面的對手脖子往後
扳、攻擊頸部。如果從這個基準來說，則插圖中的這招並不能算是純粹的駱
駝固定技，但由於招式原理相當類似，故以此為名。

1

右膝抵住趴在地面的弟子背心，左手捉住弟子頭
盔的護目罩往後扯，再以右手的短劍給予致命打
擊。原文另外還介紹到挖出對方雙眼、雙手扳頭
折斷頸骨等變化招式。

武裝格鬥術17

壓制4
Pin Hold 4

出典：Gladiatoria, 57v.

1

將師父仰天扳倒以後，弟子將右腳置於師父雙腿中間騎將上去，左手肘緊緊壓住師父右肩。接著撥開師父頭盔的護目罩，短劍刺向顏面。

武裝格鬥技18

壓制5
Pin Hold 5

出典：Gladiatoria, 58r.

　　趁倒地的對手抬起腿要起身的時候、抱住對方大腿予以固定的招數。這招恰恰利用到了穿著笨重的鎧甲難以起身、必須加大動作幅度的缺點。

1

師父躺倒在地，弟子則是在師父的身體左側。弟子趁師父抬腿要起身的時候，右膝放在師父雙腿中間、左手抱住師父的腿，同時左手捉住師父右腕限制其動作，然後再用右手的短劍送上致命一擊。

第7章

槍

槍概說

徒步作戰，以槍爲首。
兩者爲自己所要守護的事物挺身而出。

（Johannes Liechtenauer）

◆ 裝備鎧甲的持槍戰鬥

文獻裡面曾經記錄到全副武裝的鎧甲騎士會使用槍、劍、短劍三種武器（有時會附帶盾牌）作戰。說到騎士對戰，許多人都知道騎士會騎馬衝刺、持槍矛相互刺擊，然則如今卻無確實的證據指出從前決鬥都是以騎馬戰鬥的形式進行。騎馬長槍比試（Joust）當中固然有種名爲「戰場上的長槍比武」、使用眞槍的比武賽事，但這究竟是不是決鬥，仍然是個疑問。筆者認爲，騎馬決鬥唯有在雙方都同意的情況下才會舉行。

再看到當時的武術指南書（尤其是塔爾霍夫的著作）最令人感到意外的是，描述騎士將槍作投擲武器使用的場景竟然出奇地多。中世紀晚期的鎧甲就算遭到擲槍攻擊也幾乎不會有任何損傷，所以如果甫開戰就先把長槍給投擲出去然後再拔劍作戰，效率實在太差。針對這個問題，托布勒推論曰決鬥審判是承襲自古日耳曼時代的風俗，所以這種戰鬥方式可能是以擲槍爲主要武器的時代的餘風遺俗流傳下來形成了某種的儀式。

不過，文獻同樣也曾經描寫到並未將其投擲出去而直接持槍進入戰鬥的狀況。究竟這是因爲決鬥的形式不同，抑或是其他並不屬於決鬥的戰鬥，如今已經無從得知。

◆ 槍的規格

槍在當時是種非常普遍的武器，幾乎沒人會慎重地把它放進武器庫房等

處保管，以致鮮少有此類文物遺留至今。即便是流傳至今的槍類武器，各方面尺寸與形狀也因爲地區與時代而有極大差異。基本上，當時對槍的分類並不似現在如此嚴謹，若是從一般武術指南書當中對槍的描寫來推斷，則大部分的槍長度多在180～240cm之間，重量約在2～3kg左右。

槍頭形狀以樹葉型最多，其他還有用於貫穿鎧甲的細長型的槍、類似狩獵用豬牙槍那種在槍頭下方另有橫桿突出的槍，甚至也有菱形的槍。

一般人或許會以爲槍柄大多是使用橡木材質，但其實槍柄基本上多是使用強度與輕盈兩者兼具的梣木。另外從繪畫資料等文獻也可以發現，槍尾處的槍柄最粗、愈靠近槍頭就愈細。古希臘的槍同樣也是槍頭附近比較細，單手握持就可以握得比較後面（增加攻擊距離），或許中世紀槍柄採取這種形狀設計，就是爲了要達到與古希臘槍柄同樣的效果。

 ## 菲奧雷的槍術

菲奧雷的槍通有個跟其他槍術頗異其趣的特徵，那就是雙手握槍的距離較短，其中甚至還有像握劍那樣雙手併攏握槍的，不禁讓人懷疑這樣握槍究竟會不會有問題。究竟是因爲槍其實並沒有長到會造成使用上的問題，還是純粹出於菲奧雷個人的癖好，如今並無定論。

槍的架式

① 右『正鐵門』式（Tutta Porta de Fero Destra）

　　將槍斜拄在身體前方的姿勢。跟其他武器的『鐵門』式相同，屬於防禦見長的架式。菲奧雷通常都是用這個架式向右前方踏、將對方的長槍往左撥。

② 高貴的『窗』式（Nobele Posta di Finestra）

　　這個架式跟長劍的『窗』式幾乎一模一樣，就不知道菲奧雷為何要特別在前面加個「高貴的」這樣的敘述。根據他的說法，這是防禦對方刺擊的最佳架式。

『豬牙』式（Posta de Dente di Chinghiaro）

　　這是個背對敵人、掛槍在後的架
式。先引誘對方發動攻擊以後，然後
再把槍挪到敵我中間抵擋敵人攻擊。
只要把槍頭指向敵人，就可以切換成
左『窗』式（對方在右）。

 ## 『真十字』式（Posta de Vera Croce）

　　與同名的半劍架式是相
同的姿勢。使用方法也與
半劍術完全相同（對方在
左）。

 ## 左『窗』式（Posta di Finetra Sinistra）

　　背對敵人站立、雙手交叉水平
持槍。菲奧雷表示這是適於刺擊的
架式（對方在左）。

『豬牙』後的防禦
Guard from Dente di Chinghiaro

出典：Fiore(Pisani), 16r. Fiore(Getty), 40r.

　　這裡要介紹的是如何從『豬牙』式防禦對方的攻擊。基本上要先觀察對方是從我方身體的左右哪個方向攻來，然後往相反方向移動並且轉身，用槍柄撥開對方的槍。如此便能封鎖對方的攻擊線，同時發動反擊。

1

師父採『豬牙』式，弟子則使出普通攻擊。

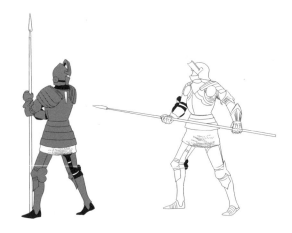

2

見弟子刺來，師父踏向相反方向、以槍柄撥開弟子的槍，然後攻向弟子。

槍技2

卸勁
Displacing

出典：Fiore(Getty), 39v.

這是使用『鐵門』、『窗』等持槍在前的架式時的防禦方法。基本上原理與德式劍術的「卸勁」與「卸勁突刺」相同。

1

師父擺出高貴的『窗』式。

2

見弟子刺來，師父上步踏向右前方，解開雙手交叉、往身體左側撥開弟子的槍，同時刺向弟子。

3 反制

弟子立刻調轉槍頭，以柄尾部位將師父的槍往右側撥、發動攻擊。

撥
Striking aside

出典：Gladiatoria, 2v.

這招是在撥開對方刺來的槍以後，施以反擊。

1

弟子全力朝師父顏面刺擊而來。師父槍頭朝天、拄槍在前以待。

2

槍尾從下而上撥開弟子刺擊。

3

槍頭順勢朝弟子顏面送。

槍技4

第四技
Das Vierd Stuckch

出典：Gladiatoria, 3r.

　　此處介紹的其實是一連串的套路招式。抱住對方的槍封鎖其動作，並以極具特色的握劍方式攻擊。關於這招劍擊，原文寫作「擲劍」，至於究竟是真的把劍投擲出去，抑或只是「全力刺擊」而已，則是各家解釋各自不同（筆者認為後者的解讀比較妥當）。之所以這麼想，那是因為菲奧雷有招本書並未介紹到的半劍術架式叫作『射手』式（Posta Sagittaria），這就是個能夠使出強力刺擊的架式。除此之外，其他地方也可以發現「投擲」槍或劍的說法，從狀況來看這應該是個強調「刺擊」的用語。

1

師父把槍投擲出去（原文並未寫到弟子如何抵禦這招，大概是刺歪了）。弟子快速朝師父全力刺擊。

2 反制

師父左手撥開弟子攻擊。

3

順勢抱住弟子的槍、緊緊絞住
槍柄，封鎖弟子槍的動作。

4

拔劍朝弟子「投擲」。

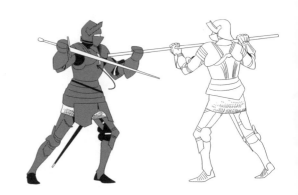

第8章

長柄大斧

長柄大斧概說

況而身心俱皆高貴者，爲完成自身高潔而榮耀的天職，必須率先修習高貴的武藝，亦即前列武器（長柄大斧・槍・短劍・雙手劍・單手劍）之根源──長柄大斧術。

（Le Jeu de la Hache）

長柄大斧的歷史

　　長柄大斧是14世紀爲了在徒步戰鬥當中打倒配備重武裝的敵人，而由步兵雙手斧發展演變形成的武器。隨著後來戰術形態由騎兵戰逐漸演變爲以步兵戰爲主，長柄大斧也在騎士階段間迅速流行開來。

　　若論當時的騎士武裝，騎兵戰就是騎兵長矛，而步兵戰就是以長柄大斧爲主要武器，並普遍裝備長劍短劍作爲輔助武器使用。

　　再說到長柄大斧，這其實是個非常容易受到誤解的武器。許多人經常把這個字拼成「Poleaxe」解釋爲「長柄的斧頭」，但正確拼法其實是「Pollaxe」，有「（剖開）頭顱的斧頭」的意思（雖然說現在也已經接受Poleaxe這個拼法了）。其次，儘管長柄大斧的名字裡有「斧」（axe）這個字，但無論從現存的武器文物或繪畫資料來看，大多數的長柄大斧其實並不是斧頭，而是鎚的一種。再加上當時對長柄大斧的稱呼，又使得情形變得更加地混亂。當時的文獻往往是僅以「La Hache」（法語）、「La Azza」「Aza」（義大利）、「Der Agst」（德國），也就是僅以「斧」稱呼長柄大斧，所以閱讀時就無從判斷文獻中所提到的「斧」究竟是普通的戰斧抑或是長柄大斧。其他比較特殊的稱呼還包括「Aza del Tricuspis（三尖斧）」（Pietro Monte）、「Secures Lateres（死亡之斧）」（邁爾・拉丁語）、「Mordagst（殺斧）」（邁爾・德語）。另外，喬治・西爾弗所謂「戰斧（Battle axe）」指的搞不好也是長柄大斧。

長柄大斧的形狀

　　長柄大斧畢竟是喜愛華麗而獨特裝備的騎士們愛用的武器，其形式與設計極為多樣。又因為它的形式實在太過多樣化，維多利亞時代的學者甚至還將其中一種長柄大斧稱為「琉森戰鎚」（請參照P.392插圖：各式各樣的長柄大斧）。

　　話雖如此，長柄大斧的基本結構仍然是共通的。長柄大斧在長柄尖端有個突刺用的鐵刺，鐵刺根部則是設有鎚頭（或斧刃）以及一種叫作「鷹啄」（Bec de Faucon）的鐵鉤。這些頭部構造乃是以尖頭釘固定住的，從上往下看則武器就會形成十字形（也有些釘子是平頭的）。因為這個形狀，Le Jeu

■長柄大斧各部位名稱

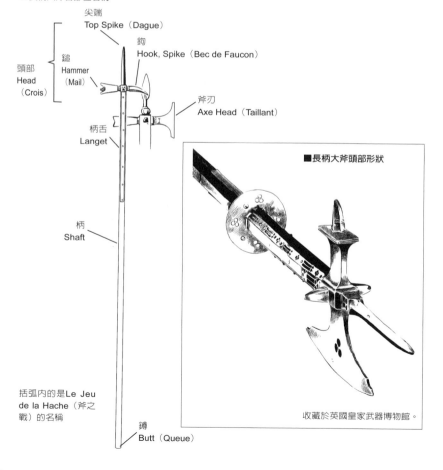

尖端
Top Spike（Dague）

鉤
Hook, Spike（Bec de Faucon）

頭部
Head
（Crois）

鎚
Hammer
（Mail）

斧刃
Axe Head（Taillant）

柄舌
Langet

柄
Shaft

■長柄大斧頭部形狀

括弧內的是Le Jeu de la Hache（斧之戰）的名稱

收藏於英國皇家武器博物館。

鐏
Butt（Queue）

de la Hache將長柄大斧的頭部稱爲「十字」，並且會使用這個部位來承下對方的武器或攻擊。

　　頂端尖刺一般是以四角錐形狀最普遍，有些則是槍頭般的樹葉形狀。至於鎚的部位，其斷面形狀大多是圓形或細長的四角形，許多還會在鎚頭衝擊面另外設置幾支尖刺般的突出物；這樣的設計除了提升打擊的威力，還能透過這麼些不起眼的段差使鎧甲徹底曝露在鎚頭打擊的衝擊力道之下。

　　柄部通常都設有名爲柄舌的金屬板、以防柄部遭敵人砍斷，另外有時候還會在握持處設置圓形的護手。長柄尾端大多設有釘狀的鐏。塔爾霍夫的武術指南書則是描述到長柄大斧設有勾絆用的鐵鉤（請參照P.393插圖：武術指南書裡的長柄大斧）。

長柄大斧的規格

　　根據彼得羅・蒙特的說法，長柄大斧的長度是「身高加1手長」（1手約等於10cm）。其他資料則說長柄大斧大概是以全長1.2～1.8m，重量2～3kg爲標準規格。再者，長柄大斧也有短版的，全長約1m，重量也只有1～2kg而已。

■各式各樣的長柄大斧

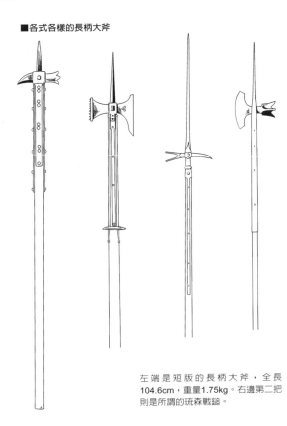

左端是短版的長柄大斧，全長104.6cm，重量1.75kg。右邊第二把則是所謂的琉森戰鎚。

長柄大斧術

長柄大斧是種形狀如此複雜的武器，攻擊方法自然也就非常地多樣化。鎚頭可以毆擊、鐵刺可以刺擊，鷹啄可以勾住對方手腳頸部將其絆倒，其他還有利用十字形頭部格擋對方武器、或是將對方武器勾到旁裡去，還有用柄部將對方的武器推回去等戰法。

既然長柄大斧是騎士的必需品，當時的武術指南書自然也就記載解說到許多長柄大斧的操作方法，不過卻只有一本武術指南書是專門

■武術指南書裡的長柄大斧

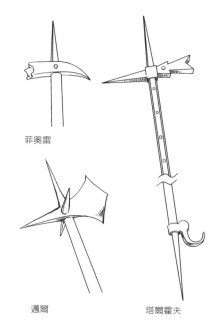

菲奧雷

邁爾　　　　　　塔爾霍夫

針對長柄大斧的使用技術進行解說，這本書便是法國的《Le Jeu de la Hache（斧之戰）》。

根據曾經研究過這本書的安格羅表示，法式長柄大斧術一般都是以快速的刺擊不斷朝對方的顏面或腳部發動攻擊，待對方失去身體平衡以後，再以鎚頭進行攻擊。

菲奧雷則是曾經留下一行相當耐人尋味的文字：「如果眼前狀況看似可以將對方斧頭擊落地面的話，那就先把對方的斧頭給擊落再說」。這段話就代表菲奧雷認為當頭部快要垂到地面的時候，就是長柄大斧最脆弱的時候。

長柄大斧的架式

長柄大斧的架式基本上與短棍跟槍的架式是共通的，這跟形狀上的類似也有關係。

 ## 『短毒蛇』式（Posta Breve la Serpentina）

半劍術也有同名架式（本書並未記載）。適合使出快速刺擊，同時可以有效地卸開對方攻擊。

 ## 『貴婦』式（Posta di Donna）

能夠向對方施以強烈攻擊的高攻擊性架式。又，此架式與長劍的『貴婦』式同樣都能將對方的攻擊擊落地面。

菲奧雷主張應使用這個架式來對抗『豬牙』式，可是翻遍他的作品卻遍尋不著『豬牙』，但他在接下來解說『鐵門』式的時候又寫到「我認為『鐵門』是足堪對抗『貴婦』的架式」，所以搞不好是菲奧雷搞錯了。

『長尾』式（Posta di Coda Longa）

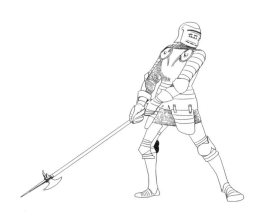

　　跟長劍的『尾』式相同，是將武器置於身後的姿勢。主要目的應是先行誘使敵人攻擊，然後再將對方的武器給擊開，不過菲奧雷又強調可以劃出一個大大的圓弧、使勁從上向下揮擊，將對方的武器擊落地面，因此這個架式搞不好其實是個攻擊性的架式也說不定。另外他還說到，這是個用來對抗『窗』式的架式。

 『窗』式（Posta di Finestra）

　　這是用來對抗『長尾』式的架式，相當於槍的左『窗』式。菲奧雷強調右腕要往後拉，想來其中應該是有什麼奧妙。他說這是個能夠迷惑對手的架式，可以先作勢斬擊然後再迅速切換到其他架式。

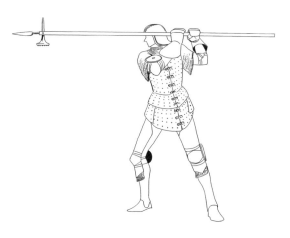

上步欺身
Running-in

出典：Talhoffer(1459), 133v, 134r.

一開頭就是個跟長柄大斧沒什麼關係的招式，這招是趁對方要使出致命一擊的時候鑽進對方武器下方、將對方拋投。

1

弟子以長柄大斧的『屋頂』式攻擊師父。

2

趁弟子大斧揮落的時候，一口氣向前衝。

3

順勢穿過弟子右臂底下，轉身左手插進弟子兩腿中間，右臂抱住弟子身體。右手將弟子上半身往前方推，左手則將弟子扛起來拋投。

長柄大斧技2

擒投
Double Grip Throw

出典：Talhoffer(1459), 135v.

　　又是個跟長柄大斧術本身沒什麼關係的招式。雙手抱住對方，使出令人聞之色變的拋投技（根據Hull解釋）。

1

師父將弟子長柄大斧擊落地面。

2

師父撒手拋棄自己的長柄大斧，左腳踏在弟子腳步前邊。左右手分別從弟子兩腕的上下方穿過，然後雙手捉住弟子的左腕、封鎖弟子手腕的動作。

3

左腳踏到弟子背後，拉扯弟子雙手將其拋投。

絆
Tripping

出典：Fiore(Getty), 36v.

　　菲奧雷的招式因為歷史悠久，有不少非常痛快的招數。本項要介紹的是利用對方瞬間的反射動作將其絆倒的招式。

1

弟子防禦師父攻擊並縮短敵我距離。

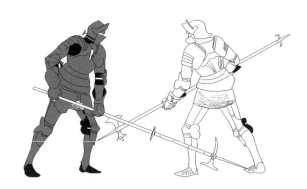

2

弟子將長柄大斧插進師父兩腿中間，左手遮住師父視線。如此一來，人類通常會下意識地想要向後退以確保視線，這時就會絆到弟子的長柄大斧而跌倒。

長柄大斧技4

防禦後的揮擊
A Parry followed by the Oberhau

出典：Talhoffer(1467), pl. 88, 89.

德式長柄大斧術有個特徵，那就是有許多從『屋頂』式向下揮擊的攻擊招式。

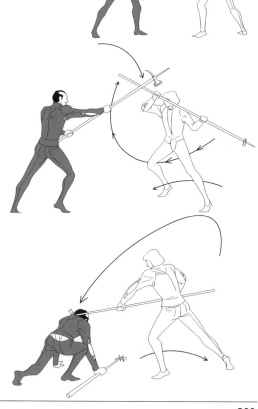

1

雙方皆採『屋頂』式。

2

踏出右腳以柄尾卸開師父的正面揮擊。

3

左腳前進或右腳後退，攻擊師父。又或者如同插畫所繪，以鐵鉤將師父給扯倒。

勾腳

Leg Hook and the counters

出典：Talhoffer(1459), 72v. Talhoffer(1467), pl. 83-86.

　　本項介紹的是從交纏狀態發動的勾腳招式以及其後的一連串攻防。

1

雙方處於交纏狀態。師父乃採
「剛性」交纏。

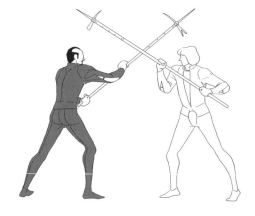

2

弟子避免與師父較力，逆時針
方向捲動長柄大斧、以鐵鈎勾
住師父的腳將其扯倒。

3 反制1

師父左腳踏在弟子身後，以長柄大斧的柄部用力抵住弟子喉頭、將弟子向後翻倒。

4 反制2

弟子觀察師父行動，右手從背後圈住師父的脖子，然後抱住師父的脖子往前翻過自己的大腿摔投。

5 反制3

快被弟子摔倒的時候，師父左手從後方繞住弟子頸部，把弟子也給拉倒。

6

如果覺得倒地姿勢不理想，右手插進弟子兩腿中間捉住弟子胯下附近，將其翻摔。

勾脖子
Neck Hook

出典：Talhoffer(1459), 73r. Talhoffer(1467), pl. 90-94.

本項介紹的是朝頸部揮擊勾住對方脖子的方法，以及其反制技。

1

師父揮動長柄大斧勾絆弟子的腳，弟子利用柄尾部位擋住。

2

大斧揮向師父頸部，勾住師父的脖子。

3

弟子轉身將師父扯倒。

4　反制

脖子被弟子勾住以後，師父拋棄武器向前踏出幾步，雙手捉住弟子武器柄部、舉起右手端的長柄。

5

從弟子手臂下方鑽過，右腕從後方箍住弟子頸部，比照「長柄大斧技5」那樣將弟子往前摔投。

以卸勁對付殺打
Parry againt a Murder-Stroke

出典：Mair, p. 127.

　　此處所謂「殺打」有別於摔角術的「殺打」，指的是從上向下揮擊的鎚擊或斧擊。本項解說的是化解對方「殺打」以後的一連串攻防。

1

弟子採「屋頂」式，另一邊師父則是擺出『梯子』式。

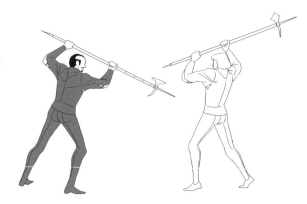

2

將弟子攻擊卸到左側。

3

接著快速刺向弟子胯下。

4　反制2

以柄尾部分卸開師父刺擊。

5　反制3

踏出右腳，擊向師父頭部。

6

如果師父擋下了這招……

7

迅速轉動大斧，以柄尾攻擊師父顏面。

8 反制

師父右腳後退一步先擋下弟子攻擊，再向前推。

9

如果弟子抽開武器退身，便攻向弟子的防禦漏洞。

10 反制

將師父攻擊卸往右側、刺向師父顏面，然後拉開雙方距離。

第9章

圓月砍刀

圓月砍刀概說

欲學砍刀，須得以高潔自許汝身。
辨別旁人諂言與親身忠告。
若得如此，則汝必可秉眞理破敵。

（Johannes Lecküchner）

圓月砍刀的歷史

　　圓月砍刀是單刃刀劍的一種，其造價比正式的劍便宜、耐久性高、操作簡單，頗受買不起劍的平民階級喜愛，而平民階級士兵的交戰對手就是同屬輕武裝的士兵，使得圓月砍刀得以在長期以來受到廣泛使用。

　　其實許多騎士原本也是因爲看中圓月砍刀優越的切斷能力而把它到戰場上使用，不過後來騎士階級就很少使用圓月砍刀這個武器了。不過因爲它畢竟比劍便宜且容易使用，所以當時還是經常將圓月砍刀作爲日常武器使用。

　　圓月砍刀（falchion）這個字源自古法語的「Fauchon」，而「Fauchon」本身則推斷是來自於拉丁語的「鐮刀」（Falx）一語。從字源來看便不難發現，這是種以切斷對方爲主要目的的武器。關於武器本身的起源，雖有一說指其爲阿拉伯文化圈的波斯彎刀（Shamshir）傳入歐洲而成，不過還是演變自日耳曼民族的薩克遜小刀（Saex）的說法較爲可信。

■圓月砍刀的類型

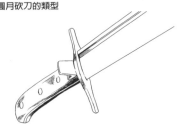

德國雙手大砍刀的握柄

　　德國有個其名意爲「大刀」的「德國大砍刀（Grosse Messer）」（亦可略稱爲砍刀），跟圓月砍刀相當類似，另外還有種雙手使用的砍刀名爲庫里斯砍刀。德國的砍刀經常設有向外突出的護手構造，可以保護手背。

　　圓月砍刀（或砍刀）就型式上來說分成兩個類型。一種是波斯彎刀那種類型，另一種則是前端較粗的剁肉屠刀類型。一般來說以前者較爲普遍，屠刀型的砍刀其實很早就已經被排除在潮流以外了。另外也有內彎反勾形狀的圓月砍刀，不過這種類型極爲罕見。

　　儘管普遍都認爲圓月砍刀是單刃刀劍，但其實許多波斯彎刀型的圓月砍刀在刀尖處是雙刃，因此也可以使用後刃攻擊敵人。

　　至於握柄的構造則大多是使用某種名叫「Scale Tongue」的方法──將握柄的材料像三明治這樣夾起來然後以鉚釘固定。這種製作方法並沒有使用在當時的劍柄上面，而是僅限於砍刀柴刀等實用品的技巧。這也可以說是人們認爲圓月砍刀略遜於劍、傾向將其視爲道具而非武器的證據。

■不同類型的圓月砍刀

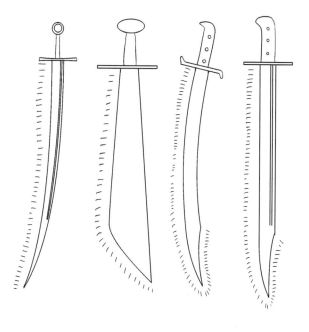

短線代表有刃的部位。

圓月砍刀的規格

現如今最為人所知的圓月砍刀，當屬康尼爾斯砍刀（Conyers falchion）。這康尼爾斯砍刀是柄收藏於英國達拉謨大教堂（Durham Cathedral）的屠刀型圓月砍刀。傳說這把刀是1063年約翰·康尼爾斯爵士用來打倒在當地肆虐殺人的劇毒魔獸所使用的傳說之武器。不過研究卻指出，根據刀身裝飾等造型設計來判斷，這把圓月砍刀應該是1260年前後製作的武器。其次，劍刃部分看得出來經過研磨、有消耗短減的痕跡，可以推測這把武器曾經有過實戰使用的經驗。圓盤型柄頭的正面刻有「展翅鷲鷹」、背面刻的則是「三頭獅」，青銅材質護手部位則是雕有飛龍（註）的紋樣。木材外露的握柄部位，則是以梣木製成。

全長：89cm
刃長：74cm（推測製作當時約長77cm）
刃厚：根部約4mm
護手寬：約170mm
重量：1.3kg（推測製作當時約重1.35kg）

索普砍刀

收藏於諾福克博物館的索普砍刀可謂是另一類型圓月砍刀的代表作。咸信這把砍刀成於13世紀後期至14世紀前期這段期間，刀刃部分留有無數缺口，應該曾經在實戰當中使用過。刀尖附近的側峰是銳利的刃部構造。柄頭是黃銅材質，刻有龍的紋樣。

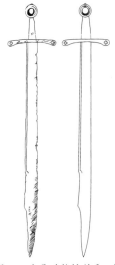

右側為索普砍刀的想像復元圖。
全長：95.6cm
刃長：80.3cm
刃厚：最寬2.5mm
重心：距離護手9mm處
重量：905g

註：飛龍（Wyvern）：棲息於英國地區的龍。臉部如鱷魚般細長，口中長滿整排利牙，雙足類似老鷹，尾巴尖端有箭頭盤的突起。經常出現在歐洲的紋章之中，在紋章學裡象徵著「敵意」，由此可知牠的性格非常凶暴。

杜薩克彎刀

　　杜薩克彎刀是由練習用砍刀演變形成的武器；雖然名為武器卻並非戰鬥用武器，而是練習、運動用的武器。杜薩克彎刀有木製與鐵製，彎曲的刀刃以及附有護拳構造的握柄乃其共通特徵。圓月砍刀與砍刀等武器在16世紀晚期以後漸漸退出了現役武器的行列，照理說身為上述武器的練習用武器也會失去存在的理由才是，不過杜薩克彎刀卻從實戰用途武器的練習道具轉型成為運動用途武器的練習道具，而得以傳承存續。

　　雖然說邁爾的武術指南書亦曾介紹到以杜薩克彎刀對抗長槍等武器的作戰方法，但與其說是直接將杜薩克彎刀作實戰武器使用，倒不如說他是把杜薩克彎刀套用原先操持砍刀的使用方法，如此解釋會顯得比較自然。

■杜薩克彎刀的形狀

 圓月砍刀的使用方法

　　基本上來說，圓月砍刀的使用方法跟劍並沒有太大不同。德國普遍認為砍刀的使用技法比較不像單手劍，而是與長劍的使用技法有直接性的關聯，就連長劍的四個架式五個「奧義」儘管名稱不盡相同，也可直接挪用於圓月砍刀。圓月砍刀固然有許多刺擊的招式，但畢竟還是以斬擊為基本攻擊方法，像梅耶便曾經記載到多達16種的特殊斬擊方法。

圓月砍刀的架式

 『監視』式（Watch）

　　這『監視』式便相當於長劍術的『屋頂』
式，從這個架式發出的攻擊足以擊落對方攻擊，
或是從對方的攻擊距離以外擊中對方。梅耶說這
個架式就是以做好萬全準備的狀態，「監視」著
對方何時露出破綻的姿勢。另外西班牙的劍士門
多薩・奇薩達（Mendosa Ki Sada）則將這個架式
稱爲『非洲之星（Estrella Africana）』。

 『刺擊』式（Gerade Versatzung）

　　這是相當於長劍『刺擊』式的
架式，梅耶還說這是「最安全」最
佳的架式。杜勒則將其定位爲用來
對付『尾』式的架式。

『山豬』式（Eber）

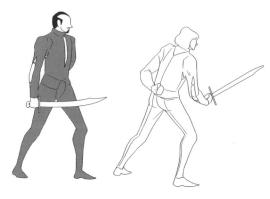

手腕自然下垂使劍身與地面平行的姿勢，相當於長劍的『鋤』式。雖然梅耶說這個架式只有右側版本而無左側版本，不過杜勒的武術指南書卻描繪到疑似左『山豬』式的圖案（插畫中弟子擺出的架式便是杜勒的左『山豬』式）。

 『舵』式（Steer）

此架式相當於長劍術的『公牛』式，梅耶說這個架式便於使出各種技巧，是最理想的架式之一。

 『堡壘』式（Bastey）

相當於長劍術『愚者』式。堡壘是城牆的結構建物，一般都是作塔狀或巨大的梯形形狀。這個架式到梅耶的時代早已經無從得知它為何要以『堡壘』為名，不過梅耶自身則推測說這是因為該架式主要是防禦下半身，正如同堡壘作為基礎支撐並守護著上方建築物一般。

第一練習式
The First Drill

出典：Meyer, p. 124, 2.4v.

　　梅耶曾經在他介紹到杜薩克彎刀的章節裡面記載到基礎技術的訓練方法；這可是其他以介紹各種武技招式為主的武術指南書所未見，極其珍貴的資料。本項介紹的內容是空揮練習法的部分選粹，其他武器想必也是以相同的方法空揮練習的吧。

1

首先採取『舵』式。

2

右腳前踏，向下揮出砍刀。半途煞住砍刀而不揮擊到底，停在『刺擊』式的姿勢。

3

刀尖指著地面將砍刀帶到頭顱左側，剛好掠過臉旁。同時左腳向右腳併攏。

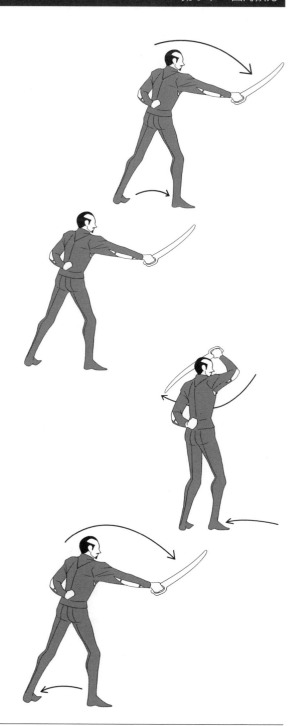

4

右腳前踏揮出砍刀。重複大約
3～4次。

5

這是砍刀已經揮擊出去的狀
態。已經前進到盡頭，接下來
就要往後退。

6

右腳向左腳併攏，砍刀運至
「圖3」的位置。

7

左腳向後退，揮擊砍刀。相同
動作重複數次以後回到開始的
位置。

挑釁

A Device and Example, Teaching how You Shall Provoke Your Opponent so that He Goes up, Such that You may Injure His Right Arm

出典：Meyer, p. 139, 2.21r.

這招的名字很長，不過簡單來說就是要引誘對方攻擊並伺機砍擊其右臂。

1

師父採『監視』式，弟子則採『橫』式。所謂『橫』式就是種橫向揮擊刀劍的架式。

2

師父以後刃砍向弟子。此時師父要注意弟子會從下方發動反擊、砍向我方手臂。使用後刃砍擊這招其實叫作「躍步斬擊」，是種越過對方防禦的上方攻擊的技巧。

3

見弟子由下往上砍來，師父立刻抽回砍刀準備發動下一次攻擊。

4

橫砍弟子右手。

5

接著立刻使出十字斬擊。

圓月砍刀技3

潛身刺擊

How You shall Run under His Cuts, and Jab in Front of His Chest so that He must Make His Face Open

出典：Meyer, p. 157, 2.42v, 2.42r.

　　接住來自上方的攻擊以後迅速壓低身形使出刺擊的招式。英語名稱是「朝胸口刺擊，使對方顧不得顏面的防備」的意思，不過這部分並無解說，給人有點有頭無尾的感覺。

1

師父以『山豬』式等待弟子攻擊。

2

師父見弟子發動攻擊立刻踏出右腳，翻轉砍刀使前刃朝天、擋住弟子攻擊。這個姿勢亦稱『弓』式。

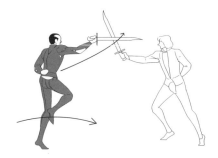

3

踏出右腳放低重心，朝弟子胸膛刺擊。

武器新發明1

本節謹就塔爾霍夫與菲奧雷記載於武術指南書當中的武器新發明進行介紹。

1‧設有攻擊眼睛機關的斧頭

插畫裡面描繪的是種類似火炎放射器的機關。這是種由木柄與鐵筒組成的武器，菲奧雷稱其爲「強力‧殘虐‧必殺」之斧。使用時是先將鐵筒內容物撒向對方顏面，然後再用這把斧頭或者其他武器一鼓作氣擊殺對方，給予致命的打擊。

其中裝填的粉末材料如下：以日曬或烤箱將百里香（註）的汁液烘乾製成的粉末一撮，加上1盎司（約28.3g）當時用來化粧讓肌肉腫起來的「布麗塔花」（Fior di Preta）粉末。除此之外，有時候也可以使用當時作腐蝕劑、燒灼劑類醫療品使用，名爲「魯托里歐」（Rutorio, Ruttorio）的藥品代替。

這個武器的缺點就是一旦攻擊眼睛落空，情勢就會急轉直下趨於不利，菲奧雷也說只要第一次攻擊落空，這把斧頭就等於是沒用了。此外，菲奧雷表示自己乃是基於「滿足知識的需要」才介紹解說這項武器，實際上他主張不該選擇使用這種武器。

2‧設有機關的燭台槍

所謂燭台槍是種鐵刺部位比錐槍稍短的武器，主要使用於義大利地區。

菲奧雷武術指南書所提到的這種燭台槍，其槍部分可以拆卸、並以鐵鎖或繩索與柄部連接在一起。根據菲奧雷解說，這種武器是要纏住對方的腳將其扯倒，將對方四處拖行待其奄奄一息以後再施加重擊以決勝負。

（下接P.430）

註：百里香（Thyme）：唇形科具有刺激性氣味的草本植物。乾葉和花蕾常作家禽、填餡、魚、蛋、肉、奶油、醬汁、湯、香腸、沙拉、蔬菜、農家乳酪和奶油乳酪、新鮮番茄和義大利麵食等多種食品的調味劑。常用於香料和牙膏製造，具有防腐和麻醉的作用，也用作內服藥。

卸勁擒拿
Parry and Grappling

出典：Talhoffer(1459), 119v, 121v. Talhoffer(1467), pl. 224, 225, 230.

卸開對方攻擊以後順勢抱住對方手臂，可謂是塔爾霍夫的拿手好戲。

1

師父正欲以『憤怒』式攻擊弟子。

2

弟子卸開師父攻擊。此時弟子利用左手上臂抵住砍刀，藉以抵抗師父攻擊的強勁力道。這個姿勢跟劍與小型圓盾術的『弓』式相同。

3

左臂揪住師父右腕，朝師父的頭部攻擊。跟這幅插畫相同的是，塔爾霍夫武術指南書同樣也有畫到師父急迫之間舉起左手保護頭部的動作。

4　其他版本

也可以在抱住師父手腕以後使出刺擊。

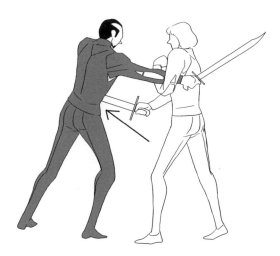

半劍奪劍
Halfsword Disarm

出典：Dürer(Messer), No. 8, 9.

這是個從半劍狀態底下運用我劍奪取敵劍的招數。長劍的半劍術也有類似的招式。

1

師父以半劍擋下弟子攻擊。

2

師父維持雙方武器的接觸，以我方砍刀繞過弟子手腕。此時師父可能是用左手一把將敵我兩柄砍刀都給捉住。

3

利用槓桿原理扳扯弟子砍刀、將其奪取。

圓月砍刀技6

卸勁斬擊
Displace and Strike with the Pommel and the Blade

出典：Wallerstein, pl. 57. Dürer(Messer), No. 30.

　　這招是扭轉刀身卸開對方攻擊，然後再施以反擊。像這種扭轉刀身使前刃朝上接住對方攻擊的技巧在單手劍裡面相當常見，主要是用來在卸開對方劍擊的同時調整攻擊姿勢。另外，長劍術同樣也有這種在使用柄頭毆擊對方手腕同時施以斬擊的招數。

1

雙方面對面。此處師父乃採『刺擊』式，弟子擺的則是『監視』式。

2

師父翻轉刀身接下弟子斬擊。首先將前刃轉向上方、以刀身側板接下弟子的攻擊，然後就像插圖畫的這樣舉起劍柄、將弟子的砍刀滑到一旁。

3

踏步翻劍，一方面利用柄頭毆擊弟子右手，一方面砍向頸部。

翻腿摔投
Throw over the leg

出典：Wallerstein, pl. 59. Dürer(Messer), No. 34.

　　這招先前已經介紹過許多次，不同處在於利用我方刀柄勾轉對方手腕、先固定對方手腕再施以摔投。這邊的手腕固定技，乃是應用自菲奧雷「短劍技7」的原理。

1
師父擋下弟子攻擊。

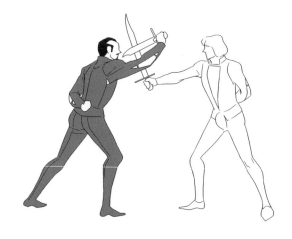

2
柄頭迅速從上方繞過，勾住弟子手腕。

3

順時針扭轉弟子手腕並將其拉
近身來。左腳踏向弟子身後。

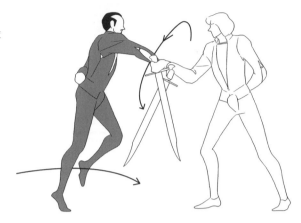

4

左手推押弟子頸部，將其往後
摔倒。

鎖腕刺擊

Armlock with a Thrust into the Neck

出典：Wallerstein, pl. 60. Dürer(Messer), No. 35.

　　這招原理跟前一招相同，唯這次不是用右手、而是用左手固定對方右手。

1

弟子舉起砍刀正要砍擊。

2

師父踏出左腳，同時以刀身側板接下弟子攻擊。

3

左手從弟子右腕上方由內往外
繞。

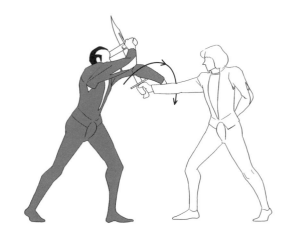

4

左手捉住弟子的柄頭，順勢以
左腕揪住弟子右腕。

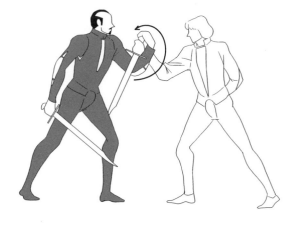

5

砍刀鑽過弟子右手下方，朝頸
部刺擊。原文並未寫到為何要
用這麼複雜的方法攻擊，大
概是怕右手被弟子用左手捉住
吧。

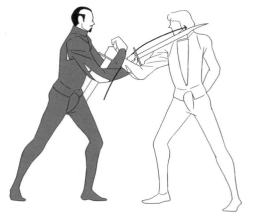

半盾
Halfschilt

出典：Talhoffer(1459), 122v.

　　所謂半盾是種將刀劍與小型圓盾向前推出的技法。塔爾霍夫留下了不少砍刀（圓月砍刀）術的招式，其與眾不同之處便在於他記載到許多「以一敵多」的方法（本書未收錄）。其實武術指南書本來就是以「一對一」戰鬥為基本，幾乎沒什麼講到如何對抗複數敵人的方法。那塔爾霍夫又為何要在砍刀這項提及這種以一敵多的招式呢？想來應該是因為砍刀並非決鬥用而比較偏向防身用武器，難保所有戰鬥都是堂堂正正的單挑作戰（根據Hull解釋）。

1

雙方對峙。

2

以半盾接下弟子攻擊。

3

擊落或將弟子砍刀往下押。

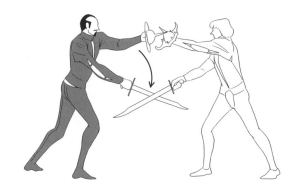

4

踏出左腳並以小型圓盾毆擊弟子顏面，同時砍刀揮向弟子右腕。

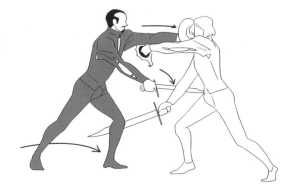

3・決鬥用長劍・短劍

　　從前曾經發明出柄頭設有鐵刺的劍、劍身中段沒有劍刃的劍、劍身中段另有圓盤形狀護手的劍。右圖塔爾霍夫的劍便是以上述刀劍爲基礎，另外在護手處加設鐵刺或利刃所製成的武器。

　　武術指南書同樣也介紹到許多專用短劍。這柄短劍的柄頭是做起釘器形狀，這大概是想要把柄頭插進鎧甲縫隙、硬把鎧甲撬開破壞所做的設計。圖右的畢丸短劍劍鞘處可以收納數支投擲用的飛針。

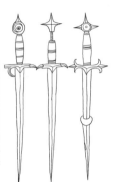

決鬥用的劍。左邊的劍有個可供手指扣住的金屬環，中央的劍則是有段螺絲狀的劍柄。右邊的劍劍身中段有個圓形構造，可供半劍作護手使用保護左手。

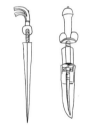

決鬥用（？）短劍。左邊短劍「附拔釘器的圓盤柄短劍」可以用來破壞對方鎧甲，右邊則是劍鞘可以收納三支飛針（或投擲用小刀）的畢丸短劍。

4・組合式長柄大斧

　　塔爾霍夫的武術指南書收錄有組合式長柄大斧的圖樣。

　　這幅圖裡面有兩個柄尾的鐏部零件（圖5的單尖鐏與圖6鉤型鐏），兩個固定頭部使用的鉚釘零件（圖3鐵刺型與圖4公牛頭型），圖2是附有柄舌的頭部構造的鐵刺零件，圖7是頭部構造的鎚頭零件，圖8畫的則是組裝完成的圖案（使用不同的斧頭與鐏部零件）。

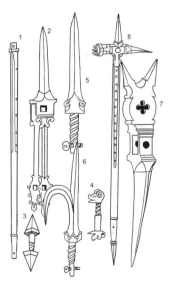

第10章
單手劍與小型圓盾

單手劍與小型圓盾概說

> 小型圓盾本來就是最一般、使用最廣泛的武器……雖然要保護身體免於危險，可因爲它比身體要小得許多，必然要習得「使用比身體還要小上許多的盾牌護住全身」這種化不可能爲可能的手法。
>
> （Giacomo di Grassi）

單手劍與小型圓盾的歷史

單手劍與小型圓盾可以說是中世紀最普遍的武裝組合。戰場上的一般士兵便大多都是裝備劍與小型圓盾，年輕人平時沒事就帶著劍與小型圓盾四處閒晃，脾氣差一點的甚至聚眾鬥毆，也是相當常見的景象。是以，爲政者往往會將劍與小型圓盾（以及其所代表的武術）視爲治安惡化的根源，使得教授武術的道場或教室屢屢觸犯法律、遭到嚴格取締。

現存最古老的中世紀武術指南書《I.33》便是部專門解說劍與小型圓盾戰鬥方法的作品，顯見這個組合在當時是如何地受到歡迎。

單手劍的進化

單手劍可以說是種最古老的劍。中世紀的劍乃是源自於塞爾特文明的劍，基本造型從維京時代以來就一直沒什麼改變，可是單手劍的設計卻在14～15世紀間產生了極大的變化。

首先可以看到的是，劍尖變得非常銳利、劍身變成了類似三角形的形狀，然後原先幾乎每把劍都有的「血溝」設計也不再那麼常見了。據說這些變化跟鎧甲的發展演變有密切的關係。奧克紹特分類法（請參照P.666語句解說）分類爲XV與XVIII的劍，便是最好的實例。

接著劍的護手形狀也開始發生變化。雖然說護手形狀本來就是形形色

色，不過原先的護手構造都不出棒狀護手的範疇，直到15世紀才開始在護手前方加設名爲「扣指環」（Finger Ring）的金屬部件。那個時候特別流行用食指扣住護手以利固定操控劍身，而「扣指環」便是食指扣在護手上面的時候用來保護手指的金屬部件。一旦開始產生變化，後續演變自然也就非常地快，從而研究開發出各種形狀款式的護手，使得單手劍的形狀有了極大變化。

 ## 單手劍的規格

一般來說，單手劍全長約90cm、重量700g～1.5kg，平均重量一般多在1kg左右。

XIX型

現收藏於英國皇家武器博物館的「XIX型」，是歐洲所有擁有扣指環設計的刀劍當中最古老的其中一個案例（現存最古老的劍約成於1350年前後）。這把劍當初不知道是以戰利品抑或是以禮物形式收納在埃及亞歷山卓的武器庫裡面，或許是因爲鮮少經過他人之手碰觸，保存狀態可以說是非常地完美。劍身接近護手處的「Riccaso」無刃部位以那西克字體（Nashki Script）阿拉伯語刻有將這把劍收入武器庫的年代（西元1432年），故奧克紹特推斷這把柄劍應該是成於1400～1420年間。

這把劍的球形柄頭塗有黑色塗料以防生銹，劍刃斷面形狀呈六角形，血溝深及劍身中心附近，而血溝末端則是刻有製作者的刻印。

■XIX型
刃長：81.2cm。

蒙札之劍

前面已經介紹過的「蒙札之劍」亦稱「埃斯托雷·維斯孔蒂之劍」，是1698年以前從米蘭公爵埃斯托雷·維斯孔蒂的棺材中發現的劍。維斯孔蒂戰死於1413年1月17日，因此可以推定其年代應該更早。奧克紹特曾經評論這把劍說「保存狀態非常良好」、「質輕而配重佳」。如果光看規格的話應該算是偏重的劍，或許是因為配重或劍柄形狀等設計讓人握起來感覺比實際來得輕。劍刃形狀屬於XV型。

■蒙札之劍
全長：87.5cm
刃長：71cm
刃寬：約5cm
重量：1.54kg

XVIIIa型

藏於華萊士收藏館（註1）很有名的一把劍，據說它徹底追求實用性能、優美與簡潔兩者兼具。推測應是製作於1440～1460年間的法蘭德斯（註2）。劍柄為黑色獸角材質，柄身滑順地沒入鍍金的青銅材質（其他文獻指為鐵質）柄頭。只不過，其銅製護手本身工藝與鍍金都相當粗糙，甚至有可能是鑄造而非鍛造，一般認為這個部分有可能是19世紀才修復成這樣的。

XIV型

這是形狀極富特色、非常著名的一柄劍，現收藏於紐約大都會美術館。推斷應是製作於1325～1350年間，應該是世上僅存唯一一篆有刻文的14世紀刀劍。

■XVIIIa型
全長：105.5cm
刃長：88.3cm
刃寬：4.1cm
重量：1.34kg

這把劍最大的特徵，當然就是它的劍寬，鮮明地勾勒出劍身的三角形輪廓。另外血溝處還刻有現今仍然無法解讀、應該是餽贈用途或奉納祭神用途的刻文。奧克紹特曾經指出這段刻文的字體，跟藏於托萊多大教堂的卡斯提爾國王·勇者桑喬四世（Sancho IV the Brave，死於1298年）之劍的刻文相當酷似。

註1：華萊士收藏館：請參照P.57譯註。
註2：法蘭德斯：請參照P.361譯註。

護手爲青銅材質，並以銀絲鑲嵌有直條紋模樣。這種裝飾法在維京時代相當常見，在當時卻是非常罕見。同樣以青銅材質製成的柄頭則是以白銀鑲嵌引用自《埃涅阿斯紀》(註1)的「SUNT・HIC・ETIAM・SUA・PRAEMIA・LAUDI（美德再度於此得其報酬）」文字。

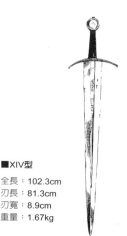

■XIV型
全長：102.3cm
刃長：81.3cm
刃寬：8.9cm
重量：1.67kg

 ## 小型圓盾以外的其他盾牌

介紹小型圓盾以前，且容筆者先就同樣屬於防具的其他盾牌進行解說。盾牌是全世界最古老的防具之一，雖然它後來隨著鎧甲的發展而漸漸銷聲匿跡，不過從中世紀後期到文藝復興這段期間卻是相當活躍的現役防具，只不過我等想像中那種下方形狀較尖的盾牌在當時其實已經消失了；騎士使用的是某種專爲騎馬槍矛作戰所設計的特化盾牌「輕盾」，至於徒步的一般士兵所使用的則是四方形、圓形、橢圓形等能夠有效地護住身體的盾牌。

而且當時的武術指南書對盾牌的戰鬥方法記載並不多，這是因爲盾牌多是使用於戰場，使用在決鬥等單兵作戰當中則速度太慢，與小型圓盾相較之下效率不彰。

 ## 各種盾牌

熨斗型盾（Heater Shield）

一般人聽到盾牌，首先聯想到的應該就是這種下端形狀較尖的淚滴型盾牌吧！現代人稱爲熨斗型盾的這種形狀的盾牌，乃是從10世紀的鳶型盾(註2)發展而成。爲確保騎乘馬匹狀態下的最大覆蓋面積，當時的盾牌原本可以從肩頭覆蓋到膝蓋，後來卻隨著鎧甲的發展而變得愈來愈小，到14世紀已經變得比小型圓盾稍微大一點而已了。

註1：《埃涅阿斯紀》（Aeneid）：約作於西元前29～前19年。羅馬詩人維吉爾所著史詩。全詩共分12卷，記述埃涅阿斯建立拉維尼烏姆（Lavinium）的傳說。

註2：鳶型盾：請參照P.9譯註。

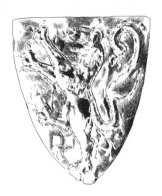

■熨斗型盾
左：條頓騎士團（註）大團長
（1239～40年在任）圖林根領
主康拉德二世的盾。以皮革壓
製呈現圖林根的紋章。獅頭上
的皇冠已經紛失。
右：盾牌的吊繩。位於英國謝
佩島明斯特的羅伯特‧舒蘭爵
士的墓碑。1320～1325年製
作。

　　一般來說熨斗型盾是以木頭爲芯材，表面張貼亞麻粗布抑或皮革補強。
盾牌背面除用來掛在脖子上的吊繩以外，還有2～3條皮帶，有些盾牌甚至還
設有保護手腕的護墊。有些盾牌是用塗料繪製圖案，有些則是在已經壓製出
凹凸圖案的皮革上面張貼金箔銀箔作爲裝飾。

　　義大利在文藝復興以前則會使用某種應該是從鳶型盾演變而來的盾牌叫
作「因布拉奇亞圖拉」，幾部武術指南書也都曾經記載到這種盾牌的使用方
法；它的形狀就像是彎曲度較大的鳶型盾，有些還會在底端設置鐵刺。

輕盾（Targe）

　　當時騎士主要用來進行騎馬長槍比武的盾牌，喚作輕盾。輕盾形狀
不一，以外側內收的四角形盾牌最爲一般。其最大特徵就是在正面看過

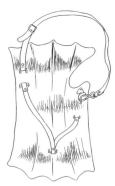

■輕盾
左：紐約大都會美術館收藏的
輕盾。哥茲曼家族（紐倫堡近
郊的帝國騎士家族）的紋章原
已遭人塗銷，此為修復後的狀
態。1450～1475年製作。長
56cm、寬40.5cm。材質：木
材、皮革、亞麻、石膏。
右：背面。手臂穿過下方V型
吊繩左邊的套環，再握住右側
的吊繩。也可以手臂穿過兩個
套環，再捉握長槍等武器。

註：條頓騎士團（Teutonic Order）：正式名稱作耶路撒冷條頓聖馬利亞醫院修士團。日耳
　　曼的十字軍組織。1189或1190年成立於巴勒斯坦的阿卡（Acre），初爲屬於某日耳曼
　　醫院的慈善團體，1198年成爲軍事性組織。

436

去的左上方有個可供騎士伸出騎兵長矛的缺口，背面則是用來掛在脖子上的吊繩、供手臂從中間穿過的套環以及供手掌捉住盾牌的握環。再說到輕盾（Targe）這個英文名，有時候亦可作Target等稱呼；從這個名字就不難發現，這種盾牌就是英文「目標」這個字的語源。當時德語則稱作「Tartsche」、「Tartzen」。必須特別注意的是，輕盾（Targe）這個字也是個泛稱「小型盾」的用語。尤其當時對語句的定義非常曖昧不清，未必會與本書的分類吻合。

阿古利巴武術指南書所描繪的盾牌戰鬥法。

圓盾（Rottella）

圓盾是種固定在手腕的圓形或橢圓形盾牌，英語亦稱「Round Shield」。從當時的圖畫來判斷，圓盾大致可以分為平板型與突出隆起的碗型兩個種類。標準尺寸直徑約75cm，背面設有穿套手臂的套環和握把。

擋箭牌（Pavise）

擋箭牌這種盾牌其實分成兩個種類：一般都是指用來保護長弓兵的長方形盾牌，這種盾牌底端設有尖刺，可供固定於地面。另一種類型便是所謂的波希米亞擋箭牌的手攜式盾牌。據說這種盾牌源自於波羅的海沿岸地區，介於盾牌與小型圓盾中間，其特徵就是整張盾牌在中央部位從上到下有股

左：紐約大都會美術館收藏的擋箭牌。15世紀。中央繪有一頭貓科獸類，獸頭朝左與一般紋章方向相反，外圍則繪有聖安德烈十字與「nmr」的重複字樣。長57cm、寬42cm。
右：同一面擋箭牌的背面。可以看見T字型的握把。

迪格拉西主張的擋箭牌握持方法。

隆起的構造。背面有個可供握持的T型握把，不過從當時的圖畫來看，有些盾牌也會在中間隆起構造的背面設有固定手臂的套環與握把。義大利亦稱「Targe」（與英語的輕盾相同）。迪格拉西表示只要將盾牌斜擺，以盾牌的一角對準對方身體的中心線，如此盾牌就不會妨礙我方視線了。

其他

　　還有種比較特殊的盾牌，叫作匈牙利盾（Vngrischen Schilt）。這種盾牌見載於角鬥士武術指南書，是個形狀細長、將前腕給包裹起來的盾牌，拳頭末端並有尖刺構造。此類盾牌的現存物當中，亦不乏藏有收抽式長劍的機關設計。

　　其他還有像是決鬥用的大盾、將街頭夜間警備部隊使用的盾牌結合小型燈籠組成的燈籠盾，甚至是藏有火鎗機關的盾牌。

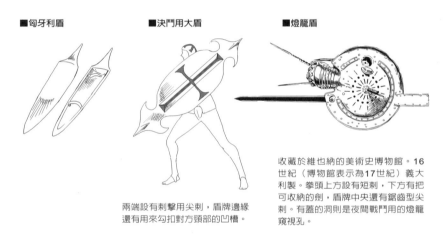

■匈牙利盾　　　　　■決鬥用大盾　　　　■燈籠盾

兩端設有刺擊用尖刺，盾牌邊緣還有用來勾扣對方頸部的凹槽。

收藏於維也納的美術史博物館。16世紀（博物館表示為17世紀）義大利製。拳頭上方設有短刺，下方有把可收納的劍，盾牌中央還有鋸齒型尖刺。有蓋的洞則是夜間戰鬥用的燈籠窺視孔。

 ## 關於小型圓盾

　　小型圓盾是攜帶性、機動性俱佳的手攜式小型盾牌，長期以來廣受歐洲全境使用，尤其最受像蘇格蘭或威爾斯那種地勢起伏較大、比較注重戰鬥機動力的地區愛用。

　　其形狀從單純甚至到奇怪、極為多樣化通常都是以直徑約30cm的圓盤構造為本體，再加上名為「boss」的半球體隆起構造，內側設有把手。使用材質以鐵質為最多。基本上義大利偏好使用小型的，英國則是喜歡使用比較大型的，但出於避免防礙主要武器的使用並適合單手握持這個理由，一般還

是認爲小型的爲佳。

　　許多小型圓盾會設置用於攻擊對方的尖刺，又或者是把「boss」末端做成尖刺形狀。英國似乎特別喜歡「boss」較長的設計，以致16世紀甚至有規定其長度必須在10～12英吋（約25.4～30cm）的法律問世。換句話說，當時英國人喜歡用的似乎比這個長度還要更長。

■形形色色的小型圓盾

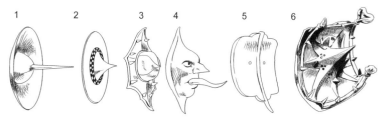

1：英式小型圓盾／2：角鬥士武術指南書裡提到的丘忒尼亞小型圓盾（Chuttennischen Pucker）／3：塔爾霍夫的小型圓盾／4：保盧斯‧卡爾的人面小型圓盾／5：杜勒的小型圓盾／6：收錄於奈特著作中的德製小型圓盾。本體為木質，boss與外框則為金屬材質。

 ## 小型圓盾的使用方法

　　不像其他盾牌多是緊湊著身體使用，必須伸直拿著盾牌的左手、直指對方，乃是小型圓盾在使用上的特徵。若是盾牌設有尖刺，則也可以小型圓盾使出毆擊。除此以外，偶爾也可以發現同時使用劍與小型圓盾兩者進行攻防的招數。其使用目的除避免右手在發動攻擊時遭人砍落以外，還能讓使用者在推擠的時候方便施力。只不過在攻防兩端以雙手持用小型圓盾的話，相形之下就會讓對方多出一隻手來，如果沒有小心使用很可能會令我方變得破綻百出。

　　只不過因爲有小型圓盾這個獨立的「防禦」，使得遭長劍術禁止的腳部攻擊因此解禁，從此可以安心地攻擊對方腳部、使對方爲營救下盤而「使頭部防禦變得薄弱空虛」。

小型圓盾的交纏。摘自約爾格‧布魯的素描簿。

單手劍與小型圓盾的架式

 『第一』式 （The First Guard：Sub Brust）

且容筆者借中世紀最古老的武
術指南書《I.33》介紹小型圓盾。
『第一』式是將小型圓盾前伸，右
腕置於胸口下方、秉劍於身體左側
的姿勢。如果沒有小型圓盾的話，
姿勢就跟西爾弗的『偽守護者』相
同。曼提歐利諾則將這個架式稱為
『腕下』式。

 『第三』式 （The Third Guard：Humero Sinistro）

　　　　　　　『第三』式是將劍扛在左邊肩
頭的姿勢。另外曼提歐利諾則是
將左腕舉劍扛在肩頭上的姿勢稱為
『腕上』式。

『第六』式（The Sixth Guard：Pectori）

　　『第六』式是將劍收在胸前，
應該是刺擊前的準備姿勢。握劍時
手腕向外翻轉爲其特徵，可惜的是
原本的插畫畫得非常抽象，無法判
斷手腕需翻轉到何種程度。

 『弓』式（Vidipoge：Fiddle Bow）

　　　　　　　　這是個把劍搭在向前伸直的左
　　　　　　　手上面，以左腕支撐劍身卸開對方
　　　　　　　攻擊的架式。因爲這個姿勢酷似在
　　　　　　　彈奏提琴（小提琴的前身），遂有
　　　　　　　此名。

 『攫』式（The Clutch）

　　將劍與小型圓盾高舉過頭，劍
尖指向左腳。姿勢跟西爾弗的『眞
守護者』式幾乎一模一樣，同屬防
禦見長的架式。

『**特殊刺擊**』式 （The Priest's Special Longpoint）

向前拱出右肘，手肘以下從身體左側指向後方。這是個非常特殊的架式，韓德表示這相當於長劍術的『變移』式（本書未收錄）。以這個架式進行攻擊時是從右上方斜地裡向下攻擊，待手臂完全伸展、直指對方的時候停止上臂運動，手肘以下的前腕部位則是順勢斬切、並且維持斬切過後的姿勢。通常使用於攻擊遭對方閃躲開來以後，抑或是故意使攻擊偏離目標，趁對方「見縫插針」殺過來的時候施以奇襲。

單手劍與小型圓盾技1

刺擊反擊
Counter Thrust

出典：Talhoffer(1459), 120r.

　　這是在卸開對方刺擊的同時回以刺擊的招式（根據Hull解釋經過修正）。

1

師父採『第一』式，弟子則採
『第六』式。

2

以小型圓盾和劍卸開弟子刺
擊。

3

順勢以小型圓盾毆向弟子顏
面，同時刺向弟子胸口。

第一技法
The First Technique of the Buckler

出典：Ringeck/Tobler, pp. 188, 189.

　　瑞恩格克的小型圓盾術跟邁爾的招數同樣，都是由好幾個招式組合成為一連串的攻防套路。本項所要解說的是從交纏狀態發動連續攻擊、迫使對方採取守勢的一連串招式（根據Tobler解釋）。

1

師父採『屋頂』式，弟子則採『鋤』式。

2

弟子擋下師父攻擊，進入交纏狀態。

3

師父向下推押弟子的劍，劍尖指向弟子並使出刺擊。

444

4

弟子將師父的刺擊往左側卸
開。

5

劍被推開以後，師父捲劍滑向
弟子劍「弱」的部分，推押弟
子的劍、劍尖再度指向弟子。

6

弟子再度將師父的劍往左卸
開。

7

弟子太專注於防禦，一不注意
把劍和小型圓盾擺得太開。師
父見機不可失，趕緊踏出左
腳、從相反側砍向弟子頭部。

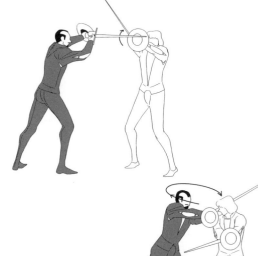

第三技法
The Third Technique of the Buckler

出典：Ringeck/Tobler, pp. 192, 193.

這招是故意使攻擊偏離目標，再使出假動作（根據Tobler解釋）。

1

雙方對峙。

2

師父從上往下砍向弟子，卻故意偏離目標、揮擊到底，然後切換到『變移』式。弟子舉起劍與小型圓盾以為防禦。

3

師父立刻橫向將敵劍往旁邊掃去。

4

師父踏出左腳並捲起長劍，砍
向弟子頭顱左側。弟子借劍與
小型圓盾擺出「半盾」姿勢將
師父攻擊卸開。

5

師父再次捲劍，劍尖指向弟
子。維持敵我兩柄劍的接觸狀
態，牽制弟子劍的動作。

6

弟子舉起劍與小型圓盾，卸開
師父攻擊。

7

師父持小型圓盾往上推押、封
鎖弟子雙手的動作，趁隙砍向
弟子的腳。

第五技法
The Fifth Technique of the Buckler

出典：Ringeck/Tobler, pp. 196, 197.

　　強行破壞對方防禦然後使出刺擊，這個招式稱作「躍步切擊」，此處乃將其作為與「長劍技44」同屬「以後刃斬擊」的招式解釋。「躍步切擊」亦可作「衝破對方重疊握持的劍與小型圓盾然後施以劍擊」如此解釋。

1

雙方對峙。

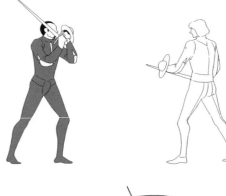

2

師父踏出右腳並扭轉劍身，以後刃使出「躍步切擊」攻擊弟子。弟子以半盾接下這招。

3

如果弟子沒能把師父的劍挑得夠高的話，師父順勢就可以直接刺向弟子。如果挑得夠高，那麼師父就垂下劍尖、把劍送進弟子的防禦後方。

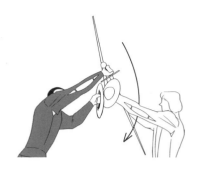

4

劍送進去以後以順時針方向捲動，戳進弟子的劍與小型圓盾中間、撬開防禦，劍尖指向弟子使出刺擊。

5

弟子用劍和小型圓盾將師父的刺擊往上方卸去。

6

師父以小型圓盾從下方將弟子手腕向上推押、封鎖雙手動作，趁隙砍向弟子的腳。

第六技法
The Sixth Technique of the Buckler

出典：Ringeck/Tobler, pp. 198, 199.

這招是在左手仍然握著小型圓盾的狀態下使用半劍技法，接著右手再放開劍柄、奪取對方的小型圓盾，可謂是個非常特殊的招數。

1

師父以半劍狀態與弟子對峙。

2

踏出右腳，以小型圓盾擋下弟子攻擊。

3

右手把劍放開，利用左手的劍
與小型圓盾將弟子的劍押往左
邊。

4

右手捉住弟子小型圓盾的左
緣。

5

將弟子的小型圓盾往順時針方
向轉，把小型圓盾給扯下來。

防禦斬擊
Uberschneiden

出典：Talhoffer(1467), pl. 238. Knight/Buckler, p. 50.

先前也曾經提到過，單手劍與小型圓盾最基本的使用方法，就是小型圓盾必須隨時保護負責攻擊的右腕，而這招就是用來對付不知道這個基本概念的對手。

1

雙方對峙。

2

弟子驟然使出刺擊。師父左腳向後撤避開弟子攻擊，砍向弟子右臂。同時以小型圓盾護住身體，以防萬一。

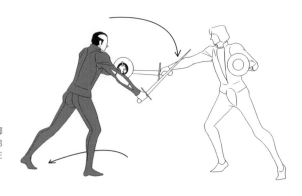

單手劍與小型圓盾技7

推肘
Elbow Push

出典：Talhoffer(1467), pl. 234, 235.

往對方的手肘推、令其轉身藉以封鎖其動作，這招跟擒拿手腕並列爲塔爾霍夫最拿手的得意招式。這招原本是利用小型圓盾去推押對方的手肘，視狀況也可以改用毆擊來攻擊對方的手肘（小型圓盾若設有尖刺則效果更佳）。

1
弟子從上方斬擊而來。

2
師父翻轉握劍的那隻手腕、接下弟子劍擊，同時小型圓盾往弟子的右肘推押。

3
推押弟子右肘將其身體轉開，攻擊門戶大開的背部。

刺擊的防禦
Of the Defence of High Warde at Sword & Buckler

出典：Di Grassi, K3, p. 46.

　　接下來介紹的是16世紀後半期的義大利式武術家喬西摩·迪格拉西的招式。招式名稱的原文雖然說這是從上段架式發動的反制技，實際上卻是根本連半個字都沒提到上段架式。另外這招的腳步移動也相當特殊，應該是義大利式的傳統步伐隨著技術的進步發展演變而成的，而這種腳步後來也受到西洋劍術繼續傳承下去。

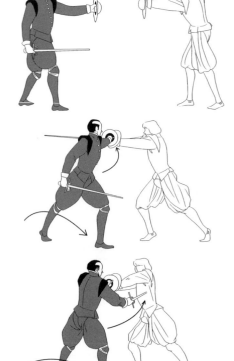

1

師父採『下段』式（劍尖下垂的姿勢），弟子則採『橫』式（握劍的手往橫向伸直、劍尖指向對方的姿勢）。

2

弟子使出刺擊。師父左腳踏向右前方，以小型圓盾卸開弟子劍擊。迪格拉西說，面對採取『橫』式的對手時，將對手置於我方身體外側、使我方劍與盾的位置盡可能地接近敵劍，是最好的方法。

3

如果可以的話，用小型圓盾毆擊弟子顏面並且使出劍擊。

單手劍技1

『眞十字』式
Posta di Vera Croce Play 1

出典：Fiore(Getty), 20r, 20v, 21r.

接下來要介紹的是單手持劍、另一隻手空無一物時的戰鬥方法。不過，筆者卻以爲或許應該將這些招式視爲單手持用狀況下的長劍戰鬥法會比較好。

『眞十字』式是半劍術的架式，長劍術當中並無此等架式。可是因爲菲奧雷也並未將自己的所有招式都記載在武術指南書裡面，說不定長劍術當中還眞有『眞十字』這個架式也未可知。雖有半劍與單手劍的差異，但實際使用方法卻並無不同。

1

弟子採『真十字』式。

2

面對師父的刺擊，弟子首先將
右腳稍稍移到師父攻擊線的外
側，用劍把師父的攻擊撥到旁
邊，接著左腳斜踏左前方。

3 其他版本

在這個版本裡面，弟子是從下
往上揮劍卸開師父攻擊，同時
左手可以捉住師父右手，或是
將劍擊落。

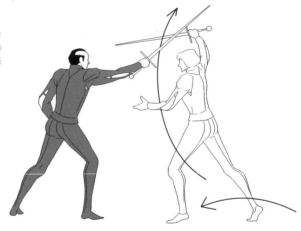

4

卸開師父的劍以後，弟子左手
捉住師父右腕、抱住師父手臂
封鎖其劍，然後趁機發動攻
擊。

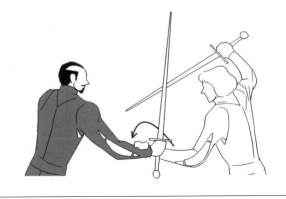

5 奪劍

此處弟子捉的是師父的劍柄。
請注意弟子捉住劍柄的時候，
手掌是翻轉顛倒過來的。

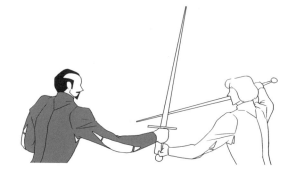

6

逆時針方向扭轉師父的劍，把
劍給扯過來。

斷頭臺切擊
Guillotine Cut

出典：Fiore(Getty), 21r.

這招是推押手肘促使對方轉身，然後從背後押切喉嚨。

1

弟子擋下師父攻擊，捉住師父手肘。

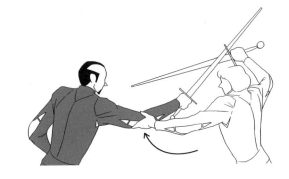

2

推押師父手肘使其轉過身去，然後立刻從背後用劍押住師父喉頭、割開喉嚨。

第11章

騎乘戰鬥

騎乘戰鬥概說

我們甚至可以說「善騎不善劍者」比「善劍但騎術普普者」更佔優勢。

（Alessandri, A. & André, E.）

 ## 騎乘戰鬥的歷史

　　騎士之所以為騎士，全都是因為此處所要講述的騎乘狀態下的戰鬥，而這騎乘戰鬥恐怕是當時傳授得最為徹底的一門技術。然則進入武術指南書普及的15世紀以後，重裝騎兵的突擊進攻技巧卻因為長柄步矛與火鎗的發展而漸漸成為歷史。或許正是因為如此，武術指南書對騎乘戰鬥的記述大多都相當簡短，尤其是16世紀以後，那些記載基本上講述的幾乎都是騎馬長槍比武的相關事項。

　　提到騎士的戰鬥，相信一般人腦海中浮現的會是騎士舉著粗長的騎兵長矛、從正面一直線往敵人突擊衝刺的畫面，但其實初期武術指南書裡面介紹的大多都並非決鬥或騎馬長槍比武使用的招式，反而以遭遇戰等戰場用招數佔多。

 ## 馬術與武術

　　日本同樣也說對武士來說最重要的技術，便是「弓馬之道」而已。正如同開頭引用文所述，當時的武士與騎士應該是根據經驗而知道「劍術或纏鬥術再怎麼不如人，只要擅於馬術，都有可能將情勢逆轉」的道理。

　　只要擅於馬術便能夠控制馬匹，使自己立於佔優勢的有利位置。就騎馬戰鬥來說，繞到對方的左後方便能夠在壓倒性的有利狀況下展開作戰，可是對方同樣也想繞到我方的背後，因此當時的騎乘戰鬥就彷彿是一場二次元的世

界中展開的戰鬥機纏鬥。又，若能在馬背上維持穩定的姿勢，便能夠使出更強、更快、更有自信的攻擊。再怎麼力拔山河、舉世無雙的英豪，倘若不能在馬鞍上保持姿勢、踏穩身形，相信很快就會被人扳倒。

另外如何善加利用馬匹拔腿狂奔的動能進行攻擊，也是個很重要的技術。

作為運動賽事的騎馬長槍比武

騎馬長槍比武是構成巡迴賽（眾騎士相互較量技巧的競技大會）中心的主要活動，是中世紀與文藝復興時期最大的運動賽事。規則與形式雖然各有不同，不過基本上都是採雙方正面突擊、在規定的交戰回數當中讓對方落馬為目的（除此之外還有以擊中部位計算分數的規則玩法）。

此類長槍比武又分成「和平」長槍比試與「戰爭」長槍比試兩種，前者為避免滑入對方鎧甲縫隙或是刺中對方而使用皇冠型的矛頭，後者使用的則是戰場使用的銳利矛尖，不過即便是後者的「戰爭」長槍比試同樣也不允許攻擊馬匹，是嚴重違反規則重度犯規。相反地，真正的戰爭當中卻建議騎士應該要積極地攻擊對方馬匹。

除此以外還有種名為Melee（亦稱Tournai）的競技。這種競技比長槍比試更加古老，是將眾多騎士分成兩個陣營、以棍棒與無刃刀劍展開團體戰的賽事。這原本是種軍事訓練，是在方圓達數公里的開闊地面舉行，而且為求能夠在盡量貼近真實戰場的環境下進行訓練，使用的武器防具都與實際戰爭中使用的相同（也就是真刀真槍）。這種競技雖然不求殺傷對方，卻是以虜獲對手索取贖金為目的（通常由騎士的隨從負責看管拘禁俘虜，他們的主要工作就是遭遇抵抗的時候用手頭的棍棒毆擊俘虜頭顱將其擊昏，趁隙將其五花大綁拖到旁邊安全的地方），不過可以想見的是，有時候此類競技的死傷程度甚至有可能比實際戰爭還來得嚴重。

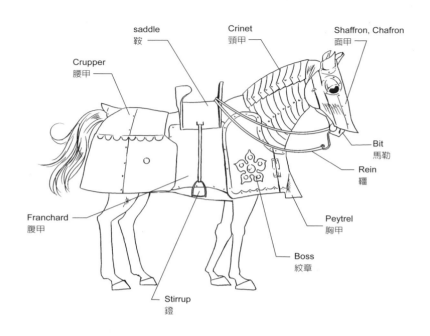

saddle
鞍

Crinet
頸甲

Shaffron, Chafron
面甲

Crupper
腰甲

Bit
馬勒

Rein
韁

Franchard
腹甲

Peytrel
胸甲

Boss
紋章

Stirrup
鐙

 馬甲

　　中世紀大多數的馬匹都是幾乎不作任何防具保護便直赴戰場，唯獨部分富裕的騎士有能力開發保護自身座騎的防具。一般防具包括保護馬頭的「面甲」，除鐵製以外還有皮革與鎖子甲材質。馬匹胴體部分初期是用布製防具，後來改在胸口部分裝設鐵板，最後才漸漸演變形成包覆全身的馬甲。

◆ 馬背上的劍術

　　15世紀葡萄牙國王愛德華一世（註1）（對世界史有興趣的讀者或許會比較熟悉他的另一個身分，他就是航海王子亨利（註2）的哥哥）著作了中世紀

註1：愛德華一世（Edward I）：葡萄牙語作「Duarte」。葡萄牙國王（1433～1438年在位）。在位時增強君主地位，實施皇家《賜地法》改革，持續獎勵航海探險。

註2：亨利（Henry THE NAVIGATOR，1394～1460）：葡萄牙王子。發起尋找新土地的航行，為葡萄牙建立海外帝國打下基礎。生前其船隊最遠到達獅子山，也有人說他的船隊曾經到過象牙海岸。他畢生從未遠航探險。他的榮譽在於大力倡導遠航探險、建造船隊、改進測繪技術和推動海路貿易，開創偉大的地理發現時代。

的第一本馬術指南書，這部作品便也有針對馬背上的劍術進行解說。

　　根據這位國王的說法，騎馬劍術的攻擊法分成水平斬擊、反手斬擊、正面斬擊與刺擊共四個種類，其中水平斬擊與反手斬擊更是當對方迎面而來時的最佳攻擊方法。

　　他又解說到正面斬擊這個攻擊方法，對徒步的敵人和動物固然有效，可是卻幾乎不會拿來對騎馬的敵人使用。另外國王又補充忠告曰，從上而下正面斬擊的時候要避免像日本刀這樣把劍往回抽，斬擊時抽劍可能會連帶砍到自己的腳甚至馬匹，而這樣的案例似乎相當多。根據國王陛下的說法，正確的使用方法應該是要把劍握好、利用全身的重量毆擊對方。

　　其次，他還強烈否定在「Melee（團體騎馬戰鬥）」當中緊急調轉馬頭，或是停滯於原地作戰，而是應該要隨機應變，打倒對方以後便立刻離開、趕緊奔往下一個對手，重複這樣的作戰方法直到穿越整個比賽場地來到另一邊為止。簡單來說，就是要不勒馬不停留只管前進，前進的過程當中見一個就對付一個。根據國王表示，採取這個方法最容易吸引觀眾的目光、能夠使出強力攻擊、避免馬匹因為不必要的旋轉和衝刺而致疲累，同時也將自己的疲勞程度壓低在最小限度。

馬背上的武器

　　也不知道究竟是否因為以遭遇戰作為假設前提的緣故，武術指南書所介紹的武器非常地多樣，包括槍、擲槍、劍、摔角、十字弓等。不光是騎馬對騎馬的技術，書中還收錄有騎兵對步兵的招式、徒步對抗騎兵等招式。實際上雖然有時代性的差異，不過騎士基本上除槍（長矛）、盾和單手劍以外，通常還會在鞍環處吊掛釘頭錘（戰鬥用棍棒）或斧頭甚至是雙手劍（長劍）。

注意

　　筆者並不是很擅長描繪馬匹，因此經常有馬身比例怪怪的等諸多情況。再者，當時的馬具（尤其馬鞍）的文獻資料較少，書中記載馬具也可能跟實際上多有出入，還請留意。

騎乘戰鬥的架式

 『第一』式

　　『第一』式是德式騎馬劍術
最基本的攻擊性架式。右手握
劍、劍身置於左腕，能夠使出名
為「袋斬」的強力攻擊。

 『第二』式

　　　　　　舉劍在顏面側邊、劍尖指向
　　　　　對方，相當於長劍術的『公牛』
　　　　　式。

『第三』式

垂劍於右腿旁、劍尖指
向對方，相當於長劍術的
『鋤』式。

 『第四』式

柄頭靠在鞍頭上（馬鞍前方
的弓狀構造）、劍尖指向對方。
這個架式相當特殊，幾種奪劍技
都是以這個姿勢作結。

 『第五』式

『第五』式是半劍架式，斜置
於身體前方。

6 『豬牙』式（Posta Dnte di Cenghiaro）

　　這是騎馬長槍術的最
基本架式，菲奧雷表示此
架式又分兩種類型：第一
種是長槍指向對方、另一
種則是長槍下垂；從名稱
來看，此架式的姿勢應以
後者爲多。垂下長槍可以
讓對方無法用槍挑開我方
武器。這個架式有幾種使
用方法，包括刺擊對方馬
頭馬胸、從下往上挑開對
方長槍然後刺擊等。德式
武術將這個長槍下垂的架
式稱爲『第一』式。

 ## 7 『防護』式（Cover）

　　這個架式其實並無正式名稱。
舉槍過頭，左手撐住槍柄，槍尖則
是指向對方或者朝地。這個架式出
自於塔爾霍夫的介紹，面對手持十
字弓的對手時候用長槍遮蔽保護身
體。

『第一』式下的刺擊
Thrust from the First Guard

出典：Ringeck/Tobler, p. 362.

　　這是先撥開對方長槍，接著再用我方長槍刺中對方的招數。乍看之下或許並不覺得，但其實這招的原理跟長劍的「格擋刺擊」是相同的。

1

雙方正面衝突。這時候師父故意裝作疲累、將槍頭垂往左下方（德式武術將此架式稱為『第二』式）。

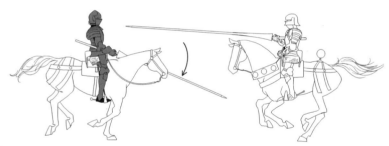

2

師父從左下方挑起長槍，將弟子的槍往右上方撥。師父長槍沿著弟子長槍向前滑去，以弟子的長槍作為導引，也就是說這樣自然就能夠命中弟子。

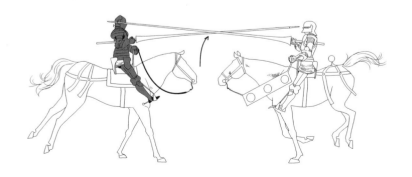

『尾』式
Coda Lunga Play

出典：Fiore(Getty), 44r.

　　『尾』式是菲奧雷騎馬劍術的架式，是將劍置於左邊側腹的姿勢。基本上原理與長劍的「格擋刺擊」相同。

1

師父擺出『尾』式。垂劍於左側，隨時可以橫向撥開對方的攻擊。

2

撥開弟子的攻擊。順勢將劍尖指向對方，朝弟子顏面刺去。

騎乘戰鬥技3

如何反制『尾』式
Counter against Coda Lunga

出典：Fiore(Getty), 44v.

1

弟子採『尾』式準備要撥開師
父的攻擊。

2

師父將劍尖向後倒、躲開弟子
的防禦，順勢以柄頭毆擊弟子
顏面。

3

接著砍向弟子的後腦勺。

後方擒拿
Grab from behind

出典：Fiore(Getty), 45r. Fiore(Pisani), 33r.

這是拍馬追上逃跑中的敵人、將其扯下馬的招式。

1

從左後方趕上弟子、從後面捉
住弟子頭盔的右頰部位，把弟
子往後拉倒。如果對方沒有戴
頭盔，則可以捉頭髮或右臂拉
扯。

2 反制

如果被師父從後面捉住，則將
韁繩轉交給右手，左手抱住師
父的右手。菲奧雷並未講到接
下來要怎麼做，推測應該是要
絞鎖師父的右臂關節。

奪取韁繩
Pulling the rein

出典：Fiore(Getty), 45v. Fiore(Pisani), 33v.

　　拉扯對方韁繩令敵馬急轉彎，接著再策馬衝撞把敵馬撞倒。之所以繞過馬脖子去捉韁繩，應該是爲了使衝撞的方向與敵馬調頭的方向一致，能夠更加確實地將對方的馬給撞倒。

1

交錯間伸手越過弟子馬匹的馬脖子，捉住馬勒（讓馬咬在口中的馬具）附近的韁繩。

2

用力拉扯弟子韁繩，同時驅馬衝撞弟子的馬。

3 反制

師父正要伸手去捉韁繩時，弟子右手抱住師父頸部，如此弟子就算倒地也會把師父給拖下馬，師父就只能乖乖地放開韁繩。

袋斬
Taschenhaw

出典：Ringeck/Tobler, p. 366. Talhoffer(1467), pl. 258-260.

「袋斬」是從下往上挑開對方攻勢的招式，可能是因爲動作很像是從腰包裡取出東西來，遂有此名。這招後來又衍生出極多招式，在德式騎馬劍術裡面佔有很重要的位置。

1

師父擺的是『第一』式。

2

從下往上撥開弟子攻擊，接著可以順勢砍向弟子頭顱，也可以朝顏面刺擊。如果弟子擋下這波攻擊，則可迅速以後刃砍向弟子的韁繩或是右腳。

3 「袋斬」後的投擲技

撥開弟子攻擊以後，右手撈向
弟子頸部，柄頭繞到弟子頸
後。

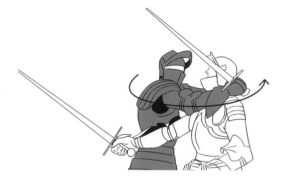

4

左手捉住柄頭往回拉，把弟子從馬
鞍上扯下來。

對騎兵技
Spear on Foot against a Chavalryman

出典：Fiore(Getty), 46r. Fiore(Pisani), 34r.

　　就理論而言，步兵握持長度夠長的槍矛對抗騎兵可謂是佔有壓倒性的優勢，只不過這個優勢有個前提，那就是這個步兵必須要能夠鼓足勇氣踏穩腳步。幾乎很少人能夠在看到將人生大半時間均投注於嚴格訓練的騎兵，騎著巨大戰馬殺氣騰騰往自己衝過來的時候，還能夠冷靜以對。這裡我們且將這些精神層面的問題擺在一旁，講講能夠保持冷靜的步兵是如何應對的。

1

師父持槍衝刺而來，弟子擺出『豬牙』式以待。

2

弟子右腳先往左踏出一步，然後左腳再斜踏右前方。同時長槍將師父的槍往左撥開，並以師父長槍作為導引、順勢滑過去，刺向師父的胸膛或顏面。筆者的感想是，菲奧雷的步法還是老樣子，看起來好像很容易讓人兩腿打結，這大概已經可以說是種癖好了吧。

托槍架

中世紀的鎧甲通常在胸口部位會有個名叫托槍架的突出物。一般都將其解釋爲支撐長槍的器具，但其實這是「Lance Rest」這個名字所造成的誤解，其實它最主要的功能並非支撐長槍的重量。

那麼它究竟有何用處呢？它能夠固定長槍、讓長槍不會前後移動。騎兵長矛在握把後方有個名叫「Grapper」的圓盤金屬構造，用托槍架卡住「Grapper」則長槍就不會滑動，便能夠增加操控性。

不過這還不是托槍架最重要的功能。

托槍架尚未目世以前，騎兵只能以手腕和肩膀去吸收騎兵長矛命中目標時的衝擊後座力。這也就是說，當人馬一體重達數百公斤的巨大肉塊以時速數十里的速度全力衝刺時，所有衝擊力道都將集中於此，整支長槍往後脫手而出、弄傷手腕肩膀甚至脫臼，想來也是常有的事。

托槍架能夠吸收這個衝擊力道，將其傳導至胴體的鎧甲；如此從騎兵長矛傳來的衝擊力道便可以分散至金屬板材打造的胴甲各部，非但能夠保護使用者的手臂肩膀免於受傷，同時還能對敵人造成最大限度的殺傷力。

托槍架有的是以木製螺絲固定Grapper，有的則是可以裝拆的插針固定式（以義大利鎧甲爲多），形形色色種類繁多。

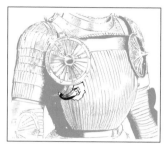

馬克西連式甲冑上的托槍架。德國，1515～1525年。

15世紀晚期「Boshamp Pageant」描繪的騎兵長矛。可以看見握柄後方有Grapper的構造，不知爲何畫家卻將Grapper給畫反了。

奪劍
Pommel Hook Disarm

出典：Talhoffer(1467), pl. 255.

　　德式單手劍武術經常可以見到許多這種利用**翻轉手腕格擋攻擊**的技法，這種技法可以有效地卸開對方的攻擊，其效果在馬背上似乎更爲顯著，曾經多次被提及。插畫中使的是單手劍，如果改用單手握持的長劍之類握柄較長的武器，則成功率應該會更高。

1
翻轉手腕格擋弟子的攻擊。

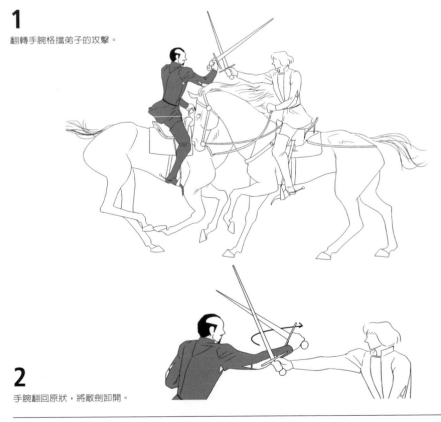

2
手腕翻回原狀，將敵劍卸開。

3

柄頭勾住弟子手腕。

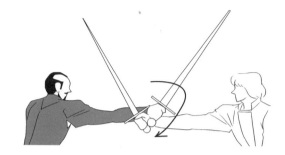

4

劍往回收，奪過弟子的劍。此
時的姿勢是『第四』式。

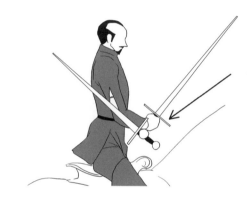

砍大腿
Leg Cut

出典：Talhoffer(1459), 124v, 125r. Talhoffer(1467), pl. 252, 253.

翻轉手腕卸開攻擊然後砍擊對方大腿。這個招式非常單純而且快速，在瞬間就會擦身而過的騎馬戰鬥中特別有效。為方便讀者觀察理解，插畫中將馬匹省略別去。

1
弟子翻轉手腕接下師父的攻擊。

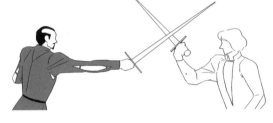

2
將手腕翻回原狀。

3
攻擊大腿或其他部位。

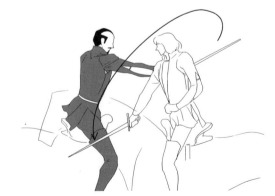

第12章

短棍

短棍概說

短棍乃是所有長柄武器之基礎。

（Joachim Meyer）

短棍的歷史

短棍是種在德國特別受到愛用的武器。不光是一般市民作防身用途，就連上層階級，甚至那位自稱「最後的騎士」的神聖羅馬帝國皇帝馬克西米連一世（Maximilian I）也是短棍術的愛好者。

與此同時，短棍也是學習棍棒、槍、步兵長矛、瑞士戟、戈矛等長柄武器的「學習基礎用的武器」。邁爾一概將短棍稱呼為「槍」（德語版作Spiess，拉丁語版為Hasta），便可顯見當時普遍將短棍視為練習用的槍。

梅耶則是將短棍稱為「Halbstang（半棍）」，已經將其定位為長棍一半長的武器了。

短棍的規格

短棍長度一般都在150～210cm，180cm左右乃是標準長度。材質則與長槍同樣，以梣木最為普遍。

短棍各部位的名稱基本上與槍相同。握持方向的前端稱為「棍頭」，後端稱為「鐏」，中間部分則稱「柄」。梅耶分類則有些許不同，他是將短棍分成靠近棍頭的「弱」的部分、靠近前手的部分、雙手中間部分以及後手的後方這四個部分。這是以卸勁方法為基準的分類。

握持方法

短棍（與長柄武器）的握持方法有兩種：一般均採雙手手背指向不同方

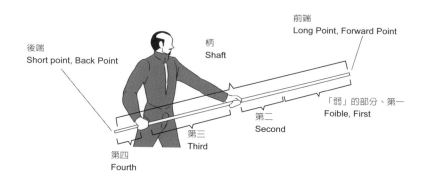

向的握法，常見於比較古老的武術指南書。另一方面，雙手手背面向相同方向則是比較新的握持方法，邁爾就偏好使用這種方法，這種握棍方法有利於迅速調轉武器頭尾，基本上是使用於握持武器中央部分的時候（棍術將這種握持方法稱爲半棍）。

　　17世紀的波那凡圖拉・庇斯多費羅（Bonaventura Pistofilo）表示，前者（他稱爲自然握法）握持的感覺比較自然、比較方便使出刺擊與斬擊，不過相反地持棍者必須對握持切換的方法相當熟練才行。另一邊的半棍式握法適合使用斬擊與反手刺擊，可是切換握持方法的難度卻相對地高，不太適合使用在極近距離下的戰鬥。至於究竟該選擇哪種握持方法，就要視乎使用者所受過的訓練以及當時的狀況而異。

　　突刺攻擊也有兩種方法：一是雙手向前送的刺擊方法，另一種則是僅以後方手將武器往前送、讓武器穿過前方手掌刺擊。

■棍的握持方法

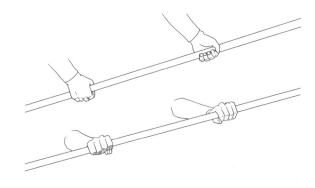

上圖為普通握法，
下圖則是半棍握法。

短棍的架式

 『上段』式（High Guard, Oberhut）

　　後述章節的長柄武器也會使用到短棍的架式，因此筆者將會盡量地詳細介紹。這是個以棍棒毆擊的架式。梅耶說無論將短棍放在左右哪邊都無所謂，腳步倒總是以左腳在前。兩腳間隔也比普通踏出前腳（左腳）來得稍窄。

 『中段』式（Middle Guard, Mittelhut）

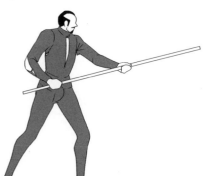

　　短棍置於身側、棍頭指向對方的姿勢，梅耶表示這是使用頻率最高的架式。相當於劍等武器的『刺擊』式，邁爾稱為『強』式，梅耶則稱『刺擊』式。

『下段』式（Low Guard, Underhut）

將『中段』式的棍頭指向地面。棍頭方向可視狀況而指向右方、左方或者中央。

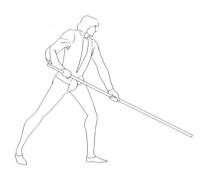

『橫』式（Side Guard, Nebenhut）

握持短棍中段部分，棍頭朝後、鐏則是指向前方。

『梯子』式（Rudder Guard, Steürhut）

這個架式有分攻擊用與防禦用兩個種類。防禦用『梯子』式是將鐏高舉過頭，棍頭垂向前方地面。攻擊用『梯子』式則是將防禦用架式的棍頭挪到後方而已。

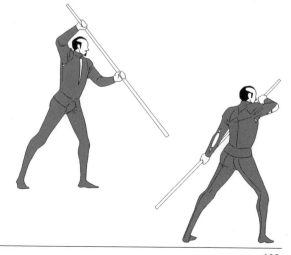

『下段』式
Low Guard Combat

出典：Meyer, 3.19v, p. 251.

　　這是撐棍使其旋轉卸開對方刺擊，並立刻予以還擊的招式。各種武器、地區、年代的武術指南書都可以見到這種扭轉長柄使武器旋轉的方法，可謂是種最基本的技巧。

1

師父採『下段』式。梅耶建議這時應該彎曲膝蓋、身體前傾。

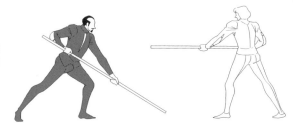

2

撐轉短棍，從右往左卸開弟子的刺擊。這時師父的短棍就停在『中段』式的位置（也就是棍頭指向對方的位置）。

3

趁弟子體勢未穩之際向前踏步刺向弟子顏面。

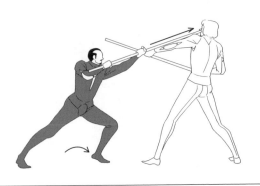

短棍技2

『橫』式下的攻擊
Fight from the Middle Guard

出典：Meyer, 3.21r.

如大車輪般旋轉短棍牽制對手，並施以毆擊。

1

師父採『橫』式。

2

一旦弟子進入攻擊範圍內便撒開左手僅以右手持棍，由左往右橫向往弟子的面目揮擊。為何只使用單手攻擊，梅耶說是這樣能夠讓攻擊的速度更快。這時候師父再踏出左腳。

3

繞過頭頂揮舞一圈以後左手捉住短棍，從上方毆向弟子的頭部或短棍，切換成『下段』式。

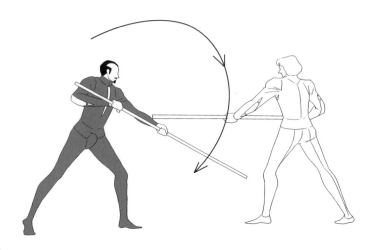

4

如果弟子趁師父擺『下段』式時朝顏面刺來的話，師父趕緊將右腳踏向右前方、調轉短棍以棍尾撥開弟子攻擊，立刻用棍尾戳向弟子的臉。

腦擊・冠擊
Hirnschlag, Schöfferschlag

出典：Meyer, 3.23v, 3.24r, 3.24v, pp. 254, 255.

　　這招是以單手持棍毆向對方頭部的奇襲技。梅耶說這招有個非常重要的重點，那就是必須避免讓敵人洞察我方意圖，同時還要想辦法讓對方的短棍無法立刻反應。

1

雙方以棍頭部分交纏。此時師父作勢要朝弟子的顏面刺擊。

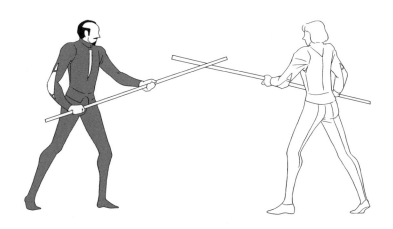

2

一旦弟子上當，師父便挑起右
手用力揮舞短棍、放開左手。

3

僅以右手單臂持棍，踏出右腳
擊向弟子頭部。

4 冠擊

所謂冠擊是指右手以反手握棍
狀態進行毆擊。其實梅耶的說
明本來就有點模糊曖昧，所以
這個解釋也有可能是錯的。

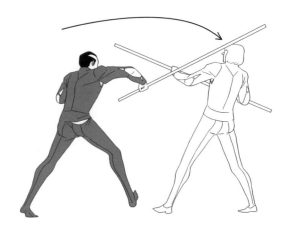

短棍技4

上段交纏狀態下的攻防
The First Upper Bind from the Right Side

出典：Mair, pp. 10-11.

接下來要介紹的是邁爾的短棍術。邁爾的招式有個特徵，那就是他會透過互相調換攻守角色藉以找尋出攻擊距離比較長的攻防方式。

1

上段交纏狀態。師父判斷弟子乃是採取「剛性」交纏。

2

如果弟子果真採取「剛性」交纏，便踏出左腳調轉短棍，刺向弟子雙眼。

3 反制1

師父按照前述流程，正要踏出左腳。

4

弟子左腳踏向左方，拄棍擊落
師父攻擊。

5

棍尾刺向師父顏面。

6

如果師父擋下這記攻擊……

7

踏出右腳調轉短棍擊向師父頭部。

8　反制2

撤回左腳，推開弟子的毆擊。

9

隨後刺向弟子顏面。

舉棍刺胸

Two Thrusts to the Chest from Above, both on the Left Side

出典：Mair, pp. 42. 43.

　　正如前述半劍與短劍章節介紹過的，捉住對方武器在歐洲其實是相當頻繁的行為，這在槍和棍棒等武器來說也是同樣的。本項介紹的招式便是捉住對方的武器、進入相當複雜的交纏攻防，以及其反制技。

1

雙方採『梯子』式準備使出刺擊。

2

弟子踏出左腳，短棍穿過師父雙臂中間刺向師父左胸。

3 反制1

見弟子刺來，師父左手撒棍、捉住弟子棍頭附近。

4

短棍從左肘上方插進弟子腋下。

5

踏出右腳以右肩面向弟子，鎖住弟子的身體。應是以插在腋下的短棍將弟子左腕往後方扭。

6 　反制2

這是遭師父鎖住的狀態。

7

立刻撒手放開短棍，左腳踏在師父右腳後跟，右手捉住師父右膝，然後右手抬師父右腳、左手翻轉師父身體將其摔投。

壓制摔投
A Throw from which He is Restrained

出典：Mair, pp. 44, 45.

這個招數分成兩個部分，前半段是短棍的攻防、後半段則是欺身後的摔角技。

1
雙方擺好架式。

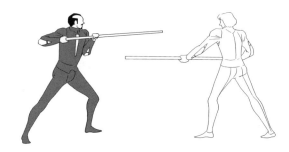

2
師父踏出左腳、朝弟子顏面刺擊。不知為何緣故，原文將這個攻擊稱為「躍步斬切」。

3 反制1
翻捲短棍撥開師父攻擊，順勢踏出右腳刺向師父胸膛。

4 　反制2

見弟子刺來，師父踏出右腳、
以雙手間的棍柄將其卸開。

5

撒棍後雙手捉住弟子股間，將
弟子翻倒。以環抱腰部的要領
抱住大腿翻摔。

6

將弟子放倒以後，右腳踏進弟
子雙腳中間、右膝叩擊弟子胯
下。

7

左腳圈住弟子右腳封鎖其動作，同時壓制弟子雙手或絞鎖喉嚨，利用體重壓制弟子。

8 反制

師父正要膝擊胯下。這個時候，弟子首先要確保雙手活動自由。

9

師父正要整個壓上來的時候，單手（圖中為左手）揪住師父顏面。不只是揪而已，還可以用大姆指扣住師父下顎、其他四指戳向雙眼用力挖，另一隻手則是同時毆向師父胯下。另外伸直被挾在師父雙腿中間的那條腿（圖中為右腿），候地抬起膝蓋叩向師父胯下。

第13章

長棍

長棍概說

倘若使用者無法善加發揮其他所有武器（亦即短棍、威爾斯鈎矛、闊頭槍、西洋大刀等）長處，則長棍、摩爾長槍、標槍以及其他長度超過「完全長度」的武器就可以佔得優勢。

(George Silver)

 ## 關於長棍

邁爾在他自己的著作裡面講到長棍這個武器，拉丁語作「Lancea」，德語則稱為「Langenspiess」（長槍）。同樣地，西爾弗也經常將長棍與摩爾長柄步矛（來自「摩爾人（註）的長槍」（Moors' Spike）一語，與長柄步矛同義）、標槍（標槍此語在當時是長柄步矛的同義語）相提並論。換句話說，其實長棍的定位與其說是種獨立的武器，反倒比較像是長柄步矛（長槍）的練習道具。像這種極長的武器，可以在組成嚴密陣形的團體戰當中發揮其真正價值（西爾弗也並未否定這個說法），相反地在個人戰當中卻並不好使。也許是因為這個緣故，絕大多數武術指南書並未就長棍（長柄步矛）使用方法進行解說；就算果真有所記載，也鮮少附有插圖。梅耶曾經表示由於武器太長，從書本版面編排角度來說很難添載詳細的插畫。

 ## 長棍的規格

一般來說，長棍的長度約為短棍的2～3倍。武術指南書當中記載的長棍尺寸，邁爾的約3m，梅耶的則有3.6～5.5m長，西爾弗則是以每2英呎為單

註：摩爾人（Moor）：英語文獻中指摩洛哥人，亦指在11～17世紀創造了阿拉伯安達魯西亞文化，後在北非作為難民定居下來的西班牙穆斯林居民或阿拉伯人、西班牙人及柏柏爾人的混血後代。偶爾也指一般的穆斯林，例如斯里蘭卡或菲律賓的摩爾人。

位區分12英呎（365.7cm）到18英呎（548.6cm）的長棍。材質基本上是使用樺木，重量大致在3～5kg左右。

迪格拉西記載的長棍握法

迪格拉西曾經就當時較常使用的兩種握棍方法舉出其缺點。握持長棍中央部位，乃是「追求武器使用方便、欲藉此減低疲勞的人」偏好的握棍方法，迪格拉西卻說這樣就會犧牲攻擊距離，比較危險。至於握持長棍尾端的方法則是「肌力強健但心性較弱者」偏好的握棍方法，此法雖可確保攻擊距離但操控難度較高，會白白浪費體力。迪格拉西建議，右手應該握在距離棍尾單臂長度的地方，左手則是虛握於右手前方，然後以右手催動、好似使長槍在左手掌中滑動般的要領操使，使用方法跟日本的長槍術完全相同。

■迪格拉西的長棍握法

迪格拉西本人曾留下但書說此握法「解說的並非戰鬥上的武器使用方法」。

長棍的使用方法

像長棍如此長的武器因為受到長度限制，無法做出細膩的動作與迅速靈活的切換，因此基本上並不建議使用假動作。迪格拉西主張應該「永遠」選擇將對方的長棍向下擊偏；因為長棍極長、難以迴避攻擊，而且長棍一旦遭擊偏又很難快速回復備戰姿勢，破綻極大。

瑞士的長柄步矛兵是握持長柄的後端、將長矛高高舉起從上往下刺擊，另有記錄表示德國國土傭僕（註1）的長柄步矛兵則是握持長矛中間部位，從下方向上送出刺擊。曾經住過德法國境附近的城鎮斯特拉斯堡（註2）的梅耶將握持長棍中央的姿勢稱為『戰場』式（戰場上用於防禦），或許也可以說是證明國土傭僕長柄步矛兵當時是握持長柄步矛中間部位作戰的間接證據。

註1：國土傭僕：請參照P.303譯註。
註2：斯特拉斯堡（Strasbourg）：法國東部亞爾薩斯大區下萊茵省城市和省會，位於萊茵
　　　河西面4公里的德法邊界上。

長棍的架式

 『上段』架式（High Guard, Oberhut）

這是個長柄步矛矛頭指向上方的架式，乃以從上往下的毆擊爲其目的。文獻並未記載矛頭應該舉到何種高度爲佳，但似乎並不需要舉得太高。不知道什麼緣故，迪格拉西卻稱此架式爲『下段』。

 『開』式（Open Guard, Offenhut, Custodia Aperta）

所謂『開』式是長棍術或長柄刀術稱呼一般所謂『上段』架式的用語，偶爾也會稱其爲『自由』式。長棍術裡的『開』式有左右兩個版本，其間差異頗大。

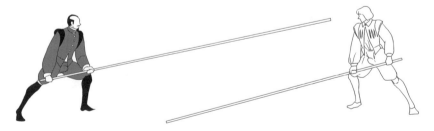

左『開』式是左腳大步向前踏出、右手握持棍尾，左手則置於左膝蓋附近。左右兩個版本最大差異在於棍頭指向，左『開』的棍頭乃是朝上。

右『開』式是右腳在前、槍頭拖地，身體稍稍壓低。左手握住棍尾附近，右手置於右膝處。

刺擊用『上段』架式（Oberhut zum Stoβ）

　　這是個將長棍舉到胸口高度，左手置於胸口、右手向後拉的姿勢，正如其名是個使出刺擊的架式。這個架式經常出現在當時描繪長柄步矛戰鬥場面的繪畫與插畫中；第三排以後的士兵就是用這個架式握著長柄步矛、將長矛伸出前排士兵肩膀。在文藝復興當時，這似乎是擁有歐洲最強美譽的瑞士長槍兵偏愛的架式。

 『抑』式（Dempffhut）

　　大步跨開雙腿，將棍尾固定於右腿內側、左手盡可能前捉並豎起棍頭。這招可以用來從上而下擊偏對方長柄步矛或其他長柄武器並壓制之，或是使敵人無法欺身進入其攻擊範圍。

 『防壁』『交叉』式（Schrankhut, Custodia Cancella）

　　這架式與菲奧雷的長柄斧術頗為類似，只是方向相反。此架式之真意今已不得而知，料想應該是從平常左手左腳在前的姿勢突然向右前方踏出右腳所形成的架式。

反捲
Durchwinden

出典：Meyer, 3.43v, p. 271.

　　這是個捲動長棍卸開對方刺擊並加以反擊的技巧。

1

弟子採『中段』架式（見載於本書書末）或將長棍置於身體前方的姿勢時，師父從左側與弟子長棍交纏。手中長棍眼看就要朝弟子刺出。

2

弟子欲先發制人先刺將過來，師父右手逆時針方向捲動長棍。師父以左手為支點旋轉長棍，將弟子攻擊卸往左方（原文並未記載，不過從插畫看起來師父似乎有往右側踏出）。

3

刺向弟子，然後退出攻擊距離之外。

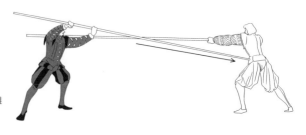

兩種以武器「強」「弱」部分從左側交纏・其一
The First Two Binds from the Left Side with the Weak and Strong

出典：Mair, pp. 56, 57.

1

雙方對峙。

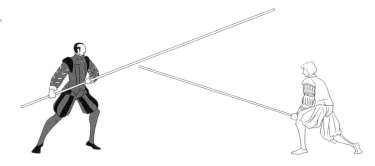

2

師父右腳斜踏右前方，朝弟子刺出。

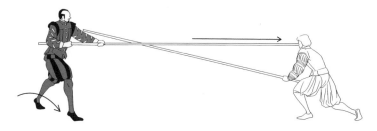

3 反制

卸開師父的攻擊。

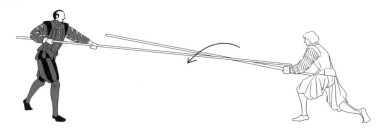

4

踏出右腳，朝師父胸口刺擊。

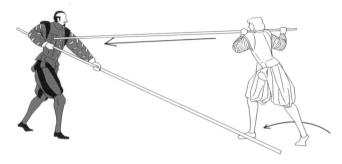

5

若師父將刺擊卸開則抽回右腳，棍頭放到地面、右手高舉過頂。

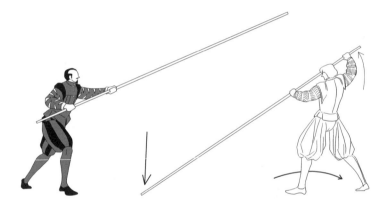

6

再度踏出右腳，拉下右手挑起棍頭刺向師父胸口。這個挑棍動作有幾個目的，一是可以使得原本動作遲鈍的長棍變得靈活，一是可以用右手轉動長棍、撥開師父的長棍。

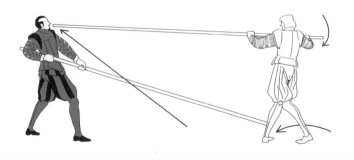

7 反制

卸開弟子攻擊。

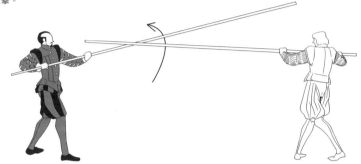

8

收回右腳,將長棍高舉過頂。

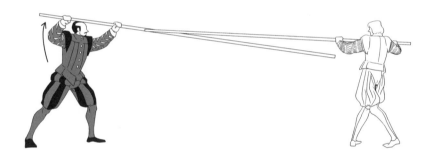

9

刺向弟子。若弟子擋下這招,則收回右腳退出攻擊距離之外。

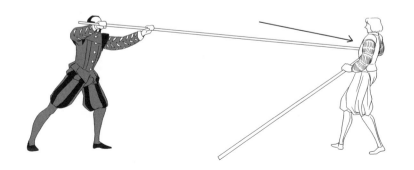

交纏後驅前投擲
A Bind Followed by a Charge-in and a Throw

出典：Mair, pp. 78, 79.

1

師父利用武器右側「強」的部位與弟子武器交纏。

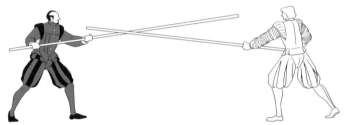

2

迅速鑽進弟子武器下方，刺向弟子左側。

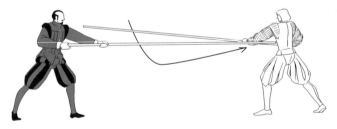

3 反制

以雙手間的棍身卸開師父攻擊。

4

維持雙方長棍接觸的狀態下，長棍高舉過頭、把師父長棍往上推去，然後使盡全力朝師父眼睛或胸口刺擊。這個刺擊姿勢雖然看來怪異，邁爾書中卻經常可以看到這個狀態。但由於德語版原文有提到「Halben Spieβ」（半棍）這個單字，若採用這個說法，那麼這招應該是以調轉長棍頭尾端、避免雙手交叉的姿勢使出刺擊的招式。

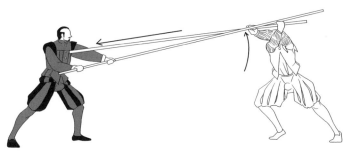

5 反制

師父拋下自己的長棍，右腳斜踏右前方、左手撥開弟子長棍。

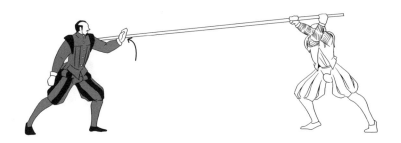

6

接著右手捉住弟子長棍中央部分。

7 反制

倘若長棍遭對方捉住，則右手撒開長棍向前移動。原文雖然並未寫到接下來會如何發展，推測弟子應該是會扛起長棍、從底下鑽過去，然後捉住師父右肘上方。

8

繼續前進，右手從左臂下方鑽過、捉住師父左肘。

9

雙手全力扛起師父，一頭鑽進左腕底下轉過身來。

10

順勢將師父揹起來。原文只寫到這裡，這大概是在拋投出去前的那個剎那停止下來，好讓對方可以採取受身姿勢，就跟柔道的練習同樣。

第14章

四角棍

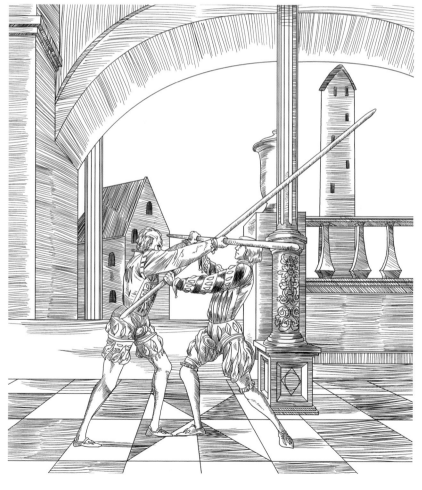

四角棍概說

> 若是我祖國的武器四角棍⋯⋯
> 最多可以一次打六個。
>
> （Richard Peeke）

四角棍的逸聞

　　1625年英格蘭船員理查・皮克遭西班牙軍隊俘虜，最後移送審判。西班牙人大概很想試試英格蘭人的格鬥能力吧，遂命令皮克先跟一個叫作「提亞哥」的西班牙人持西洋劍與短劍交戰。

　　經過一番纏鬥打倒提亞哥以後，西班牙人又要皮克準備下一場戰鬥，皮克回答說如果是他「祖國的武器」四角棍就可以，很爽快地答應了。皮克見對方兩名西班牙劍士出列，頓發豪語說「我可以打六個」，最後便是以三個打一個展開了決鬥。

　　西班牙人準備給皮克的四角棍其實是從瑞士戟頭拆下來的棍柄，即便如此，最終仍然是由皮克勝出（對方三人的下場分別是死亡、重傷、西洋劍被擊落無法繼續戰鬥），於是西班牙政府才將皮克給遣返回英格蘭去。就算四角棍是比西洋劍還要強的武器，能夠同時面對三位當時譽為歐洲最強的西班牙式劍術劍士並且獲得勝利，皮克的武藝可謂是相當地高強。

　　以上是皮克在遣返回國的隔年1626自行出版的內容，固然很有可能是自吹自擂，不過這也算是足以證明四角棍如何受到當時英格蘭人高度信賴的資料。

四角棍的歷史

　　四角棍與長弓是英格蘭最具代表性的兩種武器。它非常便宜（1527年法庭審判便記錄到凶器四角棍的時價為1便士）而且非常有效，因此從旅行者防身用途、運動等娛樂用途，使用非常地廣泛。又因為四角棍的殺傷力比劍低（低也只是程度問題，全力毆擊還是可以一擊致人於死），鬥毆也經常使用。

　　西爾弗表示四角棍是個人戰當中僅次於威爾斯鉤矛的次強武器，如果對方的裝備是劍與小型圓盾，可以一個對付兩個（不過他也說到四角棍攻擊力不足，不推薦在戰場使用），因為四角棍可以用速度對付步兵長矛等比四角棍更長的武器，對付較短的武器則可以攻擊距離取勝。

　　四角棍術還有個優點，那就是所有棒狀物體都可以拿來當作四角棍使用。前面那則拆瑞士戟頭便立刻變戟為棍的故事便是如此，其他文獻也曾經記錄到以船槳作棍使用的案例。

 ## 四角棍的名稱

　　其實四角棍這個名稱是直到比較近期的時候方才固定下來的。當時的文獻對這種武器多有稱呼，諸如Quarter-Staff、Club、Cudgel、Stave、Staff、Short Staff、Balstaff、Balkstaff、Tipstaff等。那為何最終是四角棍（Quarter Staff）脫穎而出呢？華格納曾經就這個問題提到了四種說法：

1‧從1589年的記錄推測
　　當時的木材會先切斷製成固定的長度（24英呎，7.32m），而四角棍便是將其切成四分之一長度所製成的。不過也有人反駁說，依此法製作的棍長約180cm、比普通四角棍還短，因此不可信。

2‧長度基準
　　因為棍長等於使用者的身高再加上1/4身高。

3‧握持方法
　　華格納表示這個說法最為可信，將棍身分成四等分，右手握棍身中央、左手握距離柄尾1/4位置處，遂有此名。

4・攻擊方法

　　這個說法指出所謂「Quarter」其實是中世紀文藝復興時期的英格蘭武術的技法，是種畫出大幅度弧度毆擊的最強攻擊方法。武器名稱便是來自於這攻擊方法。

四角棍的規格

　　西爾弗曾經表示四角棍的長度是「最理想的長度」。這個長度是「左手拄棍直立，右手盡量往上伸、捉住棍身，然後棍長加上雙手間握持棍身的長度」，大約落在7英呎（213.3cm）到9英呎（274.3cm）的範圍內。直徑則是出人意料地粗，大致在2.5～3.8cm。重量爲2～2.5kg。

　　爲提高刺擊能力，大多都是採用兩端尖突的形狀。

四角棍的使用方法

　　四角棍的握持方法跟長短棍或長槍等武器恰恰相反，是右手在前握住棍身中央，左手在後握住棍尾附近。四角棍的各部位、名稱便是以這種握持方法爲準、根據棍身與手的位置關係而分類，前端是普通攻擊使用，後端則是對方欺近的時候使用，前後兩端的用途有清楚的區分。此外，四角棍術有別於其他以刺擊爲主要攻擊手段的棍術，乃是以打擊爲基本；其打擊力道相當驚人，就連西爾弗也說到最基本的防禦技術，就是要在對方攻擊成勢以前將其擊落。鼓勵假動作的使用也可以說是四角棍術的一大特徵。

　　最後西爾弗還曾經留下使用雙手劍「要比照四角棍那樣使用」的文字，可見四角棍術吸收有不少的雙手劍術的操作方法。筆者推測，右手在前握持四角棍的獨特握持方法，恐怕也受到雙手劍術不少的影響。

兩端尖突的四角棍。後段（下）有鐵製柄蓋，前端（上）則是沒有。

■四角棍的握持方法與部位名

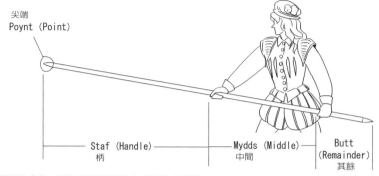

尖端
Poynt (Point)

——— Staf (Handle) ———
柄

Mydds (Middle)
中間

Butt
(Remainder)
其餘

此乃西爾弗的命名，括弧內則是華爾德（18世紀）的稱呼。

四角棍的架式

『上段』式（High Ward）

　　西爾弗在講到四角棍架式的時候，曾經講到「棍頭朝上的架式兩個，朝下的架式兩個」總共有四個架式。這裡介紹的架式雖然名為『上段』，實際卻是德式的『梯子』式；至於我等平常想像中的上段架式則是所謂的『開』式。這是個在頭頂格擋對方攻擊的架式，斯威特曼說這是最適合夜間戰鬥的架式。又，「Ward」這個單字是「擊開」的意思，就相當於現代英語當中的「Guard」。

『下段』式（Low Ward）

　　這是四角棍術當中最基本的架式。正如同前述的『上段』，這個架式也經常與普通的『下段』式混淆，其實卻相當於德式的『中段』式。

③ 『聖喬治』式（St. George Guard）

　　聖喬治（註）是英格蘭暨武術的守護聖人，傳說這是他用來擊退惡龍的架式。這應是德式武術『憤怒』式的一種（請參照P.10圖版最右端的人物）發展而成，水平握持武器揭於頭頂，用來格擋從上往下揮擊的攻擊。這個架式頭頂上的防禦固然牢靠，相反地其他部位卻是破綻百出。或許是因爲這個緣故，西爾弗並未在他的武術指南書裡面介紹到這個架式。

註：聖喬治（Saint George）：3世紀的基督教殉教者、英格蘭的主保聖人。沒有關於他的
　　生平資料，但是6世紀起就已經有關於他的種種傳說，而且愈來愈豐富，說是喬治曾
　　救女郎免於惡龍之害。此題材常見於藝術作品。

當對方力氣比較大的時候
If Your Opponent is too Strong

出典：Silver/Instruction, p. 304

1

師父從上方劈擊過來。

2

因為師父的力氣比較大，女弟子如果正面去接這記攻擊，搞不好武器就會被擊落。於是乎女弟子便撤回前方的腿向後退，躲開師父的攻擊。女弟子又將棍頭放低，以免不小心碰到師父的攻擊。

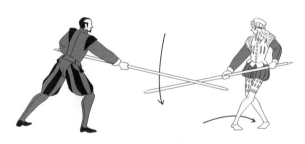

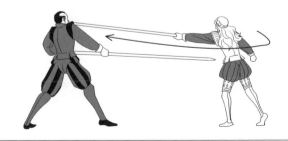

3

趁師父立足未穩之際單手刺去，並且立刻拉開敵我距離。

四角棍技2

當敵人從上方毆擊襲來
If He lye a Loft with His Staff

出典：Silver/Instruction, p. 304.

這招的背景情況與前一招相同，只不過這次我方擁有足夠的力量抵抗對方。

1

師父從上方發動攻擊。弟子擺出『下段』式，盡可能縮短敵我兩柄四角棍間的距離（或是盡量接近師父的攻擊線），以備師父攻擊。

2

趁師父攻擊勁道未足之際，橫向擊落師父的四角棍。

3

趁師父體勢尚未回穩以前使出單手刺擊，然後趕緊拉開距離。如果見到師父快速回穩，那就不要勉強進攻，直接拉開距離。

逆手持棍
Reversed Grip

出典：Silver/Instruction, pp. 305, 306.

　　逆手持棍是左手在前、右手在後，不算是個正式的握棍方法，不過西爾弗卻也說到「有人說這樣比較好使」。這基本上是個捉住對方武器、迫使戰況進入近身戰鬥的招式，在普遍比較傾向保持距離的英式武術當中可謂是相當不一樣的一招。西爾弗還說到如果以普通握棍方法使用這招的話，只要伸左手捉住對方的四角棍便可化解。

1

雙方交纏狀態。

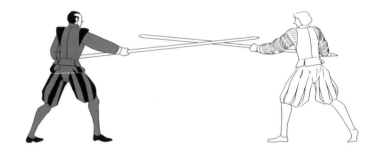

2

弟子右手迅速滑到左手旁邊、左手捉住師父棍頭。西爾弗寫到要「大姆指朝下」捉棍，應該就是像插圖裡面畫的這樣是反手捉棍。至於弟子伸左手捉棍頭以前要先把右手移到左手附近，大概是因為要防止武器失去平衡、以致無法使用自己的四角棍。

3

封鎖住師父的四角棍，接著便
調轉自己的四角棍。雖然原文
當中並無記載，不過我們可以
推測接下來弟子應該會用力將
師父的四角棍往回扯。

4

以棍尾刺向師父，往後退出師
父的攻擊距離之外。

5　當對方的力氣較弱

如果對方的力氣比較弱，捉住
棍頭往回抽的時候，對方應該
就會往我這裡飛來。如此就
無暇調轉棍頭，最好選擇迅速
將對方摔投出去。

6　當對方的力氣較強

如果對方的力氣比較強，那就
要在我方被拉過去之前趕緊撤
手，拉開敵我距離。

從『下段』式使出的反制技
Defence from the Low Guard

出典：Swetman, p. 135.

光是根據插畫來判斷的話，則斯威特曼的四角棍看起來大概只有180cm左右，比普通四角棍還要短，只是不知道它究竟真是這樣的長度，還是因為要配合插畫的篇幅而作的改變（在這個時代是很常有的事情）。

1

以雙手中間的棍身卸開弟子的顏面刺擊。

2

立刻以單手突刺回擊，接著收回四角棍、快速拉開敵我距離。

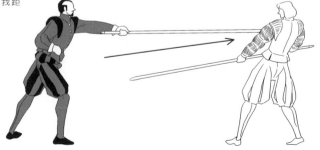

防禦下方攻擊
Defence against a Low Attack

出典：Swetman, p. 136.

本項介紹的是防禦腰部以下攻擊的方法。

1 刺擊

捲動四角棍橫向撥開弟子刺擊。注意不要拄到地面、妨礙四角棍的動作。

2 打擊

弟子攻向師父的腿腳。師父可以比照先前對付刺擊的方法進行防禦……

3

也可以將棍頭拄在攻擊襲來該側、身體前方大約60～90cm處的地面（圖中為左側），右手放開四角棍、左手將棍豎直。如此師父便能完全護住自身。

夜戰
Fight at Night

出典：Swetman, p. 139.

　　斯威特曼在他的著作當中有段非常耐人尋味的記載，記載的是關於使用四角棍進行夜間戰鬥的項目。根據他的說法，夜裡遭到襲擊有三種方法可以對應。一是擺出『上段』的架式。二是如果手邊找得到長度足以牽制對方的棍子，便以棍頭指向對方、使其無法近身。最後一種方法，就是二話不說趕緊落跑（原文寫作「Trust thy heel（相信你的腳踝）」。本項解說的是第一種應對方法。

1

以『上段』式護住頭部。斯威特曼說在黑夜裡，絕大多數人都會本能地朝頭部斬切攻擊，是以夜裡遭到襲擊的第一要務就是要護住頭部。

2

用雙手中間的棍身擋下弟子的頭部攻擊。

3

斯威特曼還說夜間戰鬥嚴禁將敵我距離拉開，應該盡可能地向敵人進逼才是。基本上以突刺進行攻擊，若情況許可則調轉棍身、以棍尾刺擊。

四角棍技7

伴攻
Falsifie

出典：Swetman, pp. 152, 153.

1

師父從上方揮棍攻擊。弟子舉棍過頭要擋下這記。

2

師父並不揮擊到底，抽回棍頭。

3

然後刺擊招呼弟子。

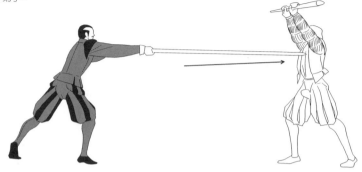

4 反制

斯威特曼表示面對這招佯攻可以有兩種不同的反應。技藝不精者就別想趁機反擊，只要確實護住自身、一一應付師父的行動（一開始的揮擊與刺擊）即可。武技熟練者就可以像插畫這般，師父甫一發招便即刻（應該是一邊後退）從攻擊距離外使出刺擊。師父必須完成「佯攻→攻擊」兩個動作，因此弟子只要立刻送出刺擊，師父就束手無策了。

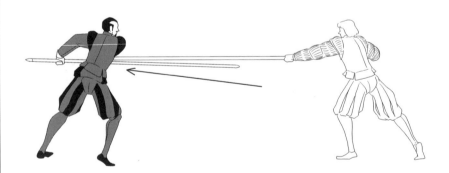

第15章
威爾斯鉤矛

威爾斯鉤矛概說

威爾斯鉤矛的歷史

　　威爾斯鉤矛正如其名「Welsh」所示，是種源自威爾斯地區的武器。話雖如此，當文獻總算記載到這種武器的時候，其實它已經從威爾斯散播到英格蘭等地去了。從筆者所引用的莎士比亞文章便也不難想見，威爾斯鉤矛在當時是種人們相當熟悉的武器，同時他們也認定它是象徵威爾斯地區的武器，正如四角棍是英格蘭的象徵一般。

　　這個武器在名稱上非常豐富多樣，除Welsh Hook以外還另有Forest Hook、Forest Bill、Welsh Bill、Welsh Glaive、Bush Scythe、Wood Bill、Watch-men's Bill、Hedging Bill等稱呼。根據這些名稱判斷，這應該是從森林地帶採伐高處樹枝或矮樹叢的道具所發展而成的。實際上，最早提到威爾斯鉤矛的文獻記錄出版於1481年，是部翻譯12世紀民間傳說的著作，裡面所提到的威爾斯鉤矛乃是種農機道具。另外從戈刀（Bill）、鉤（Hook）、西洋大刀（Glaive）這些名字可以想見，它可能是跟這些武器擁有相同機能、相同操作方式的武器。是故，本章除威爾斯鉤矛以外，也會就戈刀進行解說。

何謂戈刀

　　戈刀出現於中世紀後期，是英格蘭的代表性武器。這種武器是從採伐樹

枝的同名農機道具發展演變而成，
農民召募兵用起來特別習慣稱手，
而且對鎧甲也有很高的攻擊效果，
後來甚至還成爲了英格蘭的主力步
兵武器。

　　與此同時，戈刀在歐洲大陸也
受到廣泛的使用（是否起源自英格
蘭則是不得而知），尤其在義大利
將其稱爲Runcone（或Rhonca），使
用相當廣泛。不過兩者形狀卻有很
大差異，英格蘭戈刀的構造比較適
合使用斬擊，另一方面義大利式戈
刀的則屬於比較適合突刺的構造。
此外，我們還可以發現英格蘭有類
似Black Bill、Brown Bill的文字記
載，針對戈刀恐怕有某種分類法存
在，可惜詳情不明。

　　即便後來長柄步矛兵密集戰陣
成爲歐洲本土的主流，英格蘭仍
然是戈刀兵作爲軍隊的主力。但是
1956年政府終於決定以長柄步矛兵
爲主要兵種，並且將Trained Band
（從英格蘭市民召集士兵當中選出
精銳所組成的部隊）的裝備由戈刀
改爲長柄步矛；從此戈刀便失去了
主力武器的地位，漸漸在戰場上銷
聲匿跡。

農民持戈刀截砍樹枝的畫面，腰間掛著
的應該是內鉤形狀的砍刀。摘自Opus
Ruralium Commodorum（1945年）。

■英格蘭式戈刀（左）與義大利式（右）戈刀

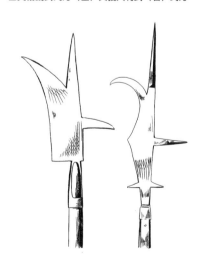

最強的武器‧威爾斯鉤矛

　　如前所述，威爾斯鉤矛在當時是種相當普遍的武器。1482年理查三世訂購2000柄威爾斯鉤矛的記錄，可以作為當時將威爾斯鉤矛視為軍用武器的佐證。那年恰恰是理查三世的加冕年，剛好那時正值敵對貴族興起叛亂的時期，因此他的這張訂單應該是為預防大規模叛亂的軍備擴張計畫中的其中一環。儘管他在兩年後就命喪博斯沃思原野戰役（註），據說當時他所率兵力約有5000～8000人，如果說這2000把威爾斯鉤矛是為這場戰役而準備的，即便將各地的守備兵力也都考慮進去，這仍然是張數量相當龐大的訂單。從這樣的事例相信也不難發現當時對威爾斯鉤矛的評價有多麼地高。

　　彷彿像是為它的高評價在背書似地，西爾弗等劍士也將威爾斯鉤矛定位為最強等級的武器，尤其西爾弗更是作出結論表示威爾斯鉤矛是所有武器當中最強的。

　　意外的是，這種武器並未在英格蘭以外地區傳播開來。英國國外現存的威爾斯鉤矛，就唯獨瑞士有一支而已。針對這把唯一的威爾斯鉤矛，英式武術研究家華格納曾經表示武器的套筒設計是屬於英製武器的特有類型，因此不太像是瑞士士兵使用過的武器，而比較像是威爾斯國王後裔——傳說中的傭兵隊長「赤手歐文」——歐文‧洛葛克（Owain Lawgoch）兵敗瑞士時留下來的戰利品。他曾經在1375～1376年於布斯堡王家底下在瑞士進行活動，如果說華格納說法正確的話，這個武器應該就是在那段期間內所擄獲的。

 威爾斯鉤矛的規格

　　儘管威爾斯鉤矛是這麼種高評價又相當一般的武器，我們卻直到最近才終於瞭解它究竟是種什麼樣的武器。1613年造訪過日本的英國人威爾‧史密斯是少數曾經提及其形狀的其中一人，他便記載說到日本的薙刀「很像威爾斯鉤矛」。

　　威爾斯鉤矛首先在棒頭末端設有鐮狀刀刃，鐮刀根部又另外設有近乎直角的鉤子，然後這鉤又有與鐮刀指著相同方向的錐刺；有些突刺用的鉤矛甚

註：博斯沃思原野戰役（Battle of Bosworth Field）：發生於1485年，英國薔薇戰爭中，約克王理查三世與亨利‧都鐸（即未來的亨利七世）的交戰。這次戰爭奠定了都鐸王朝的基礎。

至還會在鐮刀上也追加
錐刺。

　　根據華格納的說法
表示，威爾斯鉤矛的矛
頭約30cm長，矛頭重
量與長度相同的棍子差
不多。西爾弗則說威爾
斯鉤矛的長度與四角棍
同樣都是「相當理想的
長度」（換句話說，全
長約210～270cm），
武器重量則與四角棍差
不多大約在2kg左右。
另一方面戈刀則稍微短

■各種威爾斯鉤矛

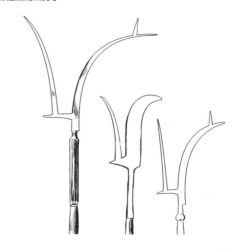

了點、約150～180cm，只不過這個長度究竟是柄長，還是連同頭部計算在
內的全長，已經不得而知了。

 ## 威爾斯鉤矛的使用方法

　　威爾斯鉤矛的使用方法基本上與四角棍相同；跟四角棍這種直條條棒狀
物的不同之處，也僅止於戈刀與威爾斯鉤矛擁有形狀複雜的矛頭而已。

　　這個矛頭不單單可以用來斬切、鉤絆敵人，還能用分叉處來擋住敵人武
器、用它夾住敵人武器卸到身側，使用法非常多樣。又因為它的重量與四角
棍幾乎相同，不但操作起來的感覺會跟四角棍同樣地稱手、就連揮舞起來的
速度也都差不多，可謂是個好處說不完的武器。

勾1
Hooking

出典：Silver/ Instruction, p. 309.

這是個將敵方武器推到一旁、勾住對方身體將其扯倒的招式。

1

用武器的叉部接住或者夾住弟子的武器，然後順勢往弟子的手腕滑向前去、攻擊弟子手腕。

2

擊中弟子手腕以後，將弟子武器推往右側。

3

勾住弟子的頭頸或手腳將其往前扯，並且立刻向後退開保持距離。

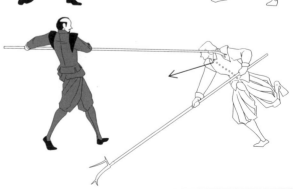

威爾斯鈎矛技2

勾2

If You cast Hist Staff so far out that Your Bill slyde not up to His Hands

出典：Silver/ Instruction, p. 309.

這招基本上與前一招相同，不同的是這是距離太遠打不到對方手腕的時候使用的招數。

1

師父先擋住弟子武器，可是距離太遠無法直接將矛頭滑向對方手腕。

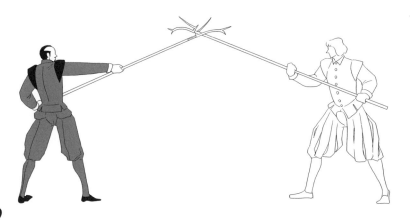

2

師父左手改握矛頭下方1碼（約90cm）處，單手持武器勾住弟子的腳往前扯，空出右手以備萬一對方來犯。

勾纏對方的武器
If You can reach within the Head of His Byll

出典：Silver/ Instruction, p. 309.

這招是使用在我方矛頭勉強及於對方矛頭的時候，應是敵我距離較遠時所使用的招數。

1

師父與弟子拉近距離。

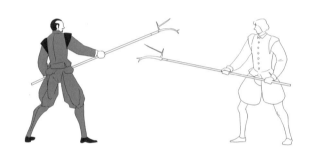

2

師父迅速用矛頭勾住弟子矛頭向前扯並將其卸到一旁（圖中選擇往下壓）。

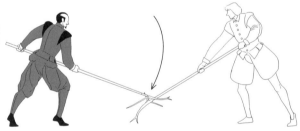

3

然後師父將矛頭沿著柄部往弟子手部滑去。

威爾斯鉤矛技4

如果對方放低武器
If He lye alow with His Bill

出典：Silver/ Instruction, p. 310.

1
弟子將武器放低。

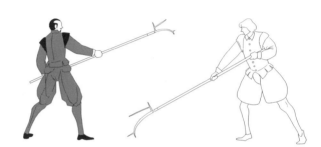

2
師父迅速將武器轉橫，壓住弟子的武器。

3
單手突刺攻擊弟子的手，拉開距離。

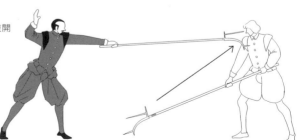

武術指南書未記載的武器

　　武術指南書從決鬥審判到防身、戰爭等許多戰鬥技術都有解說，範圍很是廣泛，唯獨對部分武器（在當時屬於相當一般的武器）卻是隻字未提。且容筆者藉此節為文介紹這些武術指南書所沒有提及的武器。

1. 德式錐槍 Ahlspiess

　　德式錐槍亦稱「Awl Pike」，這是種將錐狀釘刺（Awl是錐子的意思）固定於等長握柄上的武器，釘刺根部有個圓盤狀的護手。許多繪畫資料都曾經提及，而且它也是種相當普遍的決鬥用武器，雖然說從外觀看不太出來，但德式錐槍其實是專為刺擊貫穿鎧甲間的縫隙（以及保護鎧甲間縫隙的甲冑）所設計的武器。至於它的使用方法，應該是流用自半劍術、槍術、長柄大斧術。

2. 刺劍 Estoc, Tack

　　刺劍是種突刺專用的長劍。它是將長劍的劍身部分改為巨大的針，是種以準確刺進鎧甲間隙為目的的武器，也可以說是前面介紹到的德式錐槍的長劍版本。這種武器同樣也受到相當程度的愛用，可是為何刺劍可見於決鬥場合卻未見於武術指南書呢？料想應該是因為它整體形狀就跟劍沒有兩樣，並未發展成專用的武器技術、僅以半劍術應用，所以武術指南書才沒有記載。

3. 釘頭錘‧斧 Maces & Axes

　　隨著鎧甲愈發結實厚重，人們對利用衝擊力道粉碎敵人的武器需求性也就有了急遽的增加。於是乎，釘頭錘與斧頭就在這樣的環境之下掀起了一大風潮。在中世紀中期以前，釘頭錘是用青銅材質或鐵製材質的錘頭彷彿像是用蓋的連接在木柄頭，質輕而構造單純；進入15世紀後則是由某種用多片金屬板以放射形狀熔接於錘頭的全金屬材質釘頭錘成為主流，喚作凸緣釘頭錘（flanged mace）。這些武器是為騎馬戰鬥用途所設計，將武器尺寸抑制在單手便能使用的重量與長度。雖然說它們不像刀劍等武器，這些武器的頭部較重、反應比較慢，卻也能夠發揮足夠的速度與機動力。當時的騎士步行時會將它們插在腰帶間，騎馬時則是吊在馬鞍前端的圓環上面。

第16章

直刀

直刀概說

無論隨身攜帶、拔劍出鞘、輕裝而行、或斬切或突刺，無一不是強勁而剽疾，誰料得到這輕便銳利的短劍竟是如此雄壯的武器。然後無數士兵雲集較力，欲以單手劍、雙手劍、戰斧、瑞士戟、黑色戈刀等無數武器相互傷害，時則忙於護住頭臉身軀各部位，時則在擁擠到無法攻擊腰部以下的戰場中高舉手臂，以柄部護住自身腕臂頭臉身。那強韌的柄部是何等堅固的防禦啊。

（George Silver）

 ## 直刀的歷史

直刀是文藝復興時期英格蘭的戰場用單手劍。它因為網框狀的劍柄形狀而被分類為籃狀劍柄刀劍（Basket hilt sword），是種單刃武器（或只有在劍尖附近1/4處為雙刃）；因為它劍身的背部比其他刀劍來得厚許多，因此稱為「Back sword」，也就是「有背的劍」的意思。除直刀以外，其他擁有籃狀劍柄構造的劍還包括有蘇格蘭的闊劍（蘇格蘭闊刃大劍）、義大利（尤其是威尼斯）的斯拉夫闊劍等。筆者在這裡直接將這一系列的刀劍都歸於直刀一類。

 ## 籃狀劍柄

所謂籃狀劍柄，其實就是一種籃狀的劍柄。這種劍柄可以說是從中世紀末期展開的一連串複雜化發展的最終型態；儘管其構造如此複雜，然則其起源似乎並不如想像中單一，而料想應是歐洲各地獨立誕生的產物。

根據華格納的記載，籃狀劍柄在英格蘭是從1520年前後開始發展，並且在20年以後趨於完成，他還說到當時的英格蘭與低地蘇格蘭（即指與英格蘭接壤的地區）都認為此類型劍柄乃是源自蘇格蘭（稱為高地的蘇格蘭腹

地），蘇格蘭稱其爲「Herand hilt」，英格蘭則稱「Irish hilt」。爲什麼英格蘭人要把蘇格蘭稱爲愛爾蘭呢？那是因爲現在的蘇格蘭人都是5世紀愛爾蘭移民的子孫。

　　初期籃狀劍柄乃以鋼鐵棒材組裝製成，後期爲進一步提升防禦性能方才改以板狀材料成爲主流。籃狀構造內側鋪有皮革，這張皮革不但能夠保護手腕免於穿透間隙的敵劍劍尖，還能降低遭敵人捉住劍柄的危險性。初期籃狀劍柄還附有棒狀護手構造，不過後來愈來愈多武器都選擇省略了這個棒狀護手的構造。

　　籃狀劍柄的功能當然就是要保護手腕，可爲什麼非得這種類型的劍柄不可呢？如今還沒有能夠找到一個明確的答案。有說法認爲那是因爲進入文藝復興時期以後劍術形式產生變化、從此有了必須保護手腕的必要性，不過華格納卻認此類型劍柄其實是爲取代腕甲方才誕生的。說到腕甲其實也是形形色色，從跟全身鎧甲成套的腕甲，到只是在手套增設護甲的腕甲等都是；華格納認爲從前都要配戴腕甲作戰，但自從人們不再使用腕甲以後便有了保護手腕的新需求。

　　只不過這種劍柄有個缺點，那就是難以在突遇變故時迅速拔出劍來。西爾弗就曾經寫到義大利人討厭籃狀劍柄的理由，說是如果遭遇奇襲必須在慌忙間拔劍卻錯捉外側護籃構造而非劍柄，恐怕會就此遭到斬殺。

■初期籃狀劍柄圖例1

16世紀後半期高地蘇格蘭製作的籃狀劍柄。因爲形狀與緞帶相似，故此類型劍柄亦稱緞帶劍柄。

■初期籃狀劍柄圖例2

據考應是德國製籃狀劍柄。

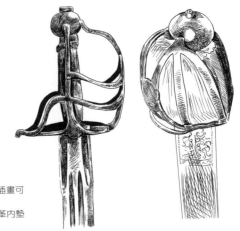

左：送葬者劍柄，17世紀中葉英格蘭製。插畫可
能看不太出來，使用的是圖盤狀護手。
右：16世紀末至17世紀初的籃狀劍柄。皮革內墊
仍然保存得相當完整。

 ## 直刀的規格

　　關於直刀——也就是西爾弗所謂的短劍——的長度，且容筆者借用西爾
弗求其長度的計算方式進行解說。首先將握著短劍的左手伸直，接著右手持
劍、右臂往後收，這時候注意不要憋著手肘、要讓手臂自然地彎曲。像這樣
拿著劍時劍尖不超過左手的短劍，就可以說是長度適中的劍。

　　華格納根據這個方法計算劍的長度，結果算出刃長在90cm以下、重量
約1.2～1.3kg，如此一來就算再加上籃狀劍柄的重量，也不會比中世紀的單
手劍要來得重出多少。

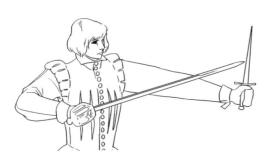

西爾弗所謂直刀的理想長度。

　　由於手頭英國製直刀
的資料並不多，此處且容
筆者以斯拉夫闊劍代替，
進行介紹說明。斯拉夫闊
劍是從威尼斯發展出來的
刀劍，據說起初是威尼斯
共和國雇用的巴爾幹半島
傭兵所持刀劍。「斯拉夫
闊劍」（schiavona）此名
本身是「斯拉夫女人」的

意思，指的是這些傭兵的出身民族。插圖並未畫出這種武器的最大特徵，那就是形狀有如貓頭的柄頭。

■斯拉夫闊劍的劍柄

全長：109cm／刃長：94cm／重量：1.4kg／重心：距離護手11cm處。／製作：義大利，17世紀中期。

 ## 直刀的使用方法

當我們在使用像直刀這種單手劍的時候有個特別重要的技法，那就是「豎直劍刃」。歐洲的劍經常遭到誤解被以為是跟棍棒相當接近的武器，其實歐洲的刀劍也須要相當精準的操作，所以擊中目標的時候豎直劍刃是很重要的。

這個問題似乎在使用單手劍的時候特別關鍵，18世紀的劍士約翰‧哥德弗利就說過單手使劍時，劍往往會在掌中旋轉，斬擊10次大約只有1次劍刃方向是正確的，其餘就會變成以劍身側面平板處敲擊目標。

至於文藝復興時期相當普遍的以食指扣住護手的方法，非但可以使劍身在突刺時更加穩定，斬擊時還能防止劍身在掌中旋轉、使劍刃轉向。

直刀還有個頗具特色的技法喚作「引刀割擊」。中世紀的武術指南書並未提及這個技法，恐怕是文復興時期方才成立的技巧。日本刀也經常使用這個操刀方法，它不像其他刀劍是在命中目標以後仍然繼續向前向下施力，而是將刀劍向後回扯、以造成深度傷口為目的。

直刀的架式

 『守護者』（Gardant）

　　這是英式劍術的代表性架式，亦稱True Gardant、Perfect Gardant。正如其名所示，它是個防禦極佳的架式。這是個站直身體、右手高舉過頂、劍尖指向左膝的姿勢，劍身盡量貼近身體不要離得太開。這是『吊』式的一種，兩者間最大的差異就在於『守護者』的劍尖是朝後而不是朝前。

『偽守護者』（Bastard Gardant）

　　這個架式是將『守護者』的右手從頭頂降至胸口高度，西爾弗認為除非想要捉住對手，或是沒有帶短劍、小型圓盾等輔助性武器，否則就不該採取這個架式。

直刀技1

遇敵從遠處攻擊卻不靠近
If He do strike and not come in

出典：Silver/ Instruction, p. 273.

　　這是遇到敵人從遠處攻擊卻不靠近時所使用的招數。這招用的是其他武術不太推薦使用的「還擊」（Riposte）技巧。還擊這個技巧之所以不受重用，那是因為敵人可以趁著我方執行防禦‧攻擊兩個動作的時候重整態勢，但由於英式劍術乃是採取講究確實鞏固防禦的基本戰術，故而採用了還擊的技巧。

1

以『守護者』擋下師父的攻擊。

2

見師父並不踏步趨近，弟子運劍脫離交纏狀態。

3

橫向砍擊師父頭部，然後迅速後退拉開距離。

直刀技2

遇敵迎頭斬擊
If He lye a Loft and strike… at your head

出典：Silver/ Instruction, p. 273.

　　本項介紹的是面對敵方攻擊的反制技巧。這招很有最重視確保自身安全的英式劍術風格，乃是一面後退、一面發動反擊，即便對敵人的行動預測錯誤，也不至於會陷入最糟糕的狀況。

1

師父向下斬擊而來。弟子挑起劍尖，擺出名為「斯托卡特」（註）的架式。

註：「斯托卡特」（Stoccata）：此為義大利
　　語，有「刺擊」、「打擊」之意。

2

後退並同時間刺向師父的手臂手腕或劍柄。

破解「因布羅卡特」

If He lye variable upon the Imbrocata

出典：Silver/ Instruction, p. 277.

　　「因布羅卡特」是西爾弗對『吊』式的稱呼，這是個舉劍過頂、劍尖朝下的架式，從它的發音便不難猜想這是個輸入自義大利的架式，而這或許可以說是理所當然的事情，西爾弗也曾經介紹到如何破解這義大利式劍術架式的招式。

1

師父擺出「因布羅卡特」的架式。弟子劍尖朝上、拉近敵我雙劍間的距離，準備隨時應付突如其來的動作。

2

突然間交兵、使盡全部力量撥開師父的劍。

3

立刻使出突刺或斬擊攻擊，然後迅速後退拉開距離。

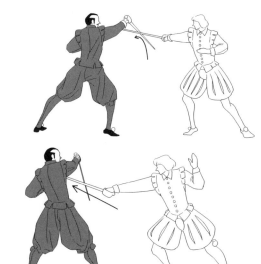

交纏狀態下遇敵朝我方推押而來
If He come to the Close Fight with You

出典：Silver/ Instruction, p. 278.

　　這是個將敵人推押的壓力卸到旁邊，並以劍柄毆擊其手腕的招式，德式長劍術也有幾個相當類似的招式。

1

雙方處於交纏狀態。此時雙方劍尖都是朝上。在這樣的狀態下，弟子持劍向前推來。

2

師父卸開弟子攻擊，劍柄運至弟子手腕上方。

3

利用手背敏捷有力地毆擊弟子手腕。

4

師父向前踏出腳步，同時以劍柄毆向弟子顏面。可視狀況將劍柄毆擊改為斬擊或投擲技。完成後一如以往，迅速後退退出敵人的攻擊距離。

直刀技5

危險的攻擊
A Dangerous Blow

出典：Swetman, p. 132.

最後要介紹的是與西爾弗同時代的人物史威特曼的招式。這跟長劍的「迂迴」是相同的招式。

1

師父劍尖直指弟子，引劍置於左胸。西爾弗稱這個姿勢為「蒙塔拿」；從名字就不難猜想這是個輸入自義大利的架式，發源地義大利卻稱其為「逆刺」（Punta Riversa）。

2

瞄準弟子胸膛刺出，弟子運劍防禦。

3

若遭弟子擋下，師父再捲劍攻擊弟子的頭部右側。

理查特納爾十八傑

保盧斯・卡爾在他據考成書於1450年代的武術指南書中曾經提到所謂「理查特納爾十八傑」（正確名稱應為「Liechtenauer Group」），包括他自己和他的師父（「萬人之師」史岱納）在內的十八位德式武術的劍士。

為何選中這十八人而這「十八傑」又有何意義，諸說紛紜並無定論；其中可信度最高的說法，應是以彰顯理查特納爾與他的眾多高徒之功勳成就為目的。雖然只是筆者的推測，但卡爾此舉也有可能是想要主張自己乃是傳承自始祖理查特納爾的德式武術正統。

這十八個人當中，雖然部分人曾經留下了武術指南書的著作（名單中可以發現瑞恩格克等本書讀者應該已經相當熟悉的名字），可是超過半數以上的劍士只剩下名字，除此以外我們對他們一無所知。其次，這十八傑當中有許多人都是出身自德國中南部甚至匈牙利、波蘭等東歐諸國，因此我們也可以推斷德式劍術是以德國中南部到東歐諸國一帶為中心流傳散播開來的。

「十八傑」名單如下：

（括弧內為原文拼字書寫。為方便讀者理解，地名則改為現代地名）

1・約翰尼斯・理查特納爾（hanns liechenauer）

2・彼得・威汀根・馮葛拉茲（peter wildigans von glacz）

3・彼得・馮坦茲（peter von tanczk）

4・漢斯・史賓特拉・馮佐伊姆（hanns spindler võ czuaÿm）

5・藍普列特・馮・布拉格（lanprecht von prag）

6・漢斯・塞登法登・馮艾佛特（hanns seyden faden võ erfürt）

7・安德列・列格尼札（andre liegniczer）

8・雅各・列格尼札（jacob liegniczer）

9・西吉蒙德・西寧艾因・瑞恩格克（sigmund amring）

10・哈特曼・馮・紐倫堡（hartman von nurñberg）

11・馬丁・亨菲茲（martein hunczfeld）

12・漢斯・帕格紐茲（hanns pägnuczer）

13・菲利普斯・佩格（phÿlips perger）

14・維基爾・馮克拉薩（vilgily von kraca）

15・「伯倫瑞克（註）的短劍高手」德德利奇（dietherich）

16・「奧地利皇太子格鬥王」猶太人奧托（ott jud）

17・「萬人之師」史岱納（stettner）

18・保盧斯・卡爾（pauls kal）

註：伯倫瑞克（Braunschweig）：德國北部下薩克森州城市。據傳於西元861年由薩克森盧多爾夫公爵之子布魯諾所建，但真正肇建的時間可能晚得更多。

第17章
瑞士戟

瑞士戟概說

瑞士戟與戈刀無論突刺或斬擊，都只能使出事先決定好的動作、無法臨機變招，其實瑞士戟兵與戈刀兵本來就是專爲突破長柄步矛等武器密集戰陣、破壞敵陣統制爲目的所訓練。因著這個目的，今日執行的操兵方法恰恰合乎道理。

（Giacomo Di Grassi）

瑞士戟的歷史

　　瑞士戟在文藝復興時期的使用非常廣泛，是種結合了斧‧槍‧鉤三者的武器。瑞士戟「Halbard」此語是德語的「Halm」（棒）與「Barte」（斧）結合成「Hellebarde」（Hellen Barten或Hellenparten）的英語發音，而義大利也以「Alabarde」等名稱呼這種武器。因此我們可以推測，瑞士戟這種武器起先是在單一地點發展，然後才又隨著這個名字一起散播到了歐洲各地。

　　根據推測，瑞士戟這個武器是瑞士地區的發明。首次提及瑞士戟的文獻是13世紀瑞士的詩歌，詩中描寫到「（瑞士戟）砥礪之銳，誰人遭受直擊都要斃命」。詩中提到的瑞士戟究竟是否現今我等概念中的瑞士戟，這點固然仍有待商榷，至少15世紀後半期瑞士戟便已經連同雙手劍、長柄步矛等瑞士民族武器對整個歐洲造成了衝擊。

　　在戰場上，瑞士軍隊將部隊分成「Vorhut」（前鋒）、「Gewalthut」（中央）、「Nachhut」（後衛）三個密集陣形（這個分類與名稱是直接引用於中世紀的戰鬥制度，與實際的運用並無關係）。每個密集陣形中央都豎有部族旗幟，旗幟周圍有瑞士戟兵環繞，瑞士戟兵外圍則是由長柄步矛兵圍成圓陣（再外圍則是由槍兵護衛）。

　　瑞士軍隊密集陣形中央瑞士戟兵除護衛部隊旗幟、樂隊與士官以外，還要負責排除突破長柄步矛兵戰陣、深入密集陣形內部的敵兵；從這邊我們就可以知道，當時的瑞士人認爲瑞士戟是在密集陣形中央展開混戰的最佳武

器。又正如本章開頭引文所述，瑞士戟兵在義大利等地的工作就是要突破長柄步矛兵的密集戰陣，但後來卻因為火鎗武器的發展等因素，使得瑞士戟兵在16世紀中葉漸趨式微。

即便喪失作為主力武器使用的價值，軍隊仍然保留瑞士戟當作下士的象徵。拿破崙時代還會用瑞士戟來整理部隊，或是將後退的士兵押回戰鬥陣形之中。

順帶說明，瑞士戟曾經在南錫戰役（Battle of Nancy）中殺死勃艮第公爵勇士查理（Charles the Bold）終結勃艮第戰爭，使得當時亦屬大國之一的勃艮第公國從此名存實亡，可謂是個名符其實的改變歷史的武器。

瑞士戟的規格

瑞士戟的形狀隨著時代有很大變化。現今我等想像中的瑞士戟其實已經是相當後期的產物，初期的瑞士戟形狀其實非常地單純。隨著時代移徙，斬擊部位的形狀變得愈來愈像斧，同時突刺用的釘錐也變得愈來愈細、愈來愈長。瑞士戟全長普遍在150～210cm，重量2.2～3.1kg。西爾弗曾經表示瑞士戟並無特定長度，一般來說都在150～180cm，17世紀的波那凡圖拉・皮塔費羅（Bonaventura Pistafilo）則說全長4腕尺（約244cm）的長度較為適中。

■形形色色的瑞士戟

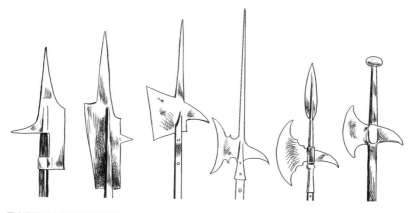

最右側的瑞士戟是梅耶武術指南書中所繪練習用瑞士戟。

瑞士戟的使用方法

相信從武器形狀便可以瞭然，瑞士戟擁有斬、刺、勾、柄打等相當多樣化的攻擊方法。戟刃斬擊的威力尤其強大，迪格拉西曾經說過瑞士戟的斬擊非但能砍斷長柄步矛的矛柄，甚至擁有能夠將對方臨時救急架出來的長劍（甚至連劍帶人）都給一刀兩斷的威力。

16世紀的法國醫師安布羅瓦·帕爾的記錄中曾經記載到一名頭部遭到瑞士戟重擊的士兵，瑞士戟僅一擊便貫穿了該士兵的左側腦室（腦的中央附近）；雖然說不知道這名士兵有無穿戴頭盔，卻也讓我們知道瑞士戟只消一擊便擁有如此驚人的威力（其實更驚人的是那名士兵，聽說他在頭顱和腦部被砍成兩半以後還自己走去找醫師，正常地與醫師對話並接受治療，然後又自己走回宿舍去了。而且他直到三天後才終於死掉，甚至臨終前還能清楚地與人對話）。

另一方面由於瑞士戟的戟頭構造相當複雜，刺中敵人以後經常會勾住武器或衣服等物、容易妨礙拔出長戟，而且揮擊動作相對來說也比較大。

西爾弗、邁爾、梅耶等三人都表示瑞士戟的操作方法基本上跟棍術相同，不同處僅在於運用武器比重的斬擊方法。迪格拉西則說瑞士戟、戈刀、闊頭槍以及標槍（原文作Spiedo）就實質來說都是相同的武器，操作方法也都相同。

■闊頭槍與標槍（Spiedo）

左為闊頭槍，右為標槍（Spiedo）。標槍是義大利長槍的一種，形狀跟闊頭槍相當類似。

瑞士戟的架式

 迪格拉西的架式（Di Grassi's Guard）

迪格拉西表示瑞士戟、戈刀和闊頭槍等武器，都只有一種架式而已。筆者爲忠於原著而在插畫中讓師父手中拿著戈刀，這邊要請讀者諸君特別注意的是圖中手拿武器的位置要比其他人來得前面，可見迪格拉西認爲這種武器應該握持其中央部位。另外他還說到，腳步站法應該要與敵人相反才是。

 交叉『變移』式
（Mutatorius Cancellatus, Geschrenkten Wechsel）

這是個左腳在前、左手置於右手下方的架式，是從左肩上方斜向砍擊的姿勢。

破解『上段』架式
Against High Guard

出典：Meyer, 3.38r, p. 265.

瑞士戟戰技有個特徵，那便是它擁有許多利用其戟頭形狀勾住對方武器的招數。

1

弟子採『上段』架式。根據梅耶的說法，擺出這個架式的人會對刺擊有過度敏感的反應。是故，師父作勢要朝弟子的顏面使出刺擊。

2

弟子為擊落師父的刺擊而揮下瑞士戟。另一方面，師父則是踏向橫地裡、抽回武器。

3

朝弟子的瑞士戟砍去，勾住弟子的武器。

4

扯住弟子瑞士戟往後拉、讓弟子失去平衡，然後再掉轉戟頭刺向弟子。

對付『下段』架式的兩種反制
Two Counters against Low Guard

出典：Meyer, 3.38r, p. 265. Agrippa, p. 99.

1 反制1

弟子擺出『下段』架式。師父這廂架式不拘，不過梅耶認為『突刺』式較為理想。

2

從下押住弟子武器，等待弟子接下來有什麼動作。

3 反制2

師父做出刺擊的假動作。

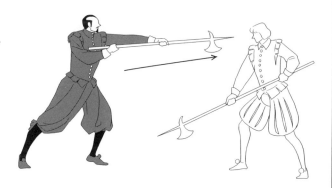

4

見弟子被假動作騙到、挑起瑞士戟來，師父快速抽回武器避免與弟子武器接觸。

5

從弟子武器下方刺往弟子側腹，再以間不容髮之勢刺向喉頭。

上段交纏
A Bind with an Upper Block

出典：Mair, pp.92, 93.

1

雙方以武器戟頭交纏。

2

師父迅速捲動武器，以斧刃部位勾住弟子武器。

3　反制1

弟子將師父的武器往上推。

4

迅速將自己的武器抽回，順勢
往下刺向師父的胸膛或顏面。

5

如果師父擋下了這招，那就再
將瑞士戟運往師父面前，伺機
尋找破綻攻擊。

6 反制2

以武器前部撥開弟子刺擊。

7

左腳前踏調轉武器，以長柄底部將弟子武器撥到一旁。

8

轉動武器刺向弟子。如果弟子後退避開了攻擊，那就擊向弟子武器將其壓制住。

9 反制3

以自身武器的前端與後端卸開師父攻擊，迅速退出師父的攻擊距離。

瑞士戟技4

交纏之後的上段捲戟與下段防禦
A High Wind from the Bind, with a Low Block

出典：Mair, pp. 96, 97.

1

師父將瑞士戟舉過胸口高度，瞄準弟子雙眼。

2

右腳向右前方斜踏，朝弟子頭部揮擊下去。

3 反制1

卸開師父攻擊，進入交纏狀態。

4

武器鑽過師父瑞士戟下方，向下押住師父的瑞士戟將其壓制住。

5 反制2

倘若武器遭弟子壓制住，則師父使勁舉起武器並左腳前踏朝弟子顏面刺擊。

6

如果弟子押住師父的瑞士戟擋
下了這一擊，師父接著右腳踏
在弟子左腳前方，以柄尾穿過
弟子雙手中間。

7

舉起瑞士戟將弟子右腕往下、
左腕往上扳，將弟子扳倒以後
朝頭部毆擊。

8　反制3

若師父持戟押來，則弟子將左
手改為反握，然後收回左腳並
以柄尾攻擊師父。

交纏後的勾扯
Two Upper Pulls from the Bind

出典：Mair, pp. 104, 105.

　　瑞士戟有勾扯技與反制技、近身下的拋投技與其反制技，招式相當多樣。

1

雙方交纏的狀態。

2

師父踏出右腳，以瑞士戟勾住弟子頸部。

3 反制1

見師父武器勾住頸部，弟子也迅速以自身武器勾住師父脖子，使盡力氣將其拽倒。

4 反制2

左腳斜踏左前方，以柄尾部位
撥開弟子瑞士戟。

5

接著右腳踏在弟子左腳後方，
以柄尾勾住頸部將弟子向後扳
倒。

6 反制3

弟子左手捉住師父右肘向上
推、躲過師父摔投技，再順勢
向前將師父推倒。

7

持瑞士戟朝師父後腦勺揮擊。

上推反制技
Counter against Lift-Up

出典：Di Grassi, p. 68.

最後要介紹的是義大利迪格拉西的招數。

1

雙方戟頭互抵，弟子試圖將師父的武器往上推。

2

師父向前踏步並調轉武器，以柄尾戳向弟子腹部或大腿。

3

改變握法，朝弟子斬擊。

第18章

西洋劍

西洋劍概說

（爲何說西洋劍是所有武術的骨幹呢？）因爲對騎士、隊長和勇敢的士兵來說，西洋劍才是他們身爲勇猛、榮耀之眞男人的證明，也是賦予他們撥亂反正權利的武器。

（Vincentio Saviolo）

 ## 西洋劍的歷史

　　西洋劍是文藝復興時期最具代表性的武器。完全不考慮戰場上的使用、純粹以市民用武器定位誕生的西洋劍，後來便隨著義大利的文藝復興傳播到了整個歐洲。但其實西洋劍這個武器名所指稱的範圍相當廣，除武術指南書所指以刺擊爲主要攻擊手段的「眞正的」西洋劍以外，刺擊斬擊兩用劍「義大利刺劍」在當時同樣也是以西洋劍稱呼。此處且將這兩個種類的劍都視爲「西洋劍」介紹。

　　此外，有些書籍會把西洋劍與刺劍（註）搞混，其實這兩者是完全不同的武器。西洋劍是平時使用的刀劍，而刺劍則是突刺專用的長劍（或雙手劍），其握柄造型也比較簡單。後來因爲西洋劍的劍刃愈來愈長、劍身愈來愈粗，所以西洋劍與刺劍之間的界線才變得愈來愈模糊，到16世紀後半期已經每每遭到混淆（當時似乎是把比普通尺寸更大的西洋劍稱爲刺劍）。

 ## 何謂西洋劍？

　　雖然說西洋劍往往給人突刺專用細身刀劍的印象，事實上西洋劍造型多

註：刺劍（Estoc）：13世紀時劍術開始發展與變化，而刺劍就是在這個時期登場的突刺戰法專用刀劍。劍身細長，兩面有刃，橫剖面爲菱形。原是騎兵間對抗用的單手持用武器。

樣而複雜，就連研究書籍在這個部分也頗是混亂，甚至還可以「何謂西洋劍」這個題目寫一本論文。

西班牙有種類似的武器叫作「西班牙長袍配劍」。這西班牙長袍配劍是種突刺斬擊兩用劍，首見於1468年的文獻，15世紀後半期頗受愛用歡迎。1474年，文獻記載到法國也有堪稱法國版西班牙長袍配劍的「法國刺劍」（Epee Rapiere）出現。「Rapiere」此語有「奪取」、「撕裂」之意，應是取名自其武器特性。義大利則是將平時使用的劍稱爲「義大利刺劍」。

西洋劍究竟起源自這幾把武器中的何者呢？咸信西班牙劍的可能性最大。一來1532年英國曾經有文獻將法語的「la Rapiere」（西洋劍的法語拼音）記載爲「西班牙劍（Sannyshe sworde）」，二來邁爾的德語版著作雖稱西洋劍爲「Rapier」，拉丁語版卻稱「西班牙劍（Ensis Hispanicus）」；這可謂是證明了相同時代的人們普遍認爲西洋劍這個武器是源自西班牙的證據。有趣的是，當時的人們雖然相信西洋劍這個武器本身起源自西班牙，可他們卻也認爲這個武器的使用方法技術源自於義大利。

順帶說到西洋劍（Rapier）這個名字本身，一般相信法語的「Rapiere」是從意爲「抓搔」的西班牙語「Raspar」；就連莎士比亞也採信此說法，在《羅密歐與茱麗葉》裡面，墨古修（Mercutio）被疑似西洋劍的武器刺中時喊道「抓搔殺人的貓！狗！」，便是以「抓搔」此語暗指西洋劍這種武器（而且觀眾都瞭解這點）。

再說到義大利雖然是以西洋劍術的發源地而聞名於全歐洲，但其實西洋劍術傳入義大利的時間比其他地區都來得晚。雖然西洋劍術尚未傳入以前義大利的眾家劍士已經在鑽研發展特別重視突刺攻擊的劍術，但這種劍術使用的武器並非西洋劍，而是刺擊斬擊兩用的義大利刺劍。根據華格納表示，眞正的西洋劍直到1575年才首次出現在義大利，當時的義大利人將西洋劍稱爲「esapada da lato a striscia」，以區別原有的義大利刺劍（espada da lato）。

 ## 西洋劍與決鬥

前面已經說到，西洋劍並非軍事用刀劍。那麼，當初爲何開發出西洋劍這個特殊劍種，而且還要特別研究發展其專用武術呢？

其目的就在於「決鬥」。正如本章開頭的引用文所述，所謂西洋劍其實就是「爲體現自我名譽與正義，並以實力證明之」的決鬥用武器。這個西洋劍＝決鬥＝名譽＝正義的等式起源自義大利，隨著義大利文藝復興的擴散傳播至各地，並且在各地都造成了相當大的災情。華格納和韓德曾經得到結論

曰：義大利人本身有擱置理念迴避決鬥的傾向，可是「決鬥審判」傳統根深蒂固的英法兩國卻是原汁原味、非常認真地實踐了義大利式的決鬥哲學，造成多達數千人死亡，而且幾乎全都是同歸於盡。

　　這個「同歸於盡」正是西洋劍使西爾弗為之惱怒的最大特徵，同時也是它最大的缺點。那麼，為何同歸於盡的情形會如此頻繁呢？

突刺的誤解

　　西洋劍基本上是種以突刺為主要攻擊方法的刀劍，其根本理念就在於「突刺造成的負傷比較容易致命，相對地斬擊就比較不容易造成致命傷」。這個理念首見於4世紀羅馬時代的軍事著述家韋格提烏斯（註），後來文藝復興時期才受到眾兵家奉為「定律」、不斷重複論述提起。

　　但是實際上，這個理論卻未能得到完美的印證。的確，使用突刺確實比較容易傷及重要器官、對敵人造成致命傷，然則我們也知道人體即便遭受到貫穿身體、甚至是貫穿心臟的傷勢，也仍然有可能可以繼續活動相當長的一段時間。這也就是說突刺攻擊雖然容易造成致命傷，卻缺乏剝奪對方戰鬥能力的「癱瘓能力」（相反地斬擊很適合用來剝奪對方的戰鬥能力，但不容易造成致命傷）。

　　因此在兩把西洋劍的戰鬥當中，即便雙方身負危及性命的致命傷也不至於失去戰鬥能力，只能不斷地相互刺擊、最終雙雙殞命同歸於盡。

　　只不過，這個現象竟然也有個令人意想不到的效果。根據西爾弗表示，由於西洋劍造成的死傷比率太高，使得年輕人私鬥動亂有減少的趨勢。當時的年輕人本來都是持劍、小型圓盾私鬥，或許是因為單手使劍比較容易控制殺傷力，當時雖然互有損傷卻沒有弄出人命；自從西洋劍傳入以後死者人數便驟然上升，但於此同時年輕人持械互鬥的情形也減少了。

西洋劍的規格

　　前面點出西洋劍的種種問題，但這些只不過是說明了西洋劍「以突刺給

註：韋格提烏斯（Vegetius）：全名弗拉維烏斯·韋格提烏斯·雷納圖斯（Flavius Vegetius Renatus）。古羅馬帝國軍事專家。其軍事論文《羅馬軍制》鼓吹恢復傳統體制，但對羅馬日益衰落的軍事機構影響甚微，不過其圍攻戰術為中世紀兵家所重視，被視為歐洲的一本軍事經典著作。

■西洋劍1　　■西洋劍2　　■西洋劍3　　■西洋劍4

成於1580年前後的西班牙製西洋劍（西班牙長袍配劍），裝飾非常講究。全長：122.2cm／刃長：105.3cm／刃寬3.1cm／刃厚：0.47cm／全寬：23.1cm／重量：1.19kg／重心：距柄頭尖端35.5cm處。

成於1640年前後的西班牙製西洋劍。全長：118cm／刃長：107cm／重量：1.25kg／重心：距棒狀護手12cm處。

成於1590年前後的德製西洋劍。劍尖至刃長1/3處備有鋒利的雙刃，可以斬擊展開攻擊。全長：124cm／刃長：109cm／刃厚：1cm／重量：1.4kg／重心：距棒狀護手12cm處。

成於1580～1600年間的西洋劍。劍身裝飾華美，製作地區不明。蒙德夏表示這把西洋劍的劍柄可能經過更換，因此劍頭稍重、不太好使。全長：130.8cm／刃長：115.5cm／刃寬2.3cm／刃厚：0.63cm／全寬：18cm／重量：1.27kg／重心：距柄頭尖端31.7cm處。

予致命傷」這個基本設計理念非常不適合使用於決鬥這個用途而已，然而為達成此理念而設計的西洋劍當然也有許多優於其他武器的長處。

關於西洋劍的長度，許多劍士都說「劍尖觸地時柄頭約在腋下的長度」為佳。讀過長劍該章的讀者或許已經注意到了，這個長度就跟瓦爾迪提倡的長劍長度相同。另外，荷蘭籍劍士提波則主張曰劍尖觸地時劍柄跟肚臍等高的西洋劍為佳。

從現存的實物來看，西洋劍一般都是刃身長約1m前後、全長1～1.2m，遠長於其他形式的單手劍，甚至已經跟雙手劍差不多長了。劍身如此大而長的武器，為提升其操作性能，西洋劍其實經過了將劍身打細、將劍的重心移往持劍處等改良。話雖如此，西洋劍卻也並非一擊就斷如此中看不中用的東西；西洋劍刃根部頗厚，只要利用這個部位去承受劍擊，即便與雙手劍碰撞也不會輕易折斷。

西洋劍的重心大多位於距離護手約10cm處，跟普通的單手劍並無不同，只是因為整把劍太長，較難以俐落迅速的方式運劍、不利於擺脫交纏狀態。事實上，對西洋劍採批判論調的劍士也大多都認為過長是西洋劍最主要的缺點。

西洋劍的劍柄形狀非常多樣。初期西洋劍的劍柄部分是由棒狀護手護指環所構成、結構相當單純，不過隨著突刺性能愈受重視，劍柄的形狀也因為保護手腕的需求而愈發複雜化。不同地區與不同時代對劍柄似乎有著不同的偏好。

其中最著名且最富特色的，便是源自西班牙的劍柄類型「碗狀劍柄」，現代劍擊運動裡的銳劍等武器便是採用這個設計（《三劍客》中達達尼昂的劍亦屬此類）。這是在握把前面設置一個半球狀的碗狀物，手部防禦性能較佳。西班牙甚至還以法律規定，紳士在宮廷等公共場所只能佩戴這種類型的西洋劍。

林林總總加起來，西洋劍的總重量約在1～1.5kg，跟當時的單手劍和長劍差不多。設計成如此重量大致有兩個因素：一是為求在卸開對方西洋劍擊的同時進行刺擊，勢必要利用重量產生慣性作為原動力；一是初期西洋劍往往必須與長劍等傳統武器對峙，因此有強度上的要求。不過華格納也說到，英格蘭的西洋劍通常會比其他地區來得輕一些。

最後筆者針對書中提到的幾個武器來比較西洋劍究竟有多長，請見右上圖。為方便比較，遂以身高155cm的女弟子作為比例尺。中世紀至文藝復興時期的成年男性平均身高約在160～170cm，相信這樣的比例尺應該頗具代表性。

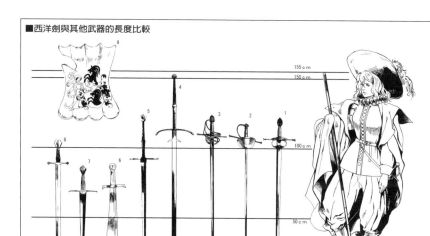

■西洋劍與其他武器的長度比較

155 cm
150 cm
100 cm
50 cm
0 cm

1：西洋劍1（見P.569）全長122.2cm	6：康尼爾斯砍刀（見P.410）全長89cm
2：西洋劍2（見P.569）全長118cm	7：蒙札之劍（見P.11）全長87.5cm
3：西洋劍3（見P.569）全長124cm	8：XVIIIa型（見P.434）全長105.5cm
4：雙手大劍（見P.593）全長53cm	9：（參考）輕盾（見P.436）縱56cm
5：長劍（見P.57）刃長91.4cm	

 ## 西洋劍的使用方法

　　西洋劍是種極富攻擊性的武器，有套能將其長度活用到最大極限的使用方法。防禦方面基本上是以斜前方與橫向移動躲避或者卸開對方攻擊，鮮少與對方武器交纏。西洋劍術的基本攻擊方針是要避免與敵方西洋劍接觸，待對方露出破綻以後立刻攻擊；攻防乃以幾何學與槓桿原理為其底蘊，劍士就是要利用這兩種原理導出如何置身於安全位置並且打倒對方的最佳解答。

　　其次，西洋劍術的腳步站法有別於前述所有武術：西洋劍術的右腳（前腳）指向對方，左腳（後腳）則與前腳呈直角。此外，許多人經常會把西洋劍術拿來與現代劍擊術相比擬，其實這兩種武器技術固然有共通之處，說它們是兩種完全不同的技術卻也毫不為過。光說西洋劍術基本中的基本——利用橫向移動閃避敵方攻擊就好了，這就是現代劍擊術所做不到的，其他自然不在話下。

西洋劍的架式

　　16世紀中葉的阿古利巴將西洋劍術的架式整理形成基本四類型。首先以拔出西洋劍的狀態爲第一類型，其後類型則是依序扭轉劍身90度所形成。此處謹以阿古利巴以及西洋劍巨擘薩瓦多·法布里斯的架式爲主幹進行介紹。插畫中左方爲阿古利巴的架式，右方則爲法布里斯。

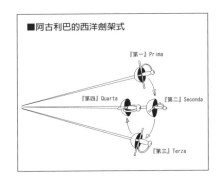

■阿古利巴的西洋劍架式

『第一』Prima

『第四』Quarta 　　　『第二』Seconda

『第三』Terza

『第一』式（Prima）

　　第一式是個高舉劍身直指對方，前刃朝上的姿勢，曾經被稱爲『因布羅卡特』，可以使出非常強而有力的刺擊。阿古利巴之所以以這個架式爲『第一』，據說是因爲西洋劍從劍鞘拔出來以後就是落在

阿古利巴　　　法布里斯

這個位置。此外，阿古利巴的架式通常腳步不會站得太開，以便迅速全身後退。

　　法布里斯『第一』式的最大特徵則是將身體彎成「く」形、光看就覺得很傷腰部的姿勢；這個姿勢的作用在於能夠在縮短攻擊對方的距離的同時，盡可能地使身體的重要部分遠離對方。

② 『第二』式（Seconda）

前刃朝右、橫向躲過敵劍時的架式。

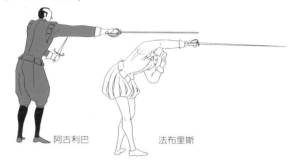

阿古利巴　　　　法布里斯

③ 『第三』式（Terza）

前刃朝下。這個架式曾經被稱為『斯托卡特』，是人體自然擺出來的姿勢，也是最常用的姿勢。阿古利巴說這個架式很適合用來與對方保持距離、採取守勢。

阿古利巴　　　　法布里斯

④ 『第四』式（Quarta）

前刃朝左或朝上的架式，可有效保持與對方的距離。除此之外，以『第三』式將敵劍撥往側邊、使出刺擊以後，也經常會採取這個姿勢（此處僅介紹阿古利巴的架式）。

阿古利巴

⑤ 西班牙式（Spanish Guard）

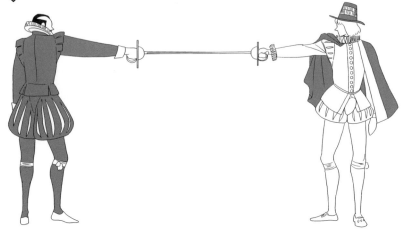

　　這就是據說當時歐洲畏之最甚的西班牙式劍術「貝達德拉‧德斯特列札」的架式。這是個給人印象相當強烈、看起來卻不怎麼強的獨特架式，雙腳擺出的則是前腳指向對方、後腳與前腳呈直角的西洋劍術特有站姿；上半身呈完全直立狀態，左手自然下垂。

　　此外，西班牙式劍術的敵我距離也相當獨特。一般來說，使用西洋劍的時候都會盡可能地拉開距離，不過從插畫裡便可以看到，西班牙式西洋劍術則是要靠近來到我方劍尖可以抵到對方護手的地步（西洋劍很長，所以這樣的距離其實還是很遠）。再者，這幅插圖同時也說明了爲何西班牙人會開發出「碗狀護手」並世世代代地使用下去。

迴避接觸
Schifar la Spada Contraria

出典：Agrippa, p. 17.

　　這招是趁對方想要把我方西洋劍撥往旁邊的時候，避開敵劍、一口氣發動反擊，是西洋劍術的基本招式。

1

師父擺出『第一』式，弟子則企圖將師父的劍往旁邊撥。

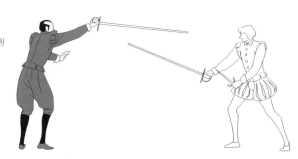

2

師父稍稍壓低劍尖便閃過弟子撩撥，踏步前進。

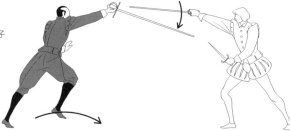

3

師父看準弟子的身體右半側，然後在扭轉劍身改採其他架式（圖為『第四』式）的同時向弟子刺去。根據阿古利巴的說法，切換架式的目的是為閃避對方的短劍或小型圓盾。

突刺反擊
Counter Thrust – from 2nd to 4th

出典：Agrippa, p. 21.

這招是將敵方刺擊卸往身側後施以反擊，是西洋劍術的基本技術。

1

弟子朝擺出『第二』式的師父刺擊。

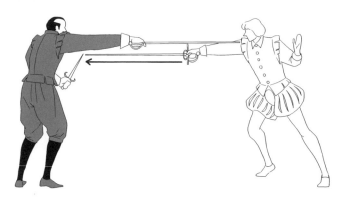

2

師父左腳向後退、切換成『第四』式，將弟子的劍卸往左方，同時利用弟子前衝的勁頭持西洋劍將對方貫穿。

西洋劍技3

誘發
Provocation

出典：Agrippa, p. 47.

　　這招可以說是前述兩個招數的綜合技，先引誘對方使出「迴避接觸」，然後再以「突刺反擊」施以反擊。

1

雙方均採『第二』式。

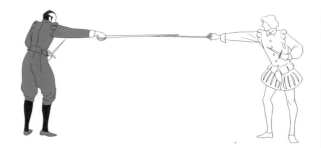

2

師父壓低劍身，作勢要接觸甚至擊落弟子西洋劍。此舉之目的是要引誘弟子迴避劍身接觸並且使出反擊。

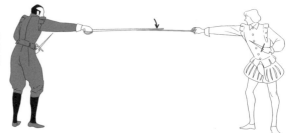

3

如果弟子刺了過來，師父便切換至『第四』式卸開弟子劍擊，然後朝弟子刺去。

側步反擊
Side Step Counter Thrust: From F to K

出典：Agrippa, p. 70.

　　這招是向斜地裡踏步躲開對方攻擊並同時施以反擊，可謂是西洋劍術的精髓。

1

師父採『第二』式，弟子則是不拘架式，圖中為『第三』式。

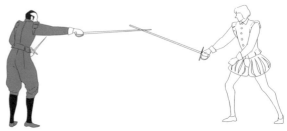

2

師父一股作氣向前刺擊。弟子踏向左前方，將西洋劍運往身體右側。

3

師父的攻擊落空，弟子則是利用師父的前進衝力順利命中師父。

蒙特的鎧甲

1509年有位彼得羅・蒙特（Pietro Monte）出版了一本題名爲《Collectanea》的書。這本書記載各種與軍事相關的諸多內容，其中還記載到巡迴賽事、戰爭、騎馬長槍比武大會、徒步戰鬥等場合有關武器系統、防具系統的情報。此處謹借現代研究家安格羅2000年針對蒙特的著述《The Martial Art of Renaissance Europe》介紹當時的人們對鎧甲的看法。

1・基本概念

輕量化、防護力、活動方便是鎧甲的三個重要因素。話雖如此，當時很難在這三個面向都達到高水準，往往要視狀況在這三者之間找尋平衡點。

2・襯衣

襯衣是穿在鎧甲底下、塞有充塡物的衣物。根據蒙特的說法，襯衣應該要以絲爲底，把胯下完全包覆起來。背後也要有充分的防護措施，並且把腰骨上方容易妨礙動作的內襯（或塡充物）給拿出來。鎖子甲穿到手腕和腋下部位的時候，用柔軟強韌而不會過緊的皮革將袖子包裹起來，以可以輕鬆伸展手臂爲準。

3・手套、腕甲

接著則是手套與腕甲；手掌部分有分皮製和布製，左手爲方便捉住敵方武器而會在掌心處貼上鎧甲。當然手套要必須具備足夠的柔軟度，才能夠滿足投擲長槍的需求，以及長時間握持刀劍的需求。另外，蒙特相當否定某種名叫封閉式腕甲（Closed Gauntlet）的特殊類型護手；這種腕甲把整隻手給完全包覆住了，使用者只能把整把劍給固定在腕甲上，而蒙特認爲這種類型的腕甲反而會使得手腕加速疲勞。

4・腳

腳部的正面防具應使用比背鎧更厚的板材爲佳，因爲這個部位經常會受到敵人的攻擊。當然了，盡可能地確保活動方便性也是重點之一。

（下接P.590）

西洋劍與短劍
Rapier & Dagger, Fifth Technique

出典：Meyer, 2.104v, p. 222.

　　西洋劍與短劍的組合在當時是種非常普遍的戰鬥方式。這個組合的箇中奧妙，就在於利用西洋劍與短劍兩種武器封鎖住對方的攻擊線（具體來說就是把兩柄劍的劍尖收攏）。此處介紹的是梅耶的招數，由於他並未採用阿古利巴的系統，故其架式仍保有長劍等傳統武器的名字。

1

弟子採普通架式，師父短劍採
『上段』式、西洋劍則擺出
『下段』式。

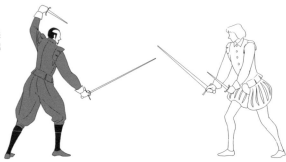

2

弟子刺擊過來。師父西洋劍改
採『刺擊』式，另一方面左手
舉到右手上方，使短劍與西洋
劍交叉，把弟子的刺擊推向上
方。

3

踏出左腳，將弟子的西洋劍押
往右側。

4

短劍持續押住弟子西洋劍，西
洋劍則不抽離敵劍、直接朝弟
子刺擊。

5

師父以短劍護住顏面，將右手
的西洋劍運往左肩、砍向弟子
的西洋劍（此處採取的是根據
佛根詮釋所做出的動作，同樣
也可以詮釋成一面後退一面砍
向弟子而不是弟子的劍）。原
文雖未寫到腳部該如何動作，
推想應該是在後退的同時使出
砍擊。

誘敵
Inviting

出典：Agrippa, pp. 71, 72.

　　根據阿古利巴的說法，這招是足以在對方實力壓倒性地高過我方、抑或是我方陷入絕境時一擊逆轉情勢的招數。後世西洋劍術將這招稱為「Girata」，是個突然間仰身躲過對方刺擊然後發動攻擊的招式。

1

師父將女弟子逼退到死角。女子擺的是『第三』式，劍尖則是稍稍下垂、隨時戒備避免西洋劍被師父撥開，靜待師父以『第一』式刺將過來。

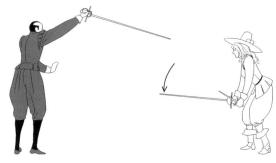

2

一旦師父西洋劍刺出，女弟子歪頭向右側躲過，同時右腳往右前方踏去。

3

閃避師父攻擊的同時發難刺擊。女弟子會擺出這種怪姿勢是因為當時有種名為「收縮－擴散」的審美意識，插畫所呈現的便是從架式「收縮」的狀態下一股作氣「擴散」開來的情景。

蒙塔諾
Montano

出典：Swetman, p. 114.

　　「蒙塔諾」這個字有「山」的涵意。為什麼以「山」為名呢？原來義大利式武術將運用「後刃」由下而上垂直向上切削稱為「山」，也就是「Montante」（切記不要與雙手大劍montante混淆），這招式名稱可能就是與此有關。根據史威特曼表示，使用這招最重要的就是靈活的速度。

1
師父壓低身形與西洋劍，左膝已經幾乎快要碰到地面。這時並未提及左手該做何種動作。

2
以短劍撩撥弟子西洋劍的同時，身體帶動西洋劍一口氣向上切削。這時師父將左手帶到右手下方。插畫中師父是以短劍應付弟子的攻擊，但其實就算對方不主動攻擊同樣也可以使用這招。

3
盡可能高舉劍柄、將西洋劍刺向弟子的胸膛或肩膀，然後迅速後退拉開距離。

斗篷
Parry with a Cape

出典：Meyer, 2.106r, 2.106v, p. 223.

　　斗篷（披風）在當時同樣也被拿來當作西洋劍的輔助武器使用。根據迪格拉西的說法，這招起初是無意間偶然發現的，後來才扶正成為正式的西洋劍劍招。除撩撥彈開敵劍或是封鎖敵劍以外，這招同樣也可用於攻擊，只不過所有劍士一概都認為還是使用短劍會比斗篷效果更佳。

　　斗篷是要捉住肩口部分、將斗篷纏在手腕部位（阿古利巴曾經記載到更詳細的裝備方法）。早期將斗篷纏得比較緊，後來就捲得稍微寬鬆點、像是掛窗簾似地垂在身體前方，作為遮蔽敵方視線的障眼道具。總而言之，所有劍士在使用斗篷的時候有個共通處，那就是將斗篷以逆時針方向（或者從內側往外側）纏捲在手腕上。

　　本項要介紹的是利用斗篷撥開對方攻擊的方法，而梅耶也認為這是最好的方法。

1

師父將斗篷纏繞於左腕以待，
弟子則是從上方斬擊而來。

2

先用西洋劍擋住敵劍，抵消其勢頭。

3

將敵劍擋下來以後，再用裹著斗篷的左腕把弟子的劍撥到旁邊。順勢押住敵劍，並以右手西洋劍攻擊弟子。

拋斗篷
Cape Throwing

出典：Agrippa, pp. 85, 86.

　　本項介紹的是利用斗篷攻擊的方法。這招早在維京時代便已經爲世所知，文獻記載當時曾經用來生擒對手或阻止戰鬥。當時的斗篷質地相當厚，重量恐怕跟西洋劍差不多、甚至更重。如此重的東西掛在那麼長的西洋劍上面，除順利將斗篷甩掉，否則對方的西洋劍基本上等於是無法使用。據說斗篷拋得好的話，斗篷就有可能纏住對方的手腕與刀劍、讓對方無法甩開。除此以外，還可以將斗篷拋向對方顏面。

　　阿古利巴的武術是在左手握著短劍的狀態下使用斗篷，這便是阿古利巴斗篷術有別於其他劍士之處。

1

師父採『第一』式，弟子則採步伐較窄的『第三』式。

2

師父見弟子不動，並於轉換『第四』式的同時解開斗篷。

3

師父重新擺回『第一』式、以西洋劍接觸弟子西洋劍，同時朝敵劍拋出斗篷。

4

趁弟子因為斗篷重量而無法使用西洋劍的時候向弟子刺擊。

劍與圓盾
Sword and Round Target

出典：Di Grassi, p. 53(Document pagination).

　　接著筆者要介紹的是使用圓型輕盾的技術。輕盾是直到文藝復興時期仍然活躍於戰場的輔助性武器，不過當時似乎認爲輕盾在戰場上固然可能有用，卻不適合決鬥等場合使用。

　　這裡要介紹的是很可能早在古羅馬時代便已經存在的名爲「Shield push」或「Shield bash」的招式。這招跟一般「Shield bash」的不同處在於它並非以盾牌毆擊對方，而是利用我方盾牌帶動對方盾牌旋轉，或者將對方的盾牌壓在對方的身上，藉以妨礙對方的行動。

1

師父將劍擺成『上段』式。

2

後方的右腳向前攏。

3

一旦對方進入攻擊距離內，便
立刻跨步前進以盾牌撞擊弟子
盾牌。原文雖然並未記載，但
是我們可以從後來的狀況反過
來推測師父可能是抵住弟子盾
牌以後，讓弟子的盾牌從外側
往內側轉、妨礙弟子右腕的活
動。

4

師父從上空越過弟子盾牌與左
腕刺擊。

蒙特的鎧甲2

5・胴甲

蒙特將鎧甲分成騎馬長槍比武用鎧甲與徒步戰鎧甲兩個種類，並寫到胴甲厚度應該要比背板更厚才是。除此之外，當時似乎還會在普通的胴甲外面另外穿上一層鎧甲，他將這個追加裝稱爲「Supra Pectus」，安格羅則是將其譯作「Placate」（腹擋）。

背板以活動便利性爲要，要做得比其他部位更薄、更輕。關於背部恐怕敵人攻擊的可能性，簡單來說當時似乎認爲「要偷到敵人背後很簡單，所以不用擔心會被敵人偷到背後」。蒙特還提出另外一個方案，那就是可以刻意將追加裝引拆下，相反地則是改用金屬材質的盾牌。

6・頭盔

蒙特曾經耗費多達數章的篇幅針對各個種類的頭盔進行考察，但他基本上建議頭盔應該是前額厚後腦薄，雙耳部位預留空間並開洞以便聽見周遭的聲響。

7・臂甲

蒙特表示應該特別注意前臂與腋下的防護措施才是，理由是前臂是受到攻擊最多的部位，而腋下則是敵人經常選定的攻擊目標。另外他還批評說義大利式的大型肩甲笨重不利活動，推薦使用德式的小型肩甲。

8・材質

想要製作輕量而堅硬的鎧甲，高品質的鋼與鐵是絕對不可或缺的。蒙特表示德國因斯布魯克（註）產的鋼品質最佳。因斯布魯克不但會以十字弓測試鋼鐵強度，甚至在當時火鎗角色愈來愈吃重的時候，據說當地的鋼甚至可以承受得住鎗擊。當時的人們認爲這個高品質是來自於因斯布魯克的水，而蒙特卻只是單純將其歸結於「工匠的技術」。

9・輕量鎧甲vs重量鎧甲

蒙特認爲裝備輕量化的鎧甲較爲有利，因爲他認爲輕量化的鎧甲柔軟、活動方便，比較容易避開敵人的攻擊。相反地，重量級鎧甲容易使身體在活動的時候失去平衡，結果就會使動作變得遲鈍。

註：因斯布魯克（Innsbruck）：奧地利西部城市，瀕臨因河，在錫爾河河口。地處要衝，爲西歐各大商路的交叉點，得以迅速發展，舊城街道狹窄，有古老房屋和拱廊。

第19章
雙手大劍

雙手大劍的歷史

　　雙手大劍是現代葡萄牙與西班牙的所在地——伊比利半島所獨自發展形成的雙手劍，主要可以分成兩種：普通長劍加大版本的雙手大劍，以及作德國的日耳曼雙手大劍（註）形狀的雙手大劍。不過雙手大劍與德國的雙手劍相較之下劍身較細且輕。在戰場上，雙手大劍因為體積龐大而不適於組成戰陣行列，經常是作為部隊前鋒的散兵裝備使用。其次，當時在武術訓練或比試等場合也會使用雙手大劍插入雙方對戰者中間、從旁喊停。根據邁爾茲與希克的說法，現代西班牙語所謂「插手」（meter el montante）便是以雙手大劍的使用方法為其語源。雙手大劍在以一敵眾的時候最能發揮其價值。除西班牙以外，雙手劍能夠在以一敵眾的場面下發揮效果這個想法亦可見於歐洲各地，迪格拉西便也曾經說過雙手劍因為適合用來對付複數敵人，才會被採用作為軍旗護衛部隊的武器。

　　本章主要是從葡萄牙的將軍狄亞哥・哥梅斯・菲格雷多（Diego Gomez de Figueyredo）執筆的著作當中摘錄雙手大劍的練習用架式進行介紹。他在書中也提出忠告曰不可盡信這些架式，而必須視狀況臨機應變組合使用涵蓋在這些架式當中的各種技巧與招式。

雙手大劍的規格

　　西班牙皇家武器庫收藏有一柄傳為賈西亞・帕雷德斯（Diega Garcia de Paredes）武器的雙手大劍，而邁爾茲與希克曾經記載過這柄雙手大劍的資料。這柄雙手大劍的形狀是採日耳曼雙手大劍造型，棒狀護手前方有個名叫「無刃根部」（riccaso）的設計，因此可以使用半劍招數。

註：日耳曼雙手大劍（Zweihander）：當然就是日耳曼人使用的雙手大劍。因為形狀上有
　　特殊的設計，因此英語圈仍保持其原稱法「zweihander」。所謂形狀的特殊設計，指
　　的是咒身連接柄的部分有段比一般雙手大劍還要長的無刃根部（ricasso）。

雙手大劍的使用方法

　　談論雙手大劍使用法的時候，使用的乃是西班牙式劍術的用語。其攻擊名稱如下：

Talho：
從右往左斬擊。西班牙語作Tajo。

Revez：
從左往右斬擊。西班牙語作Reves。

Altibaxo：
從上往下斬擊。西班牙語作Altibajo。

Montante negro：
利用劍身進行打擊。

■雙手大劍

根據邁爾茲與希克記載的尺寸繪製的雙手大劍。劍刃所標示的是劍身重心的位置。全長：153cm／刃長：114cm／刃寬：3cm／柄長：39cm／護手寬：28cm／護手直徑：最粗處1.5cm／鉤（第二護手）寬：8cm／劍身到鉤的距離：106cm／重心：距棒狀護手13cm處／重量：2.25kg。

　　經常讓人出乎意料之外的是，雙手大劍最常用的攻擊法其實是Talho與Revez，也就是橫向的橫掃攻擊。雙手大劍還有個特徵就是幾乎沒什麼防禦動作，另一方面攻擊動作也相當地固定模式化；這或許是因為其作戰方式就是要在維持身體平衡的狀態下不斷舞動巨大的劍、直接壓倒對方毫不留給對方任何反擊機會的緣故吧！不過雙手大劍的橫掃攻擊其實並非水平的橫向，而是由下朝斜上方揮擊。

　　雙手大劍的攻擊方式可以歸納成下列幾個法則：

　　1．首先，攻擊的時候下盤要穩、不可失去身體的平衡，否則受到雙手大劍強大慣性拉扯的時候很容易跌倒。

　　2．以Talho從右向左斬擊以後，翻劍以Revez從左向右斬擊。或者先使出Revez然後再以Talho斬擊。

　　3．以Talho從右向左斬擊以後，舉劍繞過頭頂、再次使出Talho朝相同方向重複斬擊。或者使出Revez以後再次以Revez斬擊。

　　4．從身體左側刺出的刺擊，
　　　　a.接在從右肩上方刺出的刺擊之後。
　　　　b.接在左腳前踏的Revez（從左向右斬擊）之後。
　　　　c.接在左腳後退的Talho（從右向左斬擊）之後。

　　5．從身體右側刺出的刺擊，
　　　　a.接在從左側刺出的刺擊之後。
　　　　b.接在右腳前踏的Talho（從右向左斬擊）之後。
　　　　c.接在左腳後退的Talho（從右向左斬擊）之後。
　　　　d.接在左腳後退、由下而上的Revez（從左向右斬擊）之後。

逆・第三型
Composite Rule 3

出典：Montante, pp. 10, 18.

這是個追擊前方對手時所使用的招式。

1

雙手大劍置於右邊側腹。

2

腳步不動作，從右向左使出
Talho。

3

雙手大劍在頭頂畫個圓圈，然
後踏出右腳、從右往左使出
Talho。

4

使出Talho以後，將劍收回左邊側腹。

5

向前刺擊，再把劍收回左邊側腹。

6

踏出左腳，同時由左往右使出Revez。

7

左腳再前踏一步，由左往右使出Revez。

8

舉劍頭頂畫個圈，踏出右腳從右往左使出Talho，然後再從頭來過、不斷重複這套招式。

第十四型
Simple Rule 14

出典：Montante, pp. 14, 22.

　　這個招式主要是用來對付投擲道具與雙手長柄武器的刺擊。本項所介紹的第十四型是當敵人針對我方左胸發動攻擊時的對策招式。當敵人瞄準我方右胸攻擊時就可以使用逆十四型，這時候要踏出右腳、以劍尖朝左前方的姿勢使出Revez（從左往右斬擊）彈開對方的攻擊。

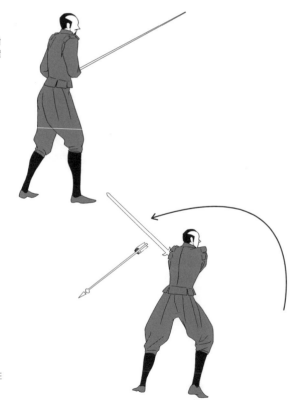

1
踏出右腳，身體正面面向對方。劍尖指向右前方，右手置於腰帶前方。

2
敵人擲槍過來的話，就由右往左使出Talho把攻擊打掉。

3

順勢轉身朝敵人躍去。

4

最後由右往左以Talho砍向對
方。

接下來讓我們看看實際的鎧甲有多厚吧。下圖是華萊士收藏館（註）收藏編號「A21」的哥德式鎧甲。這副鎧甲根據考證應是成於1480年代，它跟與其搭配的戰馬鎧甲同爲華萊士收藏館裡最著名的鎧甲（鎧甲是以跨騎於馬背、長劍指天的姿勢展示。三浦權利氏的《西洋武器甲冑事典》封面就有畫到這副鎧甲）。此處插圖中畫的是1956年修復以前的模樣，腕甲處跟現在稍有不同。

可惜的是參考論文資料裡並未記載每個鎧甲部位的重量。根據收藏館所提出的資料，這副鎧甲的重量合計有27.161kg，在當時來說是相當標準的重量。

1·硬度

腕部與腳鎧的維氏硬度（表示工業材料硬度的單位）如下（胸擋等部位沒有資料）。

基本上我們可以發現右側鎧甲有硬度較高的傾向，原因爲何不得而知，也許是因爲負責淬火的工匠而異也未可知。各部位的硬度不一，這在沒有現代機械與電子控制設備的當時可謂是理所當然的事情。熟鐵的硬度爲90～120VPH，中碳鋼爲220～250VPH，經過淬火的鋼則有300～600VPH，供讀者諸君參考比較。

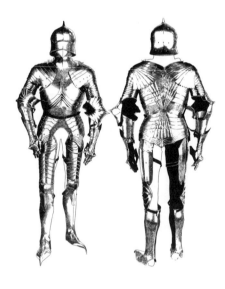

上臂鎧甲：左160 VPH·右290 VPH
下臂鎧甲：左256 VPH·右327 VPH
大腿前擋：左270 VPH·右380 VPH
大腿後擋：左355 VPH·右335 VPH
小腿前擋：左280 VPH·右385 VPH
小腿後擋：左232 VPH·右320 VPH

（下接P.616）

註：華萊士收藏館：請參照P.57譯註。

第20章
鐮刀與大鐮刀

鐮刀與大鐮刀概說

 鐮刀與大鐮刀的歷史

　　鐮刀（sickle）是種單手割草用的農具（請注意不要與後面介紹的大鐮刀（scythe）混淆）。從邁爾以拉丁語「Falcus Frumentalia」（穀物鐮刀）稱呼便也可以知道，這是種用來收穫割下麥子穀物穗果部分的道具，或許形狀不盡相同，但是它的機能和用途都跟日本的鐮刀沒有兩樣。邁爾曾經就鐮刀的戰鬥方法進行解說，不過與其將其視為純戰鬥用，還是將它定位為緊急時刻的防身用途來得好。

　　以死神象徵物為世所知的大鐮刀原本是用來割牧草等草類所使用的農具。一般的大鐮刀會在長柄的尾端與中央設有握把，長柄末端則是一片巨大的鐮刀刀刃。邁爾等人作品插畫中畫到的大鐮刀，形狀就跟農場裡使用的大鐮刀沒有兩樣，只是插畫中握把的位置不同而已；與其說插畫家忠實地呈現並描繪出現實世界的大鐮刀，其實可能只是插畫家隨便拼湊的結果。

 鐮刀與大鐮刀的規格

　　歐洲的鐮刀有別於日本，其最大特徵就是弧度較大、有如新月般的刀刃。除邁爾的插畫以外，許多中世紀的繪畫也會把鐮刀刀刃部分畫成鋸齒狀。約克（註）發現的那柄鐮刀也是同樣，這種附有鋸齒構造的鐮刀是用較粗的銼刀銼出來的，

 ■鐮刀

出土於英國約克，形狀相當完籍鐮刀。15～16世紀。全長約41cm。虛線畫的是想像中的握柄。

註：約克（York）：英格蘭約克夏歷史郡的城市，位於烏茲河和福斯河匯合處，大約在倫敦與愛丁堡中間。歷史上是英格蘭北方的基督教中心。

是為了有效率割取早熟禾科（註）較硬的莖部而設計的道具。

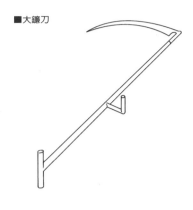

■大鐮刀

　　大鐮刀的刀刃形狀或長度等規格乃視時代而異，邁爾插畫所繪大鐮刀推測柄長在150～180cm，刃長約60～90cm。除此之外，邁爾的大鐮刀握柄的裝設角度也與現代農耕用大鐮刀差了90度，而後端握柄呈T字型、前方握柄則呈L字型也是個很大的特徵。然則，握柄的形狀與裝設方式仍然有地域性的差別，因此並不是說邁爾所描繪的大鐮刀有失精確。

 ## 鐮刀與大鐮刀的使用法

　　鐮刀的使用方法基本上與短劍相當接近。翻開邁爾的插畫便可以發現，基本上鐮刀是以擒拿對方手腕來對抗防禦敵人的攻擊。擁有許多利用刃部勾絆對方手腳頸部、將其扯倒或拋投的招式，可謂是鐮刀術的最大特徵；這是因為武器可企及的距離極短，勢必要在最近的距離底下進行戰鬥，所以捉住對方手腕之類的作戰方法才能發揮效果。除此以外，鐮刀術其實也有以刀刃割砍、以刀尖刺擊等攻擊方法。

　　大鐮刀通常都是右手捉前方握柄、左手捉後端握柄，不過左手也可以捉著長柄柄身使用。攻擊方面則大致可以分成以刀刃斬擊、以鐮刀勾住對方身體將其扯倒兩種用法，只不過它畢竟不是戰鬥專用的武器，因此有笨重不易掌握平衡點、無法靈活運用的缺點。

註：早熟禾科（Poaceae）：亦稱禾本科（Gramineae）。顯花植物早熟禾目（Poales）僅有的一科，約含500～650屬、8000～10000種久草。糧食作物多來自本科，如水稻、小麥、大麥、玉蜀黍、燕麥、黑麥、高粱、黍類。

鐮刀與大鐮刀的架式

1 鐮刀：『憤怒』式（Zornhut）

將鐮刀舉至左肩以待砍向對方
的架式。這架式還有另外一個左手
前伸、伺機捉住敵人的版本。

2 鐮刀：『弓』式（Fiddle Bow）

將鐮刀扭握至下方的架式。這是個
由下往上切削的招式，應該有從內側將
敵人手腕旋轉扳開的效果。

◆3 大鐮刀：『上段』式（High Guard）

從上方斬擊的架式。

◆4 大鐮刀：『梯子』式（Rudder Guard）

這也有可能是『下段』的架式。應該是從『上段』式跨出右腳、從下往上揮擊的姿勢。

◆5 大鐮刀：『橫』式（Side Guard）

左手向前、右手橫向伸出的架式，這應該是個以長柄防禦敵方攻擊並且橫向掃擊斬切的架式。

上段・下段斬擊與防禦
Supera et Infera Incisio cum suis Aversionibus

出典：Mair2, 229r.

1

師父從上方朝弟子斬擊，弟子則朝師父的腳砍去，或者以鎌刀勾絆師父的腳。雙方都不使用武器防禦，而是以捉住手腕的方式進行防禦。

雙斬擊與防禦
Incisiones Duae, Adhibitus suis Aversionibus

出典：Mair2, 232r.

1

此處弟子捉住師父手肘阻止來自上方的斬擊，同時迅速砍向師父的手腕。

大鐮刀技1

交叉斬擊與斬擊
Habitus Incisionis Cancellatae contra Incisionem Apertam

出典：Mair2, 206r.

1

雙手交叉使出的斬擊，以及攻擊身體的斬擊。

卸勁與反擊
Incisionis Habitus contra Formam Aversionis

出典：Mair2, 207r.

1

師父以長柄部位卸開弟子攻擊、斬向弟子右腕。

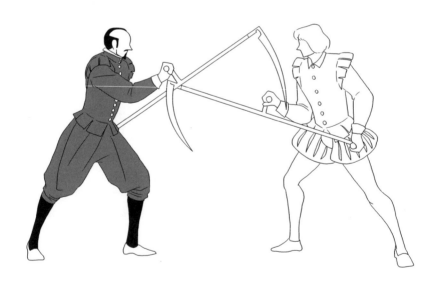

第21章
棍棒與連枷

棍棒與連枷概說

棍棒與連枷的歷史

　　棍棒這個武器的名字非常多樣，有Club、Cudgel、Keule、Kolben、Peasant's Staff和Peasant's club等各種稱呼。邁爾在他的拉丁語版著作裡面是選用有「柱子」語意的Fustus這個單字稱呼，這個名字想必是來自於它的形狀（其實棍棒的拉丁語應該是Stipes才是）。從「百姓的棍棒」這個描述便看得出來，當時可能並沒有把棍棒看成是種正式的武器，不過有時候也會像拜約掛毯（註1）裡面那樣將棍棒視為權威的象徵。

　　連枷是打穀用農具轉用演變而成的武器，兩根棒子中間有段鎖鍊。這種武器是以鎖鍊連接手把與錘頭，並且利用離心力增加錘頭的打擊力道，可以造成比普通四角棍還要大的破壞力。與此同時，連枷還有些優點，包括柔軟的鎖鍊有助於越過盾牌防禦攻擊對方，而且毆擊時不會直接感受到反作用力、不易疲勞；相反地，

摘錄自馬基喬斯基聖經（註2）（13世紀中葉）的打穀作業圖畫。

註1：拜約掛毯（Bayeux Tapestry）：中世紀刺繡工藝品，描繪1066年諾曼第威廉大公征服英格蘭，是精湛的藝術作品，又是寶貴的11世紀史料。

註2：馬基喬斯基聖經（Maciejowski Bible）：亦稱《摩根聖經》、《十字軍聖經》、《聖路易的摩根聖經》，於法王聖路易時期問世。這手抄本的故事從舊約的創世紀開始一直到大衛王時代結束。最特別的地方就是這本聖經並沒有文字，完全是插圖本。其戰鬥畫面和武器等全部是當時13世紀的武器和戰場的描繪，非常真實。目前這本珍貴的手抄本收藏在美國的摩根博物館，是該館最珍貴的收藏品之一。

使用這種武器必須有相當的熟練度才能好好控制錘頭，而且很難在錘頭命中目標以後控制它彈回來的方向，甚至使用者有可能會被彈回來的錘頭打到，這些都是連枷的缺點。除此之外，雖然說「連枷」此語一般指的都是這種連枷頭呈棒狀的武器，不過當時似乎也會把某種以較長的鎖鍊連接鐵球的武器（至少在西班牙是這樣）通通稱為連枷。

■連枷圖例

棍棒與連枷的規格

雖然說棍棒其實也沒什麼規格可言，不過邁爾插畫中的棍棒據推測全長多在90～150cm，重量約2.5kg左右。菲奧雷的棍棒尺寸更小，全長約60～90cm，重量約在1.5～2kg。雖然說原書插畫中畫的是未經加工的樹枝，不過這應該只是種藝術的呈現方式；實際上使用者應該會另行加工、將雙手握持的部位磨平磨光滑，這樣握起來才不會痛。

軍用連枷的連枷頭比農用連枷更短，而且經常會搭配尖刺等設計以圖增加殺傷力。其中亦不乏金屬材質的連枷頭，甚至鐵球型連枷當中還有同時使用好幾顆鐵球的連枷。再說到連枷的柄，步兵連枷用的是超過150cm的較長柄身，騎兵連枷則多是方便單手使用的較短長度。除此之外，還有些連枷會在柄身處設置尖刺，方便將長柄當作棍棒使用。

棍棒與連枷的使用方法

從邁爾的插畫等文獻判斷，棍棒的使用方法就相當於將短棍與雙手劍加起來除以二。因為棍棒畢竟有前後之分，無法像短棍那樣前後調換使用，因此棍棒乃是以棍頭的打擊、刺擊作為主要攻擊法。至於菲奧雷非但有名為棍棒二刀流的特殊使用方法，甚至還會將棍棒當作投擲武器使用。

連枷的使用方法基本上就是棍術的延伸。經常有人說使用連枷要不停地旋轉錘頭，其實並沒有這個必要，因為連接錘頭與柄部的鎖鍊極短，只要稍稍催動握柄，錘頭立刻就會活動起來。

棍棒與連枷的架式

① 棍棒：『上段』式（High Guard）

從上往下揮擊的架式。

② 棍棒：『防壁』式（Barrier Guard）

這應該是跟短棍同樣的防護頭部的架式。

③ 連枷：『上段』式2（High Guard 2）

『上段』架式的一種，大拇指按著連枷頭，這應該是為免連枷錘頭在沒有受到控制的狀況下敲到自己的頭。

④ 連枷：『變移』式（Wechsel）

因姿勢類似長劍等武器的『變移』式，故名。這是將錘頭置於地面，隨時從下往上揮擊的架式。只不過原作的插畫裡面畫到，擺出這個架式的角色頭部吃了一記連枷攻擊、頭部的彎曲角度相當地大，因此這個姿勢也有可能不是特意擺出來的架式。

致命打擊
Alia Plaga Loetalis

出典：Mair2, 215v.

原文招式名「Loetalis」有謬誤，實則「Letalis」才正確。

1

將弟子的攻擊向上彈撥開來，朝顏面刺擊。既然稱為「致命打擊」，想必擁有一擊必殺的威力。

棍棒技2

棍棒二刀流vs.長槍
Two Clubs against a Spear

出典：Fiore(Getty), 31v.

本項乃以棍棒二刀流（與短劍）vs.長槍的極特殊狀況解說這個招數。

1

師父將右手棍棒高舉過頭擺出『貴婦』式，左手棍棒則採『真・鐵門』式。這個架式是採自菲奧雷的長劍架式。

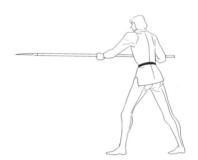

2

右手棍棒朝弟子擲去，同時拔出短劍向弟子刺擊。

3

以左手棍棒擊開弟子長槍，右手短劍刺向弟子。

撩腿
Leg Hook

出典：Meyer, imageM, p. 281.

　　這招是梅耶唯一的連枷招式，可惜的是他對這招全無任何解說。不知他是忘記解說了呢還是沒有時間記載，今已無從得知。插畫中的連枷頭看起來像是裝著填充物的袋子，可能是練習用的連枷。有趣的是，這招式的插畫是梅耶書中唯一畫到孩童的插圖。

1
猜想應是從交纏狀態起手，弟子左手捉住敵我兩把連枷的柄部，然後用右手的連枷柄撩起師父的右腿。

第一交纏狀態

Contactus ex Primo Congressu, Duo per Flagella

出典：Mair2, 210r.

1

這是雙方皆使出上段揮擊以後的武器交纏的狀態。根據插畫推測，可能是弟子先行揮擊，然後師父再以連枷柄的部位好像要把敵方武器擊落似的擊向弟子連枷柄，以為防禦（其原理就跟長劍的『慣擊』相同）。至於為何師父不用連枷頭而是用柄部擊打，應該是因為無法確定不固定的連枷鎚頭可以發揮防禦的效果吧。

鎧甲的厚度與硬度2

2‧厚度

　　鎧甲的厚度如下圖所示。鎧板最厚的部分在額頭部位，整個頭盔都比其他部位來得厚。

　　出人意料的是胴體鎧甲背面通常比較薄，但其實厚薄差距並沒有那麼大，只是胴體鎧甲的胸甲與腹甲會重疊在一起，因此前方鎧甲等於是背後鎧甲的兩倍厚。

　　蒙特主張應該把背部擋板做成最薄，不過本項資料的背部其實並沒有特別薄。基本上整體厚度差距並不大，綜合當時的技術能力等條件，0.1mm的厚度差異應該可以說是在誤差範圍以內。

　　除此之外，與這副鎧甲成對的馬甲就比人類穿戴的鎧甲要薄了許多，大致都在1～1.5mm厚，馬脖子部分甚至薄到僅0.4～0.6mm而已。

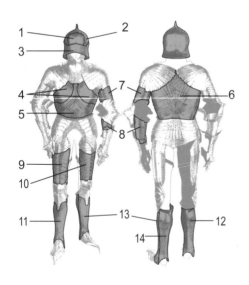

A21鎧甲的厚度。無括弧數字乃平均值，括弧內數字為實測值。

1：頭盔前方 4.4mm（4.1～4.6）	8：前腕鎧甲 1.5mm
2：頭盔罩 2mm（1.9～2.1）	9：右腿鎧甲 1.3mm
3：護眉　2.5mm（2.1～2.8）	10：左腿鎧甲 1.2mm
4：胸擋 1.6mm（1.2～2.2）	11：右小腿前擋 1.2mm
5：腹擋 1.2mm	12：左小腿後擋 1.3mm
6：背擋 1.5mm（1.1～2.3）	13：左小腿前擋 1.1mm
7：上臂鎧甲 1.4mm	14：左小腿後擋 1.2mm

第22章
異種武器戰鬥

異種武器戰鬥概說

 何謂異種武器戰鬥

　　武術指南書記載的大多數都是相同武器之間的戰鬥法，這是因爲他們考慮到的是決鬥用途，但其實許多武術指南書也有介紹不同種類武器之間的戰鬥。

　　因爲當時的習武者會修習數種武器的使用方法，所以只要練習一段時間以後，就會對武器大致的使用方法、長處短處以及應對方法有個相當程度的概念。實際上西爾弗也曾經表示應該盡可能學習練習各種武器的使用方式，以助理解各武器的優缺點並且有效活用之。

長劍vs.槍1
The Sword against the Spear 1

出典：Talhoffer(1459), 75v.

1

弟子擺出半劍的『第三』式。

2

防禦師父刺擊的同時切換至
『第一』式並且向前趨進。

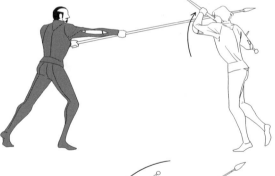

3

順勢朝師父刺擊。

居合拔劍
A Quick-Draw

出典：Talhoffer(1459), 79r, 79v.

　　這是歐洲劍術唯一（大可以這麼說吧）使用到居合拔劍的招式。由於平時長劍通常都已經出鞘，如果須要在倉促間拔出武器應敵也大多會選擇使用短劍，因此這樣的招式非常稀少。原書中師父的釘頭錘是做握著釘子的拳頭形狀，這是以Fausthammer（拳鎚）指稱當時德語「戰鎚」（War hammer）的雙關語。

1

師父揮錘作勢要毆擊。

2

弟子斜踏左前方，拔劍揮出。

3

朝師父手腕砍去。砍刀的相同招式則是在後面另外朝師父頭部補上一記砍擊、給予致命的打擊。

異種武器戰技3

棍與短劍vs.長槍
A Staff and a Dagger against the Spear

出典：Fiore(Getty), 31v.

這是個拄棍於地、藉以躲避敵槍刺擊的招式。這招式在歐洲各地似乎相當普遍，雖然瓦萊爾斯泰因抄本（Wallerstein, p. 367）用的是長槍、角鬥士武術指南書（Gladiatoria, 2r）裡面使的是劍，但是都有介紹到相同的招數。

1

師父左手握棍拄地前傾，右手則持短劍。

2

弟子刺來，則以棍將其撥開。

3

同時前踏一步，短劍刺向弟子。

長劍vs.瑞士戟1
Krumphau against the Halberd

出典：Talhoffer(1459), 76v.

這招是長劍技「曲斬」的應用技。

1

弟子持瑞士戟襲來。

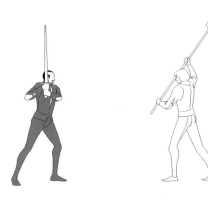

2

師父向左前方斜踏，使「曲斬」揮開弟子的瑞士戟。

3

右腳左移，斬向弟子。原書裡還描繪到一擊砍下對方首級的模樣。

異種武器戰技5

投擲短劍
Dagger Thorwing

出典：Talhoffer(1459), 77r.

這招包括投擲帽子與投擲短劍，是非常罕見的招數。

1

師父正在散步，弟子持長槍突襲。

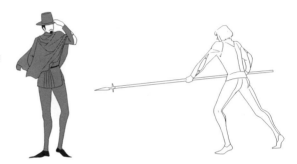

2

師父把帽子往弟子臉部擲去、阻擋其視線，同時拔出短劍。

3

將短劍朝弟子胸膛投擲。此處插圖是上手投擲，不過也有人從原文插畫中師父手的形狀來判斷，推測原書應該是在拔出短劍的同時順勢採用下手投擲。

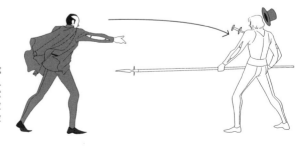

長劍vs.瑞士戟2
The Halberd against the Longsword

出典：Mair, pp. 162, 163.

1

師父採『屋頂』式，弟子採取的則是『憤怒』式的一種。

2

師父執戟朝弟子頭部揮擊。

3 反制1

弟子以「三角步」進行防禦。圖中弟子是右腳往右、以「憤擊」砍向師父的瑞士戟，藉此將師父的攻擊卸開。（從後面介紹的異種武器戰技10「西洋劍vs.豬牙槍」也可以看到，邁爾的「三角步」似乎與其他劍士的「三角步」並不相同。其原文寫到「以劍的前刃防禦對方攻擊，然後踩著三角步、朝對方頭顱左側砍擊」。）

4

向後收回左腳，捲劍朝師父頭
部左側砍去。

5 反制2

抽身躲開弟子攻擊。

6

前踏兩步刺向弟子。

長劍vs.瑞士戟3
Another Halberd against the Longsword

出典：Mair, pp. 166, 167.

1

師父刺向弟子面部。

2 反制1

弟子朝右前方踏出右腳、交叉雙腕切換成『公牛』式卸開師父的刺擊。

3

順勢舉劍過頂，以前刃砍向師
父頭部。

4 反制2

師父舉起瑞士戟在頭頂劃個
圈、彈開弟子長劍，然後揮向
弟子頭部。

長劍 vs. 槍2
The Sword and the Short Spear

出典：Mair, pp. 160, 161.

1

師父趁弟子舉起長劍正要斬擊
的時候，持槍刺向弟子腹部。

2 反制1

見師父刺擊過來，弟子退回左
腳並使「旋斬」揮開師父的槍
（此處的「旋斬」應是橫向的
橫掃攻擊）。

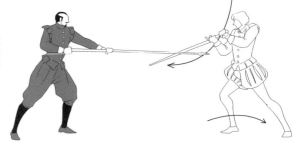

3 反制2

萬一刺擊遭弟子撥開，師父可
以往右側移動、繞過弟子長劍
再行刺擊。為方便理解，此處
乃採鳥瞰圖。

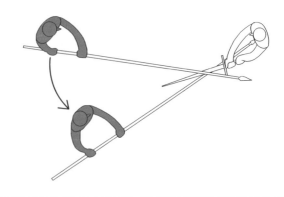

蒙特的建議1

蒙特曾經根據自身經驗提出幾個關於鎧甲的建議，並記載於他自己的著作《Collectanea》當中：

建議1 在胴甲與襯衣之間預留充分空間。

胴甲如果太過貼身，那麼身體將會直接感受到來自鎧甲外側的衝擊，會讓使用者感到非常地不舒服。

建議2 夜裡全副武裝走在陌生的街頭，要用皮（應該指是皮革披風之類的東西）覆蓋住上半身。

當時幾乎沒什麼照明設備，只要遮住會反射月光的上半身就可以化入黑暗之中，讓別人看不見自己。

建議3 騎馬戰鬥的時候記得掀起頭盔的面罩，可是騎馬長槍比武千萬不可掀起面罩。

掀起面罩不但可以確保較寬廣的視野，呼吸也比較輕鬆方便。雖然這樣會讓眼部曝露在外而毫無防備，但基本上應該不會遭遇到什麼危險。只不過，從事騎馬長槍比武的時候還是要把面罩拉下來，以防萬一。騎馬長槍比武就有個真實的意外案例，法王亨利2世即便已經拉下面罩，還是被長槍的碎片插中眼睛而致死亡。

建議4 從事騎馬長槍比武的時候應極力強化襯衣，使完全填滿胴體鎧甲內側的空間。

這是個可以減緩遭對方長槍命中時驚人衝擊力道的方法。

建議5 從事騎馬長槍比武的時候，以浸泡過蛋白或醋的頭巾纏住頭部。

這是防止頭盔直接與頭部接觸，能夠減緩長槍命中頭盔時的衝擊力道，有避免昏厥的效果。蛋白和醋應該擁有某種藥效才是（醋有何藥效不得而知，蛋白在當時則是被當作消炎劑使用）。

建議6 在頭盔的正面塗蠟。

塗蠟似乎可以降低武器命中頭盔所產生的聲音。當時的頭盔是把整顆頭都包覆住，頭盔被擊中的時候其實就跟把頭伸進吊鐘裡沒有兩樣。從這裡可以推測，盡可能減少噪音在當時也是個很重要的課題。

（下接P.640）

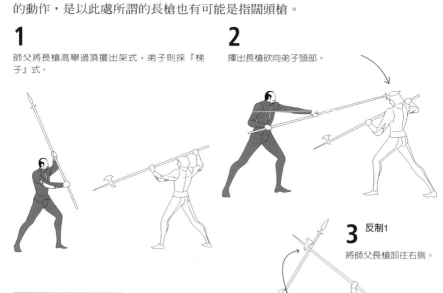

異種武器戰技9

豬牙槍vs.瑞士戟
The Boar Spear against the Halberd

出典：Mair, pp. 170, 171.

　　豬牙槍是種用來狩獵山豬等動物的狩獵用長槍。它跟普通長槍的不同之處，就在於它在槍頭下方有個名爲「翼」的突出構造；這個「翼」的設計，是爲了阻止山豬被長槍貫穿以後還能夠往使用者衝過來。這種長槍似乎很受歡迎，塔爾霍夫的武術指南書便也有提到這個武器。其次，原書的插畫雖然將這種長槍畫成普通的豬牙槍，但由於當時「豬牙槍」這個單字（Schweinspiesz）也可以用來指稱闊頭槍（註），再加上有描述到以長槍斬擊的動作，是以此處所謂的長槍也有可能是指闊頭槍。

1

師父將長槍高舉過頂擺出架式，弟子則採『梯子』式。

2

揮出長槍砍向弟子頸部。

3 反制1

將師父長槍卸往右側。

註：闊頭槍（Partisan）：出現於15世紀末的武器，最早使用於法國或義大利農民起義反抗體制時。最初只有非正規的軍隊才使用闊頭槍，進入16世紀以後歐洲各國的正規軍也開始將其納入配備。

630

4

卸開長槍以後，立刻朝師父胸膛刺去。

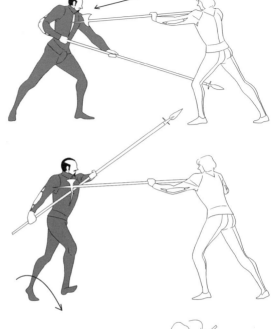

5　反制2

將弟子的刺擊卸往右側的同時，右腳踏向右前方（此處移步方式跟歐洲武術的大原則「往對方攻擊線之外移動」恰恰相反，搞不好可能是原文把左右邊弄錯了）。

6

放開武器，左手捉住弟子右肩。與此同時，右手繞過弟子左手、從後面捉住弟子的左腳。

7

扛起弟子、把弟子的頭往地面摔。接著迅速拾起長槍，給弟子致命的一擊。

西洋劍vs.豬牙槍
The Rapier against the Boar Spear

出典：Mair, pp. 176, 177.

1

師父踏出左腳，朝弟子顏面刺擊。

2 反制1

見師父刺來，弟子揮劍敲擊槍頭附近、將師父長槍撥往左側，然後捉住槍柄封鎖長槍的動作。

3 反制2

見弟子伸手要捉住槍柄，師父迅速抽回長槍不讓弟子捉到，再往弟子的顏面或胸膛刺擊。

4 反制3

弟子左腳踏向左前方，把師父的刺擊往右側格開。

5

捉住槍柄中段的同時朝師父眼睛刺擊。

6

若師父舉起槍柄抵禦刺擊，則弟子踩「三角步」鑽過師父長槍底下、繞到另一側去。

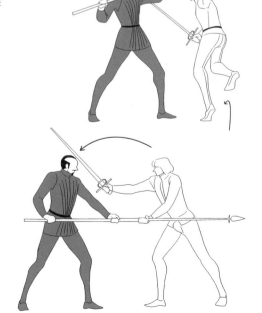

7

繞到另一側以後朝師父頭部斬擊。

短劍vs.長劍1
The Dagger against the Sword 1

出典：Fiore(Getty), 19r. Vail, p. 193.

1

弟子長劍擺出『近間』或者其他適於刺擊的架式。這廂師父擺的則是『豬牙』式（『豬牙』式只在此節出現而已）。

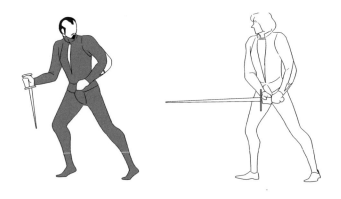

2

師父見弟子刺來，向左「全轉」（右腳後退，身體順時針旋轉半圈的步伐）並卸開弟子長劍。

3

師父左手捉住弟子手腕封鎖其
動作,右手短劍刺向弟子。

4 反制

弟子左手捉住師父左手肘附近
向前推。

短劍vs.長劍2
The Dagger against the Sword 2

出典：Fiore(Getty), 19r. Vail, pp. 188, 189.

1

短劍擋住弟子攻擊。

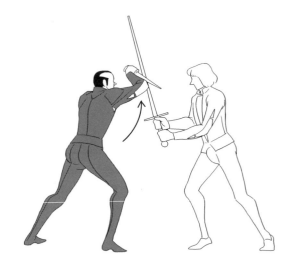

2

左手捉住弟子右肘向前推、封鎖弟子動作，然後朝弟子胸口或頸部刺擊。

異種武器戰技13

長劍在鞘的對應方法
The Sword in Sheath against the Dagger

出典：Fiore(Getty), 19r.

　　這招是事出突然時的緊急躲避招數。

1

弟子捉住師父領口，短劍就要刺來。師父來不及
拔劍出鞘。

2

師父連劍帶鞘使勁押住弟子右肘一帶，妨礙弟子
攻擊。

3

仍以劍鞘押住弟子，同時拔劍發動攻擊。菲奧
雷還曾經說到可以利用劍鞘以「短劍技8 對應法
第一」或者「短劍技11 對應法第一・第二應用
法」奪取對方短劍。

擒腕
Wrist-Hook

出典：Dürer/Messer, No. 39.

1

師父左手持短劍，右手則持砍刀。

2

左手短劍擋住弟子攻擊。這個時候不用砍刀，而是以短劍抵住弟子手腕。

3

勾起短劍，扣住弟子的手腕。

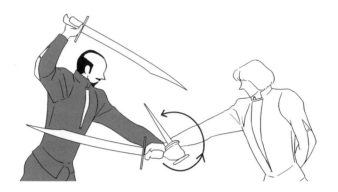

4

砍刀刺向弟子顏面或胸口。

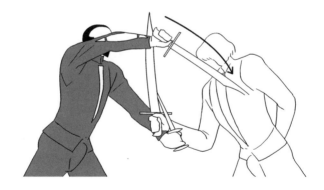

蒙特的建議2

建議7 戰場上先殺馬。

由於騎兵的防禦相當充分，上戰場時應該先朝最容易瞄準、最脆弱的馬匹攻擊為上策。不過騎馬長槍比武的時候攻擊馬匹是犯規的。

建議8 鎧甲以輕便為佳。

蒙特表示鎧甲以輕便為佳，比較容易躲開敵人的攻擊。

建議9 判斷時必須慎重，一旦決定以後就要立刻行動。

蒙特力誡性急躁進、判斷草率，他認為務必要經過慎重而周到的考慮以後方可判斷。可是一作出決定以後，就應該立刻採取行動不可有半點躊躇。套句蒙特的話，就是要「不著急，以堅定的意志堂堂地」展開行動。

建議10 別把自己綁在馬鞍上。

據說當時的人為防止遭長槍刺下馬來，經常會把自己綁在馬鞍上。蒙特警告說，這樣在馬倒下來的時候非常危險。

建議11 選擇適合自身體格‧體力的武器。

蒙特表示，選擇武器時固然要將敵方武器的長度等因素列入考慮，但還是應該選擇適合自身體格、體力的武器才是。他還說長的武器比較有利，短而重的武器則是給沒有技術的人在用的。他的想法跟認為短到某種程度的武器較為有利的西爾弗、菲奧雷恰恰相反。

建議12 馬鞍要向後傾並確保有充分的空間。

前傾的馬鞍固然可以防止身體在遭到長槍刺擊的時候向後翻，可是蒙特卻說騎馬者可能會因為武器重量而向前趴倒，而且使用較重的長槍時缺乏支撐點。

建議13 馬鐙要短。

當時的繪畫往往把騎馬者的雙腿畫得很直、直伸到馬肚子下面去，可見當時普遍都把馬鐙裝得很長，這是因為當時認為把腳伸直、好像站著似地坐在馬鞍上會比較穩。蒙特卻否定這種說法，認為應該把馬鐙裝得像現代的馬鐙一樣短，騎起來才穩。

附錄

Appendix

武術指南書的作者

此處簡單介紹武術指南書的作者。有別於日本的諸多劍豪，我們對大多數歐洲劍士的生涯幾乎是全無所知。以下按照姓名英文字母介紹諸位武術指南書的作者。

艾勃‧杜勒
（Albrecht Dürer）（1471～1528）

出身紐倫堡，德國文藝復興的代表性畫家。同時他也是隸屬於聖馬可兄弟團的劍士。

卡密留‧阿古利巴
（Camillo Agrippa）（？～1595前後）

自稱擁有建築家、技術家、數學家、劍士等諸多身分的米蘭人。此名恐怕並非本名，出生年亦不得而知。曾經執筆數部作品，書中聲稱自己與米開朗基羅相識。1553年執筆劍術相關作品，對後世留下頗大影響。

迪亞哥‧哥梅茲‧費桂雷多
（Diego Gomez de Figueyredo, dom）（17世紀～1685）

出身里斯本的將軍，活躍於持續長達25年的葡萄牙獨立戰爭，是葡萄牙獨立運動中的國民英雄。他也是當時葡萄牙皇太子的武術指導。1651年曾經著作有關雙手大劍訓練法的作品。

法比安‧馮‧奧斯華德
（Fabian von Auerswald）（1462～1537）

薩克遜選侯約翰‧腓特烈一世（註1）的格鬥指導。1539年的時候出版了一本題名爲《格鬥術》的武術指南書（插畫者爲小盧卡斯‧克拉納赫（註2））。

註1：薩克森選侯約翰‧腓特烈一世（John Frederick I, Elector of Saxony）：薩克森韋廷（Wettin）家族恩斯特一支最後一位選侯，選侯「堅定者約翰」之長子。被看作基督教新教的殉道者受到其臣民及基督教新教邦君們的尊敬。
註2：小盧卡斯‧克拉納赫（Lucas Cranach the younger）：老盧卡斯‧克拉納赫之子，德國重要的文藝復興時期畫家，傑出的肖像畫家。

菲利波・迪・巴托洛米奧達爾第
（Filippo di Bartolomeo Dardi）（？～1464前後）

大約從1413年開始教授武術，後來在波隆那（註1）大學擔任算術、幾何學教授。受人奉為重視幾何學思考的義大利式武術波隆那流派的創始者。

菲奧雷・迪・李貝里
（Fiore dei Liberi）（約1350～1410以後）

現在義大利與斯洛伐尼亞國境附近的都市奇維達萊-德爾弗留利（Cividale del Friuli，當時叫奇維達萊-道斯托里亞）的貴族階級出身。輾轉於各地修行，並於德國人約翰尼斯・史威諾（亦稱「士瓦本的約翰尼斯」）門下修習武術。1383年距離他故鄉不遠的烏迪內（註2）爆發市民戰爭，當時他曾經以烏迪內市部隊指揮官參與該場戰役，為首次記載其名的文獻記錄。

他留下四部現存所知最早的義大利式武術指南書，是歐洲武術的最重要人物之一。除此之外，也有人認為他的師父約翰尼斯・史威諾其實就是約翰・理查特納爾（年代與場所都符合），不過仍並未經過實證。

喬治・西爾弗
（George Silver）（1559？～1622以後）

出身於英國紳士階級。向薩比歐羅提出決鬥以後，1599年出版《防禦的悖論》。他素以批判義大利式西洋劍術、擁護英式傳統武術而聞名，甚至有「最後的中世紀人」之稱。

喬西摩・迪格拉西
（Giacomo Di Grassi）（16世紀）

義大利的劍士。1570年出版武術書，1594年便有英譯版本出版。

漢可・多賓格
（Hanko Döbringer）（約4世紀～15世紀？）

傳為《Nürnberger Handschrift GNM 3227a (Cod.HS.3227a)》的作者。亦稱漢可・「傳教士」・多賓格；根據這個稱呼判斷，他除劍士身分以外，可能也是位聖職者。

註1：波隆那：請參照P.41譯註。
註2：烏迪內（Udine）：義大利東北部城市。弗留利-威尼斯朱利亞區烏迪內省省會。鄰近斯洛伐尼亞邊境。第一次世界大戰期間（1915～1917）是義大利軍隊的司令部，第二次世界大戰中遭到嚴重破壞。

漢斯・塔爾霍夫

（Hans Talhoffer）（約1420～1482以後）

　　士瓦本[註1]應是出身於下層階級的劍士，符騰堡伯爵（就是後來的初代符騰堡公爵，他也是塔爾霍夫的金主之一）多鬚的埃貝哈德（Bearded Eberhard）隸下騎士，是魯托・馮・克寧賽（Lutold Koenigsegg）本人及其軍隊的武術指導。根據記錄，他還曾經在1435年與神聖羅馬帝國皇帝西吉斯蒙德[註2]有關的審判中以證人身分出庭。後來1454年獲許可在瑞士蘇黎世市政府附近開設道場，同時還負責擔任該市決鬥審判的裁判。至少著作過六部插畫非常豐富的武術指南書，是最受現代重視的劍士之一。

赫羅尼莫・桑切茲・德・卡蘭薩

（Jerónimo Sanchez de Carranaza, don）（？～1600）

　　西班牙的貴族。據說他是以阿古利巴的技術為基礎開創了西班牙式劍術。

約希姆・梅耶

（Joachim Meyer）（1537？～1571）

　　出身於瑞士巴塞爾[註3]的自由劍士兼刀匠。他在遊歷各地以後定居於斯特拉斯堡[註4]，還在這裡結婚。相傳梅耶隸屬於聖馬可兄弟團的敵對組織「羽戰士團（Federfechter）」，根據斯特拉斯堡市史記錄，他曾經在1560年代數次向市府請求召開武術大會的許可。1570年出版了目前所知最為詳細、內容最多的德式武術指南書。數年後應馬德堡公爵招聘而前往馬德堡市[註5]，卻在抵達當地的兩週後死亡。

約翰尼斯・理查特納爾

（Johannes Liechtenauer）（14世紀）

　　推測應是出身於法蘭克尼亞[註6]地區利希特瑙市（Lichtenau）（現在的拜恩州中弗蘭肯（Mittelfranken）安斯巴赫郡（Ansbach））的劍士。他在

註1：士瓦本：請參照P.187譯註。
註2：西吉斯蒙德（Sigismund）：神聖羅馬帝國皇帝（1433年起）、匈牙利國王（1387年起）、德意志國王（1411年起）、波希米亞國王（1419起）和倫巴底國王（1431年起）。
註3：巴塞爾：請參照P.269譯註。
註4：斯特拉斯堡：請參照P.499譯註。
註5：馬德堡市（Magdeburg）：德國中東部薩克森-安哈爾特州城市。瀕臨易北河，位於柏林西南方。
註6：法蘭克尼亞：請參照P.37譯註。

德國南部、東歐各地修行，將所學技術選擇取捨過後創設了「德式武術」。據說漢可·多賓格執筆武術指南書時（推定1389年），他仍然在世。後世往往以「高師（High Master）」、「宗師（Grand Master）」稱呼，雖無著作，卻也被傳爲是某篇以暗號密碼暗藏德式武術眞髓的韻文的作者。

猶太人奧托
（Ott Jud）（15世紀）

正如其名所示，猶太人奧托是改宗猶太人的格鬥術第一人，對德式武術的格鬥術造成了極大的影響。同時他也是保盧斯·卡爾所謂的「理查特納爾十八傑」的其中一人。

保盧斯·赫克特·邁爾
（Paulus Hector Mair）（1517～1579）

奧格斯堡富裕家庭出身，曾經擔任該市的財政檢查官。1540年前後他還20多歲的時候，曾經將長達四年的歲月以及近乎全數的財產都傾注於執筆武術指南書；他雇用兩名職業武術家作模特兒，並聘請畫家約爾格·布魯擔任插畫家，可見這本書有多麼大手筆、多麼豪奢。也因此，這本作品無論是質或量均大大超越了所有的武術指南書。不過他爲滿足奢華的生活與武術指南書的開銷而向該市的預算下手，終於在1579年以盜用公款罪名遭處絞首死刑，享年62歲。

西吉蒙德·瑞恩格克
（Sigmund Schining ein Ringeck）（14世紀或15世紀）

德國劍士，傳爲1420～1440年代成書的武術指南書（MS Dresden C 487）的作者，爲「理查特納爾十八傑」之一。

文生提歐·薩比歐羅
（Vincentio Saviolo）（？～1599）

出身於義大利帕多瓦^{（註）}名門的劍術家。大約在1590年以前便移居至倫敦，從此就在當地教授劍術。他的武術是受西班牙式劍術影響的義大利式西洋劍術。1595年出版著作，在西爾弗1599年作品出版前便已辭世。

註：帕多瓦（Padua）：義大利北部威尼托（Veneto）區城市，位於威尼斯西面，巴奇格萊恩（Bacchiglione）河畔。傳說羅馬的帕多瓦城是由特洛伊英雄安特諾爾（Antenor）所建。

文獻略稱一覽

以下記載的是本書第2部武技介紹部分的文獻略語。

Agrippa
Agrippa, Camillo. Mondschein, Ken (Trans. Ed.) Fencing: a Renaissance Treatise. Italica Press, NY. (2009)

Anglo
Anglo, Sydney. The Martial rt of Renaissance Europe. Yale University Press. New Haven and London (2000)

Auerswald
Auerswald, Fabian von. Ringer kunst: funf und achtzig stücke zu ehren Kurfürstlichen gnaden zu Sachssen. (1539). http://www.umass.edu/renaissance/lord/pdfs/VonAuerswald_1539.pdf

Di Grassi
Di Grassi, Giacomo. I.G. gentleman (Trans.). Giacomo Di Grassi his true Arte of Defence, plainlie teaching by infallible Demonstrations, apt Figures and Perfect Rules the manner and forme how a man without other Teacher or Master may safelie handle all sortes of Weapons aswell offenciue as deffenciu; With a Treatise of Disceit or Falsinge: And with a waie or meane by priuate Industrie to obtaine Strangth, Judgment and Actiuude. (1594) http://www.umass.edu/renaissance/lord/pdfs/DiGrassi_1594.pdf

Döbringer
Döbringer, Hanko. David Lindholm, and friends (Trans.) Cod. HS.3227a or Hanko Döbringer's fechtbuch from 1389. http://ww.thearma.or/Manuals/Dobringer_A5_sidebyside.pdf

Duelling
Hull, Jeffrey. With Maziarz, Monika, Zabinski, Grzegorz,. Knightly Duelling – the Fighting Arts of German Chivalry. Paladin Press (US), (2007)

Dürer
Dürer, Albrecht (original). Friedrich Dörnhöffer (edit) Albrechit Dürers Fechitbuch. F. Tempski (Wien), G. Freytag (Leipzig)(1910), Michigan State University Libraries. http://archive.lib.msu.edu/DMC/fencing/albrecht.pdf

Fick

Fick, Steaphen. The Beginner's Guide to the Long Sword – European Martial Arts Weaponry Techniques. Black Belt Press (US)(2009)

Fiore(Getty)

Liberi, Fiore dei (original). Francesco Novati (publish). Flor Deullatorum. (1409, 1902) http://mac9.ucc.nau.edu/novati/novati.pdf

Fiore(Pisani)

Liberi, Fiore dei(original). Francesco Novati(publish).Flor Duellatorum. (1409,1902) http://mac9.ucc.nau.edu/novati/novati.pdf

Gladiatoria

Knight, Jr. Hugh T. Gladiatoria Fechitbuch – A Fifteenth-Century German Fight Book. www.lulu.com(2008)

Knight/Armoured

Knight, Jr. Hugh T. Fencing with Spear and Sword: Medieval Armored Combat. www.lulu.com(2007)

Knight/Buckler

Knight, Jr. Hugh T. Medieval Sword and Buckler Combat. www.lulu.com(2008)

Knight/Longsword

Knight, Jr. Hugh T. The Knightly Art of Longsword. www.lulu.com(2009)

Knight/Ringen-Dagger

Knight, Jr. Hugh T. The Last Resort: Unarmed Grappling and Dagger Combat. www.lulu.com(2008)

Mair

Knight, David James. Hunt, Brain. Polearms of Paulus Hector Mair. Paladin Press, US(2008)

Mair2

Mair, Paulus Hector. Opus Amplissimum de Arte Athletica (Cod.Icon.393). Bayerische Staatsbibliothek(1542)

Meyer

Meyer, Joachim. Jeffrey L. Forgeng (Trans.). The Art of Combat – A German Martial Arts Treatise of 1570. Greenhill Books, London, UK (2006)

Montante

Figueyredo, Diego Gomez de. Memorial of the Practice of the Montate. http://www.oakeshott.org/Figueiredo_Montante_Translation_Myers_and_Hick.pdf. (2009)

Paradox

Silver, George. Paradoxes of Defence, wherein is proved the tue ground of Fight to be in the short auncient weapons, and that the short Sword hath advantage of the long Sword or long Rapier. And the weakness and imperfection of the Rapier-fights displayed. Together with and Admonition to the noble, auncient, victorious, valiant, and most brave nation of Englishmen, to beware of false teachers of Defence, and how they forsake their own naturall fights: with a briefe commendation of the noble science or exercising of Armes. London, 1599

Ringeck/Tobler

Liechtenauer, Johannes (original). Ringeck, Sigmund (Commentary). Tobler, Christian Henry (Trans. Interpret.) Secret of German Medieval Swordmanship: Sigmund Ringeck's Commentaries on Johannes Liechtenauer's Verse. Chivalry Bookshelf, US.(2001)

Silver/Instruction

Silver, George. Brief Instructions upon my Paradoxes of Defence. c.1605

Spada2

Hands, Stephen (Ed.). Mele, Gregory. Hick, Steven (Assistant ed.) Spada 2 Anthology of Swordmanship. Chialry Bookshelf, US. (2002-2005)

Swetman

Swetman, Joseph. The Schoole of the Noble and Worthy Science of Defence. http://www.umass.edu/renaissance/lord/pdfsSwetman_1617.pdf

Talhoffer(1459)

Talhoffer, Hns (original). Hull, Jeffrey (trans. Edit.). Fight Earnestly – the Fight-Book from 1459 AD by Hans Talhoffer. http://www.thehaca.com/pdf/Fight-Earnestly.pdf

Talhoffer(1467)

Talhoffer, Hans (original). Rector, Mark (Trans. Ed.). Medieval Combat – A Fiftennth-Century Manual of Swordfighting and Close-Quarter Combat. Greenhill Books, London.(2006)

Vail

Vail, Jason. Medieval and Renaissance Dagger Combat. Paladin Press, US.(2006)

Wallerstein

Zabinski, Grzegorz, Walczak, Bartlomiej (Trans. Ed.). Codex Wallerstein: A Medieval Fighting Book from the Fifteenth Century on the Longsword, Falchion, Dagger, and Wrestling. PaladinPress, US.(2002)

武術指南書評

　　讀到此處，或許有些讀者會興起想去看看當時的武術指南書內容究竟如何的念頭，然則日本在這個領域可謂是完全沒有涉獵研究，根本就不知道該從哪個作品下手，甚至連其他著述中提到的武術指南書究竟是什麼樣的作品，都一無所知。為此，筆者決定在這裡就參考文獻的書籍留下書評，並對幾部武術指南書的原作品進行簡單的介紹，希望能夠幫助有興趣的讀者作出正確的選擇。

Agrippa, Camillo. Mondschein, Ken (Trans. Ed.) *Fencing: A Renaissance Treatise.* Italica Press, NY. (2009)

　　這本書寫的是卡密留・阿古利巴的劍術。本篇分為兩個部分，第一部主要講的是西洋劍（義大利刺劍）的操作方法，第二部則是收錄他的資助者以及幾何學相關講義。Ken Mondschein對當時的社會情勢與思想哲學等都有相當詳細的解說，譯文也非常輕鬆易讀，而且書的尺寸也不像拙作這樣大本，應該是部很好讀的作品。雖是海外的平裝書，然其紙質之佳亦頗受好評。必須注意的是，這個作品只是原文的翻譯，並未針對阿古利巴招式的動作進行解說。

Anglo, Sydney. *The Martial Artsof Renaissance Europe.* Yale University Press. New Haven and London(2000)

　　這個作品並非武術指南書而是其研究書籍。雖是研究書籍但插畫同樣也相當豐富，無論引用文或考證等都有足以壓倒其他研究書籍的質與量。唯一的問題，大概就是在插畫的解說文裡面時不時會摻雜有點深度的英式幽默（不太好笑的那種）。想從學術性解說的面向來瞭解武術指南書和當時的武術，則這本書可以說是個不錯的選擇。相反地，想要瞭解有關武技實際使用的讀者，大概就不用買這本書了。

Auersward, Fabian von. *Ringer kunst: funf und achtzig stücke zu ehren Kurfürstlichen gnaden zu Sachssen.* (1539). http:///www.umass.edu/renaissance/lord/pdfs/VonAuerswald_1539.pdf

　　這本書（其實是電腦檔案）是原文的掃瞄版，因此必須具備古德語閱讀能力方能解讀。此書是以木版畫的插圖為主要內容、解說部分相對簡潔，像筆者這種只知道少數幾個德語單字的人也可以光憑插畫作出某種程度的推測（當然必須要小心誤解）。順帶說到，書中插畫可是出自德國文藝復興時期的代表畫家盧卡斯・克拉納赫之子小盧卡斯・克拉納赫 (註) 手筆，就連服裝等

細節也都畫得非常詳細，甚至可以當作研究當時服飾流行的資料研讀使用。

Brown, Terry. *English Martial Arts.* Anglo-Saxon Books, UK. (1997)

　　現今的歐洲武術相關書籍幾乎大半數都遭到德式與義大利式武術所佔據，這本書卻是少數專門介紹英式武術的專書。第一部分是解說英國武術（說得更準確點，其實是武術工會與後來的比武大會）的歷史與組織，後半段則是詳細解說闊劍（騎兵直刀）、四角棍、劍與短劍、劍與短劍對抗劍與小型圓盾、鉤矛、徒手格鬥（大部分是打擊技而非摔角技）的招數架式並佐以相片。其缺點就是對英式武術本身的歷史描寫不甚詳細（當然相關資料本來就很少也是個因素），以及未記載出處、難以檢證。這是極少數專為現詳細解說英式武術招式的書籍，建議對英式武術感興趣的朋友可以購買。

Di Grassi, Giacomo. I.G. gentleman (Trans.). *Giacomo Di Grassi his true Arte of Defence, plainlie teaching by infallible Demonstrations, apt Figures and Perfect Rules the manner and forme how a man without other Teacher or Master may safelie handle all sortes of Weapons aswell offencive as deffencive; VVith a Treatise Of Disceit or Falsinge: And with a waie or meane by privae Industrie to obtaine Strength, Judgment and Activvde.* (1594) http://www.umass.edu/renaissance/lord/pdfs/DiGrassi_1594.pdf

　　當時英國的書有個特徵，那就是書名又臭又長，而這本書也不例外。這是1570年義大利出版作品的英譯版原文掃瞄檔。從書名中可以發現，當時的英文跟現代英文有些許不同（s跟f幾乎沒有差別），讀起來可能會有點混亂。這部作品本文解說的是基本理論、西洋劍（義大利刺劍）、西洋劍與短劍、西洋劍與斗篷、劍與小型圓盾、劍與輕盾、西洋劍二刀流、雙手劍、長柄武器等內容。這本書的下載網站同樣也備有義大利版，兩相比較之下可以發現，英語版把小型圓盾畫得比較英國風，纏捲斗篷的方法也描寫得比較隨便。

Döbringer, Hanko. David Lindholm, and friends (Trans.) *Cod.HS.3227a or Hanko Döbringer's fechtbuch from 1389.* http://www.thearma.org/Manuals/Dobringer_A5_sidebyside.pdf

　　這是漢克‧多賓格所著武術指南書的對譯本，排版直接將譯文列在原文旁邊、譯文也相當仔細，閱讀起來非常容易。內容偏向招式理論的解說而非實戰中的實踐性技術，可能比較不適合想要瞭解實戰戰技的讀者。

註：小盧卡斯‧克拉納赫：請參照P.642譯註。

Hull, Jeffrey. With Maziarz, Monika, Zabinski, Grzegorz. *Knightly Duelling – the Fighting Arts of German Chivalry.* Paladin Press (US). (2007)

　　這本書感覺就像是從諸多有關德式武術的武術指南書選粹出來集合而成的精選輯。針對各式各樣的主題，提出從小眾武術指南書到著名的大部作品的著述，介紹範圍極為廣泛。特別是騎乘戰鬥的部分，固然原本就不太受到其他作品重視，仍然不損這部作品身為重要資料的參考價值。然則排版方面稍嫌雜亂，較難判別各章節是引用自哪部武術指南書。再者，書中基本上僅記載譯文而已，招式的實際動作就必須交由讀者自行解釋。

Dürer, Albrecht (original). Friedrich Dörnhöffer (edit) *Albrechit Dürers Fechitbuch.* F. Tempski (Wien), G. Freytag (Leipzig) (1910, Michigan State University Libraries. http://www.archive.lib.msu.edu/DMC/fencing/albrecht.pdf

　　1910年出版的《Albrecht Dürer Fechitbuch》的研究書籍。前篇包括武術指南書的解說、手稿起草文，以及與瓦萊爾斯泰因手抄本的比較，後半部則刊載的是杜勒的原文。杜勒不愧是德國的代表性畫家之一、書中插圖近乎素描，單純的線條卻又能夠確實地捕捉到人體的運動。人物角色設定也相當豐富，甚至足以充當我等研究當時人們髮型與服裝的歷史資料使用。介紹武術包括長劍、短劍、砍刀、摔角術等。杜勒作品的特徵就是有些招式與瓦萊爾斯泰因手抄本相同，或是以相同插畫構圖來呈現相同招式，因此一般認為杜勒的部分招式是根據瓦萊爾斯泰因手抄本所描繪。此書是以德語著作。

Fick, Steaphen. *The Beginner's Guide to the Long Sword – European Martial Arts Weaponry Techniques.* Black Belt Press (US)(2009)

　　這是部以菲奧雷武技為骨幹介紹長劍術基礎的作品。分量不多，花不了多少時間就可以讀完。這其實是本講述基礎的著作，對個別招式並無記載。

Liberi, Fiore dei (origina). Tom Leoni (Trans.) *Fiore de' Liberi's Fior di Battgia M.S. Getty Ludig XV13- Italian Swordmanship Treatise.* www.Lulu.com (2009)

　　Getty版向來被認為是菲奧雷武術指南書當中內容最充實的版本，此書則為其譯書。書本本身相當薄、讀起來非常容易，內容也包羅長劍、摔角、短劍、單手劍、長柄大斧、槍、騎馬戰鬥等相當廣泛。這本書唯一的而且是最大的缺點，就是沒有插畫。當初是因為著作權等緣故而未能刊載插畫，要讀這本作品就必須前往Getty博物館將收藏的武術指南書一頁一頁地影印下來。不過2011年10月Ken Mondschein又出版了一本獲博物館官方認可、附有插畫的譯本，買這本會比較穩妥。

Liberi, Fiore dei (original), Francesco Novati (publish). *Flor Duellatorum.* (1409, 1902) http://mac9.ucc.nau.edu/novati/novati.pdf

這是Novati版的菲奧雷武術指南書。1902年出版以來，原書直到最近仍然不知去向。這是個連開頭引言都沒有、僅有原文的書，讀者必須具備解讀中世紀義大利語手寫文字的能力。

Knight, Jr. Hugh T. *Gladiatoria Fechitbuch – A Fifteenth-Century German Fight Book.* www.lulu.com (2008)

這是15世紀中期繪製的《角鬥士武術指南書》（克拉科夫 (註) 亞捷隆圖書館藏MS German Quarto 16）的譯本。本書在解說部分有簡潔說明到關於當時武術與決鬥的諸多情事。本文在每頁都記載有插畫、原文開頭引言、英譯，排版相當容易閱讀。原作跟奉理查特納爾為創始者的德式武術屬於不同系統，是擁有不同傳統的德式武術，專門講述穿著鎧甲狀態下的戰鬥，可謂是本相當罕見的作品。介紹的武術則是以半劍、殺擊、槍、短劍與摔角為主，其他對決鬥用盾牌與砍刀與小型圓盾、劍與小型圓盾、短棍也有非常簡短的解說。

Knight, Jr. Hugh T. *Fencing with Spear and Sword: Medieval Armored Combat.* www.lulu.com(2007)

Lulu這個網站是作者為製作、販賣自行出版的書本所架設的網站。這本書同樣也是作者自行出版，內容記載的是穿著鎧甲戰鬥（半劍、殺擊、槍）的相關招式。奈特基本上是以德式武術為主從事研究，不過這本書也收錄了許多《角鬥士武術指南書》的招式。這是部現代的作品，書中收錄有許多照片、有助讀者理解各種動作，解說文也寫得非常易懂。此外書中對許多招式的出處也都有記載，檢證起來非常地方便。唯一的缺點就是自行出版，所以照片與書冊的品質不是很好。

Knight, Jr. Hugh T. *Medieval Sword and Buckler Combat.* www.lulu.com(2008)

這本書寫的是劍與小型圓盾，透過照片與文字介紹德式武術指南書的招數。因為這本是德式武術研究者寫的書，對其他武術譬如義大利式武術有興趣的人來說當然也就用處不大。

註：克拉科夫（Krakow）：波蘭南部克拉科夫省境內的省級市。位於維斯杜拉河兩岸。為波蘭第三大城市，重要的鐵路樞紐，可通往華沙、柏林、布拉格和維也納。

Knight, Jr. Hugh T. *The Knightly Art of Longsword.* www.lulu.com(2009)

　　這本書相當地厚，運用大量照片從基本知識直到應用層面、就德式長劍數的招式有詳細的解說介紹。

Knight, Jr. Hugh T. *The Last Resort: Unarmed Grappling and Dagger Combat.* www.lulu.com(2008)

　　以相片搭配文字解說德式摔角術與短劍術。

Knight, David James. Hunt, Brian. *Polearms of Paulus Hector Mair.* Paladin Press, US (2008)

　　這是部特別從邁爾的武術指南書當中選出長柄武器（長柄大斧、瑞士戟、短棍、長棍、異種武器）相關招式翻譯解說的作品。本文的主要內容，攤開書頁以後每個招式各佔一整面的篇幅，左頁記載的是德語與拉丁語原文，右頁則是插畫與根據德語、拉丁語兩種語言翻譯解釋而成的譯文。本文後面還有拉丁語與德語的逐句語譯，甚至還有德語、拉丁語的單字集，是部非常用心的作品。

Mair, Paulus Hector. Opus Amplissimum de Arte Athletica (Cod.Icon.393). Bayerische Staatsbibliothek

　　這本書與第二部（Cod.Icon.393）同為邁爾所著作過份量最厚的武術指南書。這本書可是拜恩公爵阿爾貝特五世（Albert V, Duke of Bavaria）花了800弗羅林幣[註] 高價買來的，是本第一部的頁數有309頁、第二部有303頁的大部作。本文使用非常流利的人文書體拉丁語寫成，插畫使用精美的彩色圖畫，更厲害的是通篇總數超過400人的人物，沒有一個人和一件衣服是重複的。

Meyer, Joachim. Jeffrey L. Forgeng (Trans). *The Arte of Combat – A German Martial Arts Treatise of 1570.* Greenhill Books, London, UK(2006)

　　這是1570年出版的武術指南書的翻譯，解說內容包括長劍、杜薩克彎刀、西洋劍、摔角、短劍、短棍（本文作四角棍）、長柄步矛（長棍）、瑞士戟相關招數。梅耶的著作在當時非常特殊，對空揮等訓練用型式和步法等基礎技術都記載得很詳細。各章節結構也是按照基本原理、架式、基礎技巧、應用

註：弗羅林是一種貨幣名稱，符號為「*f*」，起源於佛羅倫斯，1252年由佛羅倫斯和熱那亞共同鑄造，重約3.5克左右，隨後成為大多數歐洲貨幣的原型。

技巧的順序依次解說，特別值得一提的是其招數之豐富，收錄有多達數百招，可謂是空前絕後。他還在最後的解說部分就本文提及的招式提出相當詳細的解說，而且還載有招式的德語、英語對照表，使用起來相當好用。

這部作品唯一的缺點就是，它的插畫不知為何全都集中在各章末尾，閱讀的時候經常要翻來翻去、有點麻煩。梅耶執筆著作這本書的時候，正值德式武術已經漸漸要失去其實用性的時期，尤其長劍更是已經完全變成體育運動，想要透過這本書瞭解更早期的戰場實用技能的讀者，可能要失望了（只不過短劍、西洋劍、長短棍等章節記載的還是以可用於實戰的技巧佔多數）。

Figueyredo, Diego Gomez de. *Memorial of the Practice of the Montane.* http://www.oakeshott.org/Figueiredo_montante_Translation_Myers_and_Hick.pdf. (2009)

蒙坦德的譯本，記載到關於蒙坦德與作者以及西班牙傳統武術雖然簡短卻很詳細的解說。本文部分先刊載譯文，然後才是原文。

Liechtenauer, Johannes (original), Ringeck, Sigmund (Commentary), Tobler, Christian Heny (Trans, Interpret.). *Secret of German Medieval Swordmanship: Sigmund Ringeck's Commentaries on Johannes Liechtenauer's Verse.* Civalry Bookshelf, US. (2001)

這是瑞恩格克所著理查特納爾韻文註釋書（15世紀中期）的翻譯與解說。此書是直接按照瑞恩格克的排版翻譯，就長劍、摔角、半劍、殺擊、著鎧摔角、騎馬戰鬥等項目逐一解說。本文是由理查特納爾的韻文、瑞恩格克的註解、托布勒的解說與相片所構成，相片部分更明確記載到哪張相片是對應於瑞恩格克註解的哪個部分，排版看起來也非常清楚瞭然。至於它的缺點，包括騎馬戰鬥章節僅架式部分僅有相片、其他只有文字敘述而已，處處可見編輯錯誤、書冊用紙有股怪味、書本莫名其妙的沉重，再加上出版社方面多有曲折，現在這本書已經絕版，近期內恐怕沒有再版的希望。

Hand, Stephen (Ed.), Mele, Gregory. Hick, Steven (Asistant ed.) *Spada 2 Anthology of Swordmanship.* Chivalry Bookshelf, US. (2002-2005)

這是出版社創刊推出的歐洲傳統武術雜誌，卻在推出第二期以後因為出版社的問題而持續休刊中。這期的雜誌裡面收錄有關於負傷、盾牌使用法、闊頭槍使用法等文章，可能比較不適合只想瞭解招數技巧的讀者，比較有助於獲取各種更深入的知識。

Swetman, Joseph. *The Schoole of the Noble and Worthy Science of Defence.*
http://www.umass.edu/renaissance/lord/pdfs/Swetnam_1617.pdf

　　介紹西洋劍、西洋劍與短劍、騎兵直刀、劍與短劍、長短棍等武器的作品。斯威特曼的西洋劍術等武術雖然是以義大利式為主，基本原則卻深受英式武術影響。這是當時書冊的掃瞄影像檔，讀起來並不輕鬆。

Talhoffer, Hans (original). Hull, Jeffrey (trans. Edit.). *Fight Earnestly – the Fight-Book from 1459 AD by Hans Talhoffer.* http://www.thehaca.com/pdf/Fight-Earnestly.pdf

　　1459年出版的塔爾霍夫武術指南書的編譯作品。塔爾霍夫的武術指南書有個特徵：文字敘述雖短，插畫卻相當充實。據說這本書是塔爾霍夫本人的收藏品，不僅講述到長劍、砍刀、摔角、劍與小型圓盾、著鎧戰鬥（持劍持槍等）、騎馬戰鬥、決鬥用巨盾等各式各樣的武器術，甚至對攻城用兵器、軍用機械、特殊武器等也都有介紹，甚至他還在書中提出潛水衣的概念，比達文西要早了數十年，解說解釋非常詳細而且明快。唯一的缺點就是頁數標示不明，介紹架式時未經說明便直接省略其名、僅以開頭字母代替，閱讀不易。

Talhoffer, Hans (original). Rector, Mark (Trans. Ed.). *Medieval Combat – A Fifteenth-Century Manual of Swordfighting and Close-Quarter Combat.* Greenhill Book. London. (2006)

　　這是塔爾霍夫1467年版武術指南書的編集版。開頭刊載有關德式武術的簡單解說，本篇之後則收錄原文的開頭引文。介紹的武器包括長劍、半劍、殺擊、著鎧戰鬥（槍、長劍）、摔角、短劍、長柄大斧、決鬥用盾牌、砍刀、劍與小型圓盾、男女決鬥、騎馬戰鬥。缺點是介紹招數時缺乏技術性解說，插畫的解說文裡面原文譯文與作者解釋不分，讀起來容易混亂。

Vail, Jason. *Medieval and Renaissance Dagger Combat.* Paladin Press, US. (2006)

　　這是部收錄義大利式武術與德式武術的短劍戰鬥法的作品。先介紹解說短劍種類、基本攻擊法與步法，然後進入作品正文，最後則是論述如何確保訓練安全性等議題。本篇正文分成三個部分：徒手對抗短劍、短劍對抗短劍、短劍對抗長劍，收錄相片也很豐富、容易閱讀。缺點是讀起來有時候會搞不清楚哪個相片是對應到解說文的哪個部分，出處也僅記載名字而無頁數

等詳細情報，檢證起來非常花費時間。這本書對想要瞭解無鎧短劍術的人來說非常有用，對短劍術不感興趣的人來說自然是沒有任何價值。

Wagner, Paul. *Master of Defence: the Works of George Silver.* Paladin Press, US. (2003)

　　這部作品是詳細解說並考察喬治·西爾弗的理論以及當時的武器，還有他為什麼如此地討厭西洋劍術。解說部分，各章是由三名作者以論文形式寫成，非常值得一讀。各章分因講述西爾弗作品之時代背景、西爾弗時代的武器、西爾弗的戰鬥理論與實踐、西洋劍術的缺陷、莎士比亞戲劇裡的武術與當時英式義式武術的關係、西爾弗的作品與宮本武藏《五輪之書》的共通點。第二部分則是刊載了西爾弗著作的三個作品：《防禦的悖論》（1599年）是那個年代出版的唯一作品，內容是透過理論層面的考察證明英式傳統武術優於義大利式西洋劍術。《防禦的悖論簡介》（約1605年）可以說是前作理論性內容的實踐性內容，記載到使用各種武器的實際戰鬥方法。最後的「Sandry kinds of play or fight」尚未成書，而是為執筆事先準備的筆稿。如果對英式武術感興趣的話，買下這本書應該不會吃虧。除此以外，此書對各種武器的解說與武術理論比其他作品寫得更加詳細，應該很適合對這些主題感興趣的讀者。

Zabinski, Grzegorz, Walczak, Bartlomiej (Trans. Ed.). *Codex Wallerstein: A Medieval Fighting Book from the Fifteenth Century on the Longsword, Falchion, Dagger, and Wrestling.* Paladin Press, US.(2002)

　　15世紀武術指南書的譯書。這本書原是邁爾的藏書，書頁空白處還寫有他的親筆註釋。原書是由兩部武術指南書接縫拼成的（當時經常會這樣把好幾本書集合成一本）。前半部是以插畫與解說文介紹長劍、砍刀、短劍與摔角，後半部與前半部原是兩部不同的武術指南書（應該比前半部還要古老），介紹的是長劍、著鎧戰鬥（半劍、短劍、摔角）、決鬥用盾牌。至於書中介紹的武術流派，前半部屬於德式，後半部則應該是屬於《角鬥士武術指南書》系統。除使用武器的解說以外，還會就原書所介紹的招數與其他武術指南書的招數進行比較，有些篇幅雖短但相當有趣的內容。

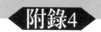

參考文獻

　　以下是筆者執筆此書時引為參考之主要作品。當然參照資料並不僅止於此，因篇幅分量關係且容筆者省略。另外網路資源也有很大的參考價值。除網站以外，還有些可供下載的武術指南書翻譯解說，甚至是小論文。

Agrippa, Camillo. Mondschein, Ken (Trans. Ed.) *Fencing: A Renaissance Treatise.* Italica Press, NY. (2009)

Anglo, Sydney. *The Martial Arts of Renaissance Europe.* Yale University Press. New Haven and London (2000)

Auersward, Fabian von. *Ringer kunst: funf und achtzig stücke zu ehren Kurfürstlichen gnaden zu Sachssen. (1539).* http://www.umass.edu/renaissance/lord/pdfs/VonAuerswald_1539.pdf

Ayton, Andrew Charles. 'The Warhorse and Military Service under Edward III'. The University of Hull. (1990)

Biborski, Marcin. St pi ski, Janusz. Grzegorz, abi ski. 'A Renaissance Sword from Racibórz' *Gladius XXIV.* (2004)

Brown, Terry. English Martial Arts. Anglo-Saxon Books, UK. (1997)

Di Grassi, Giacomo. I.G. gentleman (Trans.). *Giacomo Di Grassi his true Arte of Defence, plainlie teaching by infallable Demonstrations, apt Figures and Perfect Rules the manner and forme how a man without other Teacher or Master may safelie handle all sortes of Weapons aswell offenciue as deffenciue; VVith a Treatise Of Disceit or Falsinge: And with a waie or meane by priuate Industrie to obtaine Strangth, Judgment and Actiuude.* (1594) http://www.umass.edu/renaissance/lord/pdfs/DiGrassi_1594.pdf

Döbringer, Hanko. David Lindholm, and friends (Trans.) *Cod.HS.3227a or Hanko Döbringer's fechtbuch from 1389.* http://www.thearma.org/Manuals/Dobringer_A5_sidebyside.pdf

Hull, Jeffrey. with Maziarz, Monika, Zabinski, Grzegorz. *Knightly Duelling – the Fighting Arts of German Chivalry.* Paladin Press (US), (2007)

Dürer, Albrecht (original). Friedrich Dörnhöffer (edit) *Albrechit Dürers Fechtbuch.* F. Tempski (Wien), G. Freytag (Leipzig) (1910), Michigan State University Libraries. http://archive.lib.msu.edu/DMC/fencing/albrecht.pdf

Edge, David. Williams, Alan. 'A Study of the German "Gothic" 15th-Century Equestrian Armour (A21) in the Wallace Correction, London.' *Gladius XXI.* (2001)

Edge, David. Williams, Alan. 'Some Early Medieval Swords in the Wallace Collection and Elsewhere.'

Gladius XXIII. (2003)

Edge, David. Williams, Alan. ‘Great Helms and their Development into Helmets.’ *Gladius XXIV.* (2004)

Fick, Steaphen. *The Beginner's Guide to the Long Sword – European Martial Arts Weaponry Techniques.* Black Belt Press (US)(2009)

Figueyredo, Diego Gomez de (original). Myers, Eric (Trans). Hick Steve. *Memorial of the Practice of the Montante.* http://www.oakeshott.org/Figueiredo_Montante_Translation_Myers_and_Hick.pdf.(2009)

Godfrey, John. *Treatise upon the Useful Science of Defence, Connecting the Small and Back-Sword, and Shewing the Affinity between them. Likewise Endeavouring to weed the Art of those Superfuluous, unmeaning Practices which over-run it, and choke the True Principles, by reducing it to a narrow compass, and supporting it with Mathematical Proofs. Also an Examination into the performances of the most noted Masters of the Back-Sword, who have fought upon the Stage, pointing out their Faults, and allowing their abilities. With some Observations upon Boxing, and the Characters of the Most able Boxers in the Author's Time.* (1747) http://www.umass.edu/renaissance/lord/pdfs/Godfrey_1747.pdf

ホイス・グレーシー、シャールズ・グレーシー著、黒田由美訳、中井祐樹監修《ブラジリアン柔術セルフディフェンステクニック》新紀元社（2003）

Gravett, Christopher. Turner, Graham (illustration). *English Medieval Knight 1400-1500.* Osprey Publishing. UK (2001)

Gravett, Christopher. Turner, Graham (illustration). *English Medieval Knight 1300-1400.* Osprey Publishing. UK (2002)

Gravett, Christopher. Turner, Graham (illustration). *English Medieval Knight 1200-1300.* Osprey Publishing. UK (2002)

Hand, Stephen (Ed.), Mele, Gregory. Hick, Steven (Assistant ed.) *Spada 2 Anthology of Swordmanship.* Chivalry Bookshelf, US. (2002-2005)

Lang, Janet. ‘The Rise and Fall of Pattern Welding: an investigation into the construction of pre-medieval sword blades.’ University of Reading (2007)

Liberi, Fiore dei (original). Tom Leoni (Trans.) *Fiore de' Liberi's Fior di Battaglia M.S. Getty Ludwig XV 13 – Italian Swordmanship Treatise.* www.Lulu.com (2009)

Liberi, Fiore dei (original). Francesco Novati (publish). *Flor Duellatorum.* (1409, 1902) http://mac9.ucc.nau.edu/novati/novati.pdf

Liechtenauer, Johannes (original), Ringeck, Sigmund (Commentary), Tobler, Christian Henry (Trans. Interpret.) *Secret of German Medieval Swordmanship: Sigmund Ringeck's Commentaries on Johannes Liechtenauer's Verse.* Chivalry Bookshelf, US. (2001)

Knight, Jr. Hugh T. *Gladiatoria Fechitbuch – A Fifteenth-Century German Fight Book.* www.lulu.com (2008)

Knight, Jr, Hugh T. *Fencing with Spear and Sword: Medieval Armored Combat.* www.lulu.com (2007)

Knight, Jr, Hugh T. *Medieval Sword and Buckler Combat.* www.lulu.com (2008)

Knight, Jr, Hugh T. *The Knightly Art of Longsword.* www.lulu.com (2009)

Knight, Jr, Hugh T. *The Last Resort: Unarmed Grappling and Dagger Combat.* www.lulu.com (2008)

Knight, David James. Hunt, Brian. *Polearms of Paulus Hector Mair.* Paladin Press, US (2008)

Mair, Paulus Hector.*Opus Amplissimum de Arte Athletica (Cod.Icon.393).* Bayerische Staatsbibliothek

牧秀彦《図説剣技・剣術》新紀元社（1999）

Meyer, Joachim (original). Jeffrey L. Forgeng (Trans.). *The Art of Combat – A German Martial Arts Treatise of 1570.* Greenhill Books, London, UK (2006)

Mapelli, Carlo. Niodemi, Walter. Riva, Riccardo F. 'Microstructural Investigation on a Medieval Sword Produced in 12th Century A.D.' *ISIJ International, Vol. 47.* (2007) http://www.jstage.jst.go.jp/article/isijinternational/47/7/1050/_pdf

三浦權利《図説西洋甲冑武器事典》柏書房（2000）

Murphy, David. Turner, Graham (Illustration). *Condottiere 1300-1500.* Osprey, UK (2007)

Nickel, Helmut. 'A Kightly Sword with Presentation Inscription.' *Metropolitan Museum Journal, Vol. 2.* (1969)

Nickel, Helmut. 'Some Heraldic Fragments Found at Castle Montfort/Starkenberg in 1926, and the Arms of Grand Master of Teutonic Knights.' *Metropolitan Museum Journal, Vol. 24.* (1989)

Nickel, Helmut. 'The Seven Shields of Behaim: New Evidence.' *Metropolitan Museum Journal, Vol. 30.* (1995)

Nicolle, David. 'Two Swords from the Foundation of Gibraltar.' *Gladius XXII.* (2002)

Oakeshott, Ewart. *The Sword in the Age of Chivalry.* Boydell Press, UK (1997)

Oakeshott, Ewart. *Records of the Medieval Sword.* Boydell Press, UK (1991)

Oakeshott, Ewart. *A Kight and his Weapon.* Dufour Editions Inc. US (1997)

Ottaway, Patrick. Rogers, Nicola. Craft, Industry and Everyday Life: Finds from Medieval York. for the York Archaeological Trust by the Council for British Archaeology. (2002)

Swetman, Joseph. *The Schoole of the Noble and Worthy Science of Defence.* http://www.umass.edu/renaissance/lord/pdfs/Swetnam_1617.pdf

Talhoffer, Hans (original). Hull, Jeffrey (trans. Edit.). *Fight Earnestly – the Fight-Book from 1459 AD by Hans Talfhoffer.* http://www.thehaca.com/pdf/Fight-Earnestly.pdf

Talhoffer, Hans (original). Rector, Mark (Trans. Ed.). *Medieval Combat – A Fifteenth-Century Manual of Swordfighting and Close-Quarter Combat.* Greenhill Books, London. (2006)

Tarassuk, Leonid. ʻSome Notes on Parrying Daggers and Poniards.ʼ *Metropolitan Museum Journal, Vol. 12.* (1978)

Vail, Jason. *Medieval and Renaissance Dagger Combat.* Paladin Press ,US. (2006)

Wagner, Paul. *Master of Defence: the Works of George Silver.* Paladin Press, US. (2003)

Williams, A. R. ʻOn the Manufacture of Armour in Fifteenth-Century Italy, Illustrated by Six Helmets in the Metropolitan Museum of Art.ʼ *Metropolitan Museum Journal. Vol. 13.* (1979)

Williams, Alan. R. ʻThe Steel of the Negroliʼ *Metropolitan Museum Journal. Vol. 34.* (1999)

Zabinski, Grzegorz, Walczak,Bartlomiej (Trans. Ed.). *Codex Wallerstein: A Medieval Fighting Book from the Fifteenth Century on the Longsword, Falchion, Dagger, and Wrestling.* Paladin Press, US. (2002)

附錄5

語句介紹

外語

■Abrazare（義）
摔角。

■Ahlspiess（德・英）
錐槍。亦作Awl Pike。槍頭像根巨大錐針的長柄武器。應是從燭台槍演變形成。

■Arming sword（英）
直譯則作「武裝劍」，乃指中世紀戰場上使用的劍。平時用的劍則稱作Riding sword。

■Art（英）
技藝、技術。「科學」（Science）的相反語，乃指「從主觀事象以感覺歸結出來，未必能夠再現的法則」，也可以稱為「感覺」。

■Art of Defence（英）
「防禦術」。英國英格蘭地區的傳統武術。攻防兩端均以確保安全為第一要件的武術。亦作Science of Defence。

■Back Sword（英）
騎兵直刀。英國文藝復興時期的單刃單手刀劍。

■Ballock Dagger（英）
直譯為「睪丸短劍」。握柄靠近護手處有形似睪丸的隆起構造。

■Baselard（英）
巴賽拉劍，一種源自瑞士的短劍。「工」字型握柄為其最大特徵。亦作Basilard、Basslar。

■Basket Hilt（英）
籃狀護手。文藝復興時期演變形成的一種護手，也就是包裹拳頭的籃狀護拳。

■Bec de Faucon（法）
直譯為「鷹啄」。指角度和緩的鐵刺，或是裝備此類鐵刺的長柄武器。

■Cote of Plate（英）
板甲衣。14世紀前半期使用的鎧甲類型。是最早期的鎧甲類型之一，以強韌布料為內襯再用鉚釘固定多片鋼板製作。

■Creutz（德）
請參照Cross。

■Cross（英）
棒狀護手。這是16世紀以前的名稱。現在則稱Cross guard。

■Cup Hilt（英）
碗型護手。這是盛行於西班牙的西洋劍柄樣式，以碗型護手保護手腕。配合西班牙式劍術架式所形成的護手形狀。

■Dardi school（義）
達爾第流。義大利式武術波隆那流派的別名。請參Italian style of fencing。

■Duelling Shield（英）
決鬥用大盾。現代用語。亦作Pavise。

■Dussack（德）
杜薩克彎刀。從練習用的圓月砍刀發展形成的練習用、運動用武器。

■Edge、Edge of blade（英）
刀劍等武器的「刃」。斬斷敵人的部位。德語作Ecke。

■English Style of fencing（英）
請參照Art of Defence。

■Espada Ropera（西）
西班牙長袍配劍。直譯為「便服的劍」，是不考慮戰場用途、純粹平時使用的單手劍（或稱「市民劍」）。據說是西洋劍（Rapier）的原型。相當於義大利的Spada或Spada da filo。

■Estoc（英）
刺劍。亦作Tack。突刺專用的長劍。後來Tack漸漸與大型的西洋劍混淆，其實兩者原來是不同的武器。

■Falchion（英）
圓月砍刀。單刃刀劍的一種。德國稱Messer或
Grosse Messer。

■Fechtbuch（德）
直譯爲「戰鬥書」。以戰鬥技術之解說、參照爲目
的所著作的書籍。

■Fencing（英）
劍擊。現代語專指某種體育運動，然則此語在當
時卻是泛指所有武術（尤其是以劍爲武器的武
術）。源自英語意爲「擊打」、「防守」的動詞
「Fence」，因此有「守護自身免於危險」、「護
身」的涵意。

■Finger Ring（英）
扣指環。護手前方的金屬環狀物，用來保護手指。

■Flail（英）
連枷。乃指以鐵鎖等連接柄部與頭部的打穀用農
具，以及從而衍生的武器。

■Flat、Falt of Blade（英）
劍身側面平板處。當時的德語作Fläche。

■Fuller（英）
血溝。當時德語作Valz。這是條劍刃上的溝，能減
輕劍身重量、增加斬切性能、提高劍身柔軟性，對
刀劍的耐久性有極大助益。

■German school of fencing（英）
乃指德式武術。請參照Kunst des Fechtens。

■Gladius（羅）
羅馬戰劍。古代羅馬軍隊的軍用劍，堪稱羅馬士兵
的象徵。平均全長約80～60cm，重量小0.8～1kg左
右。

■Grip（英）
握柄。亦稱Haft或Handle。用來握持劍或短劍的部
位，通常是以木質爲底材、以皮革包裏或以鋼線纏
繞製成，有些則是以鯊魚皮等魚皮包覆製成。當時
德語作Heft、Bindt、Pindt、Gepint。

■Gross Messer（德）
德國大砍刀。圓月砍刀在德國的名稱。亦可簡稱砍
刀。

■Harnischfechten（德）
裝備鎧甲狀態下的戰鬥。德式武術的戰鬥形態之
一。英語作Armoured Combat。

■Hilt（英）
柄。乃指劍刃（劍身）以外的部分。由柄頭
（Pommel）、握柄（Grip、Haft）、護手（Cross、
Quillion）等構成。當時德語稱作Gefeβ、Gehiltz、
Gehültz、Gehileze等。

■Heater Shield（英）
一種下端尖凸的盾牌。現代造語。

■Imbracciatura（義）
文藝復興時期使用的一種盾牌。水滴形狀的盾牌。

■Italian style of fencing（義）
亦作Italian school。統稱起源自義大利半島的所有
武術。尤以傳爲波隆那的武術家兼數學家菲利波‧
達爾第所創的波隆那流派最爲有名。其最大特徵便
是重視時間（Tempo）概念，並以幾何學作爲中心
的科學手法建構其武術體系。曾經隨著西洋劍的流
行而爆炸性地盛行。

■Judicial Combat（英）
決鬥審判。亦作Trail by Combat。中世紀的一種審
判。

■Kampfringen（德）
指戰場上的格鬥技巧。

■Knuckle Guard（英）
護拳。從護手延伸至柄頭的棒狀構造，能夠保護拳
頭。

■Kreutz（德）
請參照Cross。

■Kunst des Fehtens, der（德）
戰鬥術。英語直譯爲The Art of Combat。約翰尼
斯‧理查特納爾所創設的武術的現代名稱。以奪取
並維持主導權爲最高原則的武術。因爲義大利式武
術的興盛而於17世紀前後失傳。

■Langen Schwert（德）
長劍。也就是現在通常的混用劍或一手半劍。全
長約1～1.3m，重量1～1.5kg，單手雙手都可以使
用，是構成德式武術基礎的武器。

■Langet（英）
柄舌。長柄武器爲防止柄部遭人砍斷所設置的金屬
板。

■La Verdadera Destreza（西）
至高之術。英譯爲The True Skill。西班牙式武術的

西班牙語名稱。16世紀中葉由西班牙劍士赫羅尼莫‧桑切茲‧德‧卡蘭薩所創，堪稱「科學劍法」的劍術。被譽爲當時歐洲最強的武術。

■Liechtenauer School（英）

理查特納爾流派。德式武術的別名。請參照Knust des Fechtens。

■Longbow（英）

英格蘭最具代表性的武器。原是威爾斯與週邊起區的土著武器，是以無花果樹削製而成、構造最簡單的弓。全長約1.8m左右，拉開弓弦所需重量（Draw weight）約爲50kg。

■Long Staff（英）

長棍。長度3～5.4m的棒。

■Long sword（英）

請參照Langen Schwert。

■Mail、Maille（英‧法）

鎖子甲。現在多稱Chain mail，連接許多環狀金屬環編織製成的一種鎧甲。文獻記錄曾經提到中世紀時期有擁有各種防護性能的不同類型鎖子甲，各類型間究竟有何不同，現仍不得而知。

■Messer（德）

Gross Messer的別名。

■Montante（西‧葡）

雙手大劍。源自伊比利半島的雙手劍。比德國的雙手劍稍輕，全長150cm，重量約2.5kg。

■Oakeshott Typology（英）

奧克紹特分類法。由尤華特‧奧克紹特（Eward Oakeshott）所確立的刀劍分類法，是現在使用最普遍的中世紀刀劍的分類方法。從劍身、握柄、柄頭三者的形狀分類中世紀刀劍，一般則是當作劍身的分類法使用。

■Partisan（英‧義）

槍頭大如劍的一種槍。

■Pavise（英）

擋箭牌。一般指中世紀弓弩兵的盾牌，有時也指決鬥用的盾牌或四角形的小型圓盾等盾牌。

■Pike（英）

步兵長矛。長度達3m以上的槍。中世紀後期以後步兵的主要武器。

■Poleaxe（英）

Pollaxe的另一個拼法。這個拼法原本是錯誤的，現在已經普遍受人接納。

■Pollaxe（英）

長柄大斧。德語作「Mortagst（殺斧）」，義大利語（Azza）與法語（Hache）則純粹是「斧」的意思。從雙手用斧頭發展形成的武器。這武器非常受到中世紀後期的騎士們歡迎愛用，有各種不同形狀與大小。

■Pommel（英）

柄頭。劍與短劍最末端的構造，可以調節武器配重、防止劍脫手出、固定劍身的芯。羅馬時代使用球形柄頭，維京時代以三角形柄頭最爲普遍，中世紀則是以圓盤形、橢圓形最受愛用。當時的德語作Knopf、Klôβ、Schlachent Ort。

■Poniard（英）

西洋匕首。文藝復興時期的輔助性短劍。亦作Parrying Dagger。法語作Poignard。

■Prize（英）

比武大會。原是英格蘭武術組織的升段考試，後來演藝化成爲一種表演。自從演藝化以後，便是從徒手、棍棒、劍這三種武器狀態當中擇一與特定對手作戰。

■Quarterstaff（英）

四角棍。與長弓同爲英格蘭最具代表性的武器。戰鬥用四角棍兩端尖凸，還會在柄尾部分加上鐵製鐏頭以增加威力。全長2.1～2.7m，直徑2.5～3.8cm，重量約2kg。

■Quillon（英‧法）

棒狀護手。指劍刃與握柄中間橫向伸出的部位。據說這個單字首見於16世紀前後，在此之前則稱Cross。

■Quillon Dagger（英）

護手短劍。統稱所有具備棒狀護手構造的短劍。通常會與另一柄正常大小的劍成對。

■Rapier（英）

西洋劍。文藝復興時期的代表性武器。據說是從西班牙的西班牙長袍配劍（Espada Ropera）發展而來。擁有各種不同形狀，一般都是指以刺擊爲主、擁有細長劍身的單手劍。平均全長1～1.2m，重量約1～1.5kg。西洋劍在當時是走在潮流最尖端的服飾流行配件，擁有壓倒性的人氣。

■**Riding sword**（英）

騎馬劍。指中世紀時期平時隨身攜帶的劍。形狀跟戰場用劍其實沒什麼兩樣。

■**Ringen**（德）

摔角術。當時的摔角其實比較像是格鬥術。

■**Roβfechten**（德）

騎馬戰鬥。德式武術的戰鬥形態之一。英語作Horseback Combat。

■**Rottella**（義）

圓盾。綁在手腕的圓形或橢圓形盾牌。

■**Roundel Dagger**（英）

圓盤柄短劍。中世紀頗受歡迎的一種短劍。握柄兩端設有圓盤狀護手。

■**Saex**（英）

薩克遜小刀。單刃短刀的一種，也是日耳曼民族薩克遜族名的由來。英格蘭一直使用直到15世紀為止。

■**Schiavona**（義）

斯拉夫闊劍。義大利的一種單手劍。全長1m，重量1～1.5kg左右。

■**Schweinspiesz**（德）

指豬牙矛或闊頭槍。

■**Science**（英）

科學。當時定義為「根據觀察到的客觀事象歸結出理論的、可再現的法則」。菲利波‧瓦爾迪指其為「Art」的相反語。武術領域中最受重視的則是「幾何學」。

■**Science of Defence**（英）

請參照Art of Defence。

■**Scythe**（英）

大鐮刀。用來採伐牧草等物的雙手持用大鐮刀。

■**Short Staff**（英）

短棍。一般全長約180cm左右。

■**Sickle**（英）

鐮刀。收割麥子等物使用的單手鐮刀。

■**Side Ring**（英）

劍與短劍護手處的金屬環構造，能夠保護手背。

■**Side sword**（英）

現代泛稱文藝復興時代平常用刀劍的用語。乃指西洋劍出現以前的劍。

■**Single-handed sword**（英）

單手劍。古代到近代最為普遍的劍。有各種不同種類型式，大體上平均長度為90cm，重量約1kg。

■**Small Sword**（英）

禮劍。西洋劍經過小型化、輕量化後形成的劍。現代劍擊運動的技術都是以禮劍技法為基礎。全長約80cm，重量0.5～1kg左右。

■**Spada**（義）

義大利語的「劍」。「義大利刺劍（Spada da filo）」的別名。源自羅馬軍隊的羅馬細身騎劍。

■**Spada da filo**（義）

有劍刃的劍。相當於西班牙長袍配劍的平時用劍。斬擊刺擊兩用的劍。亦作Spada da lato。

■**Spada da lato**（義）

直譯為Side sword。Spada da filo的別名。

■**Spadona**（義）

雙手劍。請參照Lange schwert。

■**Spanish style of fencing**（英）

西班牙式劍術。請參照La Veradera Destreza。

■**Spatha**（羅）

羅馬軍隊用劍。劍身比羅馬戰劍更細。全長約80～90cm，重量約1kg。原本只是輔助部隊與騎兵使用的劍，西元2世紀以後羅馬軍團士兵也開始採用。此語也是拉丁語系各國語言「劍」這個單字（法語：Épée、義大利語：Spada、西班牙語：Espada）的語源。

■**Swashbuckler**（英）

此語有「作亂者」的涵意，是16世紀指稱平日喜歡遊蕩鬧事年輕人的用語。將小型圓盾掛在劍柄上的時候，每走一步就會與劍發出撞擊的聲音，而這個聲音就是「Swashbuckler」的字源。現在則經常是以此語指稱故事中的劍士型角色。

■**Targe**（英）

輕盾。騎士使用的一種盾牌。

■**Two-handed sword**（英）

雙手劍。指雙手持用的刀劍。雖然此語現在是專指雙手專用劍而言，不過當時長劍也在雙手劍的

範疇內。亦稱Twahandswerd、Grete swerde (Great Sword)、War sword (或Sword of war)、Espee de Guerre、Grant espées、Grans espées d'Allemagne、Zweihander、Montante等。初期雙手劍的形狀其實就是將單手劍大型化而已，後來棒狀護手變大、握柄變長，還演變出名為「Ricasso」的第二個握柄。一般全長1.2～1.8m，重量1.5～3kg左右。

■**Valz**（德）
血溝。請參照Fller。

■**Verdadera Destreza, la**（西）
請參照La Verdadera Destreza。

■**Welsh hook**（英）
英國特有的武器，正如其名所示，是源自於威爾斯地區的武器。亦稱Forest bill、Welsh bill、Welsh glave、Bush scythe、Wood bill、Hedging bil。全長2.1～2.7m，重量約2kg。

日語

■**アーミングソード**（**Arming sword**）
直譯「武裝劍」。指中世紀戰場用的刀劍。平時用的劍叫作Riding sword。

■**アウルスピス**（**Ahlspiess**）
擁有巨大針狀頭部的長柄武器。

■**雨覆い**（**Chappe**）
這是種設在握柄下端的零件，收劍入鞘的時候可以防止雨水或灰塵進入劍鞘裡面。

■**イギリス式武術**（**English style of fencing**）
請參照防禦術。

■**イタリア式劍術**（**Italian style of fencing**）
發源自義大利半島所有武術的統稱。其中尤以波隆那的數學家兼武術家菲利波‧達爾第於1413年創設的波隆那派最為著名。隨著西洋劍的普及而散播到了全歐洲。

■**インブラッキアトゥーラ**（**Imbracciatura**）
文藝復興時期的一種盾牌。

■**ウェルシュフック**（**Welsh hook**）
英國特有的武器之一，是源自於威爾斯地區的武器。亦稱Forest bill、Welsh bill、Welsh glave、Bush scythe、Wood bill、Hedging bil。

■**柄**（**Hilt**）
指稱刀劍部位的用語，乃指劍刃以外的部分。

■**エストック**（**Estoc**）
刺劍。亦作Tack。突刺專用的長劍。

■**エスパーダ・ロペーラ**（**Espada Ropera**）
西班牙長袍配劍。直譯為「便服的劍」。問世於15世紀後期，是不考慮戰場使用的平時專用刀劍，斬擊刺擊兩用單手劍。義大利亦稱Spada、Spada da filo。

■**大鎌　サイズ**（**Schthe**）
採伐牧草等物使用的鐮刀。

■**オークショット分類法**（**Oakeshott Typology**）
尤華特‧奧克紹特確立的刀劍分類法，是現在使用最普遍的階類法。主要是根據劍身的形狀分類中世紀時期的刀劍。

■**科學**（**Science**）
此處所謂科學並非現代所謂科學，乃指「客觀觀察事象，歸結出理論性的結論」。「Art」的反語。

■**片手劍**（**Single-handed sword**）
單手持用的劍，是最普遍的刀劍。

■**カップ・ヒルト**（**Cup Hilt**）
碗狀護手。西班牙發展出來的西洋劍護手類型，護手形狀對應於西班牙式劍術的架式。

■**鎌　シックル**（**Sickle**）
單手握持的收割用鐮刀。

■**クゥィヨン**（**Quillon**）
棒狀護手。此語原為法語，16世紀開始使用。

■**クゥィヨン・ダガー**（**Quillon Dagger**）
統稱具備護手構造的短劍。

■**クォータースタッフ**（**Quarterstaff**）
英格蘭的代表性武器。全長2.1～2.7m，直徑2.5～3.8cm，重約2kg。

■グラディウス（**Gladius**）
羅馬軍隊用劍，堪稱羅馬軍隊的象徵。據說是從當時伊比利半島使用的刀劍演變而來的。直到2世紀末才被羅馬細身騎劍取代。平均長度約60～80cm，重量約0.8～1kg。

■クロス（**Cross**）
棒狀護手。亦稱Cross guard。大體上使用到16世紀為止。

■グロス・メッサー（**Gross Messer**）
意為「大砍刀」，圓月砍刀的德語名稱。亦稱「Messer」。

■クンスト・デス・フェヒテン（**Kunst des Fechtens**）
戰鬥術。德式武術的現代名稱。創始於14世紀中期。

■決鬥裁判（**Trail by Combat, Judicial Combat**）
中世紀的一種審判形式。

■決鬥用の大盾（**Duelling Shield**）
決鬥審判使用的大型盾牌。

■コート・オブ・プレート（**Coat of Plate**）
14世紀前期首次使用到金屬板材的鎧甲。以布料從內側以鉚釘固定複數鐵板所製成。

■護拳　ナックル・ガード（**Knuckle Guard**）
從護手延伸到柄頭的棒狀構造，可以保護拳頭。

■コッドピース（**Codpiece**）
護襠原本是男性服裝包覆股間、作用類似今日拉鍊的布料。中世紀後期到文藝復興時期造型變得愈發誇張，演變成勃起的男性性器官的形狀。

■棍棒　クラブ（**Cluib**）
將粗大的樹枝截成適當長度製作的武器。亦作權威的象徵物使用。

■サイドソード（**Side sword**）
主要泛指西洋劍問世以前的平時用刀劍。

■サイドリング（**Side Ring**）
裝在劍與短劍護手部分的金屬環。

■サクス（**Saex**）
薩克遜小刀。單刃短刀。主要於中世紀初期受到廣泛使用。

■術（**Art**）
科學的相反語。「勘」

■ショートスタッフ（**Short Staff**）
短棍。長度約1.8m的棒子。

■スキアヴォーナ（**Schiavona**）
斯拉夫闊劍。義大利的一種單手劍。

■スパタ（**Spatha**）
羅馬軍隊的軍用劍。比羅馬戰劍更加細長。平均尺寸全長90cm，重量約1kg。

■スパタ・ダ・フィロ（**Spada da filo**）
「有刃的劍」。亦可單稱「Spada（劍）」。15世紀後半期間世的平時用劍，可對應於斬擊刺擊兩種用途。

■スパダ・ダ・ラト（**Spada da lato**）
直譯為「Side sword」。Spada da filo的別名。

■スパドーナ（**Spadona**）
雙手劍或長劍。

■スペイン式劍術（**Spanish style of fencing**）
西班牙式劍術。正式名稱為La Verdadera Destreza，意譯為「至高之術」。16世紀由赫羅尼莫・桑切茲・德・卡蘭薩所創。

■スモールソード（**Small sword**）
禮劍。西洋劍輕量化小型化形成的刀劍，現代劍擊運動的技法基本上就是以禮劍的技法為基礎。全長約80cm，重量約0.5～1kg。

■スワシュバックラー（**Swashbuckler**）
此語有「作亂者」的涵意，源自劍與小型圓盾碰撞的聲音。現在則也用來指稱劍士類型的人物角色。

■タージ（**Targe**）
輕盾。騎士使用的一種盾牌。亦稱「Target」。

■柄頭（**Pommel**）
柄頭。握柄最末端的構造，能調整武器配重、固定劍芯。

■デュサク（**Dussack**）
杜薩克彎刀。從練習用砍刀演變而成的武器。木製或鐵製的練習用、體育用武器。

■握り（**Grip, Haft, Handle**）
劍或短劍的握持部分。一般都是以木頭為底材，以

皮革或鋼線包裹。

■刀 エッジ（**Edge, Edge of blade**）
武器切斬敵人的部位。德語作Ecke。

■パイク（**Pike**）
步兵長矛。中世紀後期以後的主要步兵武器。

■ 馬上での戦闘 ロッスフェシテン
（**Rofeβchten**）
德式武術的用語，指騎馬戰鬥。

■バスケット・ヒルト（**Basket Hilt**）
籃狀護手。文藝復興時期演變形成的一種護手，也就是包裹拳頭的籃狀護拳。

■バセラード（**Baselard**）
巴賽拉劍。亦作Basilard、Basslar。據說是源自瑞士的短劍。握柄爲「工」字型。

■バックソード（**Back Sword**）
騎兵直刀。英國文藝復興時期的單刃單手刀劍。

■バックラー（**Buckler**）
小型圓盾。持握柄防禦的小型盾牌，極受下層階級愛用。

■バルチザン（**Partisan**）
闊頭槍。長槍的一種。

■パヴィーズ（**Pavise**）
擋箭牌。盾牌的一種。一般指弓弩兵裝備的盾牌。

■樋（**Fuller**）
劍身的血溝。能夠減輕劍身重量、增進斬切功能、提高柔軟度。

■ヒーター・シールド（**Heater Shield**）
現代的造語，指稱三角形的盾牌。

■平 フラット（**Flat, Flat of blade**）
劍刃的側面。德語作Fläche。

■ビル（**Bill**）
鉤矛。步兵用的長柄武器。原是用來剪除樹枝的農具。在英格蘭非常流行。一般全長1.5～2m，重量2～3kg。

■ファルシオン（**Falchion**）
圓月砍刀，單刃刀劍的一種。全長約90cm，重量1～1.5kg。

■フィンガー・リング（**Finger Ring**）
扣指環。護手前方的金屬護具，能保護手指。

■フェヒトビュッフ（**Fechtbuch**）
武術指南書。乃指記載戰鬥技術內容詳細的書籍。

■フェンシング（**Fencing**）
武術，特指使劍的武術。此語也有「護身」的意思。

■プライズ（**Prize**）
比武大會。原是英格蘭武術組織的升段考試，後來才變成演藝化的武術比試。

■フレイル（**Flail**）
連枷。以鐵鎖連接頭部與柄部的打穀用農具。

■ベク・ド・フォーコン（**Bec de Faucon**）
意爲「鷹啄」角度和緩的鐵刺，或指裝備此類鐵刺的長柄武器。

■ボア・スピア（**Boar Spear**）
豬牙矛。狩獵用長槍。

■防御術 アート・オブ・ディフェンス（**Art of Defence**）
英國的傳統武術。以確保攻防兩端的安全爲第一的武術。亦作Science of Defence。

■ポールアックス（**Pollaxe**）
長柄大斧。中世紀後期爲擊破愈加重裝備的鎧甲而將步兵用雙手斧改良開發製成的武器。極受騎士階級愛用。

■ポニャード（**Poniard**）
西洋匕首。文藝復興時期的輔助用途短劍。法語作Poignard。

■ボス（**Boss**）
握持盾牌把手的時候，用來保護手部的半球狀金屬構造。

■ボロック・ダガー（**Ballock Dagger**）
「睪丸短劍」。劍柄靠近護手處有形似陰囊的隆起構造。

■メイル（**Mail, Maille**）
鎖子甲。連接金屬環製成的鎧甲。

■モンタンテ（**Montante**）
雙手大劍。源自伊比利半島的雙手劍。全長

150cm，重量約2.5kg。

■鎧なしでの戦闘　ブロッスフェシテン（Bloβfechten）
德式武術指稱無鎧甲狀態下戰鬥的用語。

■鎧を着た状態での戦闘　ハーニシュフェシテン（Harnischfechten）
德式武術指稱穿著鎧甲狀態下戰鬥的用語。

■ライディングソード（Riding sword）
直譯爲「乘馬劍」。中世紀時期將戰場用劍稱爲Arming sword，平時用劍則稱Riding sword。

■ラウンデル・ダガー（Roundel Dagger）
圓盤柄短劍。中世紀短劍的一種。握柄頭端附有圓盤狀的護手。

■ランゲット（Langet）
柄舌。裝設於長柄武器柄部的金屬板，能防止柄部遭敵人斬斷。

■両手剣トゥーハンドソード（Two-handed sword）
一般乃指雙手專用劍而言，不過當時這個用語也包括了長劍。此語所指會隨著時代與地區而有些微的不同。一般尺寸是全長1.2～1.8m，重量1.5～3kg。

■レイピア（Rapier）
西洋劍。文藝復興時期最具代表性的劍。推測應是由西班牙長袍配劍（Espada Ropera）演變而來。這是完全沒有考慮到戰場用途、純粹平時使用的劍。有各種形狀、大小，平均全長1～1.2m，重量1～1.5kg左右。

■レスリング（Wrestling, Ringen, Abrazare）
沒有武器的狀態下與極近距離下的格鬥技術。

■ロッテラ（Rottella）
圓盾。綁在手腕上的圓形或橢圓形盾牌。

■ロングスタッフ（Long Staff）
長棍。長度約3～5.4m的棒子。

■ロングソード（Long Sword）
長劍，亦稱混用劍或舉半劍。全長約1～1.3m，重量1～1.5kg左右，單手雙手都可以使用。是構成德式武術基礎的武器。

後記

　　有句話叫作「他山之石可以攻錯」，就是說他人的言行錯誤可以引爲自身的反面教材；筆者在執筆這部作品的時候，這句話不知道在腦海中浮現了多少次。正如書中所寫到的，中世紀歐洲的武術與武具製作技術如今已經失傳了。

　　數個世紀以後當歐美人想要使祖先的技術重新復活的時候，那些他們先前斥爲「原始」的中世紀的獨創性、合理性思考，想必讓他們感到處處訝異、敬畏不已。

　　就拿簡單的一柄長劍來說好了，從劍尖到柄頭無論是材質、造型設計抑或製作方法都經過全盤徹底的考量，即便以現代科學花費1個世紀以上的時間研究，至今仍然無法完全解開其製作方法之謎。

　　所謂的技術，其實就是數千年的時間裡面無數職能者投注其生涯、經過各種試行錯誤以後方能得到的結果。一旦技術失傳，也就意味著那些無數職能者血汗淚水的喪失。

　　想要讓這些已經喪失的技術復活必須耗費極大的心力，即便投入極大心力也未必能夠能使失落的技術完全復活，這殘酷的事實便是筆者在執筆此書時最深切的感受。

　　回頭看看日本在傳統文化的保存方面可以說是得天獨厚，在修習西洋史的筆者眼中看來簡直就是奇蹟。不僅僅是武術，日本流傳至今的所有傳統文化都是一旦失落以後就再也尋不回來，也是先人們存在的證據。

　　當我們在追溯歐洲武術與武具製作技術歷史的時候，這不正是告訴我們日本傳統文化的傳承有何等重要的「他山之石」嗎？

　　最後筆者要向將筆者隨手塗寫的原稿化爲作品的新紀元社各位表達感謝之意。

國家圖書館出版品預行編目資料

中世紀歐洲武術大全 / 長田龍太著；王書銘譯 -
初版 - 臺北市：奇幻基地，城邦文化出版：家
庭傳媒城邦分公司發行 2014.04（民 103.4）
面：公分 . -（聖典系列：37）
ISBN 978-986-5880-64-4（精裝）
1. 武術 2. 歐洲 3. 中世紀

528.97094   103002548

聖典 37

中世紀歐洲武術大全

原 文 書 名／中世ヨーロッパの武術
作　　　者／長田龍太
譯　　　者／王書銘
企畫選書人／楊秀眞
責 任 編 輯／張世國
版權行政暨數位業務專員／陳玉鈴
資深版權專員／許儀盈
行 銷 企 劃／陳姿億
行銷業務經理／李振東
總　編　輯／王雪莉
發　行　人／何飛鵬
法 律 顧 問／元禾法律事務所　王子文律師
出　　　版／奇幻基地出版
　　　　　　城邦文化事業股份有限公司
　　　　　　台北市 104 民生東路二段 141 號 8 樓
　　　　　　電話：(02)25007008　　傳眞：(02)25027676
　　　　　　網址：www.ffoundation.com.tw
　　　　　　e-mail：ffoundation@cite.com.tw
發　　　行／英屬蓋曼群島商家庭傳媒股份有限公司城邦分公司
　　　　　　台北市 104 民生東路二段 141 號11 樓
　　　　　　書虫客服務專線：(02)25007718‧(02)25007719
　　　　　　24 小時傳眞服務：(02)25170999‧(02)25001991
　　　　　　服務時間：週一至週五09:30-12:00‧13:30-17:00
　　　　　　郵撥帳號：19863813　　戶名：書虫股份有限公司
　　　　　　讀者服務信箱 E-mail：service@readingclub.com.tw
　　　　　　歡迎光臨城邦讀書花園 網址：www.cite.com.tw
香港發行所／城邦（香港）出版集團有限公司
　　　　　　香港灣仔駱克道 193 號東超商業中心 1 樓
　　　　　　電話：(852) 2508-6231 傳眞：(852) 2578-9337
馬新發行所／城邦（馬新）出版集團
　　　　　　【Cite(M)Sdn. Bhd.(458372U)】
　　　　　　11, Jalan 30D/146, Desa Tasik,
　　　　　　Sungai Besi, 57000 Kuala Lumpur, Malaysia.
　　　　　　電話：(603) 90563833　　傳眞：(603)90562833

封面插畫／小巨
封面設計／邱弟工作室
排　　版／浩瀚電腦排版股份有限公司
印　　刷／高典印刷有限公司
■2014年（民103）4月8日初版　　　　Printed in Taiwan.
■2022年（民111）6月6日初版4.5刷

售價／750元

城邦讀書花園
www.cite.com.tw

104台北市民生東路二段141號11樓

英屬蓋曼群島商家庭傳媒股份有限公司城邦分公司 收

- -

請沿虛線對摺，謝謝

每個人都有一本奇幻文學的啓蒙書

網　　　　　站：http://www.ffoundation.com.tw
奇幻基地部落格：http://ffoundation.pixnet.net/blog

書號：1HR037C　　　書名：中世紀歐洲武術大全

奇幻基地創社11年

奇幻戰隊 好讀有禮 集點贈獎活動

活動期間，購買奇幻基地作品，剪下封底折口的點數券，集到一定數量，寄回本公司，即可依點數多寡兌換獎品。

點數兌換獎品說明：

5點 奇幻戰隊好書袋一個

10點 2012年布蘭登·山德森來台紀念T恤一件
有S＆M兩種尺寸，偏大，由奇幻基地自行判斷出貨

15點 【蕭青陽獨家設計】典藏限量精繡帆布書袋
紅線或銀灰線繡於書袋上，顏色隨機出貨

兌換辦法：

2013年2月～2014年1月奇幻基地出版之作品中，剪下回函卡頁上之點數，集滿規定之點數，貼在右邊集點處，即可寄回兌換贈品。

【活動日期】：即日起至2014年1月31日
【兌換日期】：即日起至2014年3月31日（郵戳為憑）

其他說明：

＊請以正楷寫明收件人真實姓名、地址、電話與email，以便聯繫。若因字跡潦草，導致無法聯繫，視同棄權
＊兌換之贈品數量有限，若贈送完畢，將不另行通知，直接以其他等值商品代之
＊本活動限臺澎金馬地區讀者

【集點處】

1	6	11
2	7	12
3	8	13
4	9	14
5	10	15

（點數與回函卡皆影印無效）

個人資料：

姓名：_____ 性別：□男 □女

地址：_____

電話：_____ email：_____

想對奇幻基地說的話：_____

_____